O novo medo dos outros

Dados Internacionais de Catalogação na Publicação (CIP)
(Câmara Brasileira do Livro, SP, Brasil)

André, Christophe
  O novo medo dos outros : ansiedade, timidez e fobia social no século XXI / Christophe André, Patrick Légeron, Antoine Pelissolo ; tradução de Idalina Lopes. – Petrópolis, RJ : Vozes, 2025.

  Título original: La nouvelle peur des autres : trac, timidité et phobie sociale.

  ISBN 978-85-326-6918-6

  1. Ansiedade 2. Fobias 3. Medo 4. Psicologia I. Légeron, Patrick. II. Pelissolo, Antoine. III. Título.

24-224449   CDD-150

Índices para catálogo sistemático:
1. Psicologia   150

Tábata Alves da Silva – Bibliotecária – CRB-8/9253

CHRISTOPHE ANDRÉ
PATRICK LÉGERON
ANTOINE PELISSOLO

O novo medo dos outros

ANSIEDADE, TIMIDEZ E FOBIA SOCIAL NO SÉCULO XXI

Tradução de Idalina Lopes

EDITORA VOZES

Petrópolis

© Odile Jacob, 2023.

Tradução do original em francês intitulado *La nouvelle peur des autres – Trac, timidité et phobie sociale.*

Direitos de publicação em língua portuguesa – Brasil:
2025, Editora Vozes Ltda.
Rua Frei Luís, 100
25689-900 Petrópolis, RJ
www.vozes.com.br
Brasil

Todos os direitos reservados. Nenhuma parte desta obra poderá ser reproduzida ou transmitida por qualquer forma e/ou quaisquer meios (eletrônico ou mecânico, incluindo fotocópia e gravação) ou arquivada em qualquer sistema ou banco de dados sem permissão escrita da editora.

Conselho editorial	**Produção editorial**
Diretor	Aline L.R. de Barros
Volney J. Berkenbrock	Jailson Scota
	Marcelo Telles
Editores	Mirela de Oliveira
Aline dos Santos Carneiro	Natália França
Edrian Josué Pasini	Otaviano M. Cunha
Marilac Loraine Oleniki	Priscilla A.F. Alves
Welder Lancieri Marchini	Rafael de Oliveira
	Samuel Rezende
Conselheiros	Vanessa Luz
Elói Dionísio Piva	Verônica M. Guedes
Francisco Morás	
Gilberto Gonçalves Garcia	
Ludovico Garmus	
Teobaldo Heidemann	

Secretário executivo
Leonardo A.R.T. dos Santos

Editoração: Natalia Machado
Diagramação: Sheilandre Desenv. Gráfico
Revisão gráfica: Bianca V. Guedes
Capa: Rafael Machado
Ilustração de capa: Rafael Machado

ISBN 978-85-326-6918-6 (Brasil)
ISBN 978-2-4150-0310-4 (França)

Este livro foi composto e impresso pela Editora Vozes Ltda.

*A todos os que um dia
superaram o medo
de vir até nós para falar
sobre seu medo dos outros.*

Sumário

Prefácio, 13

Introdução – "É com você...", 15

PARTE I
Nossos medos sociais e suas manifestações

1 Situações e pessoas, 21
    1.1 Situações sociais perturbantes, 23
    1.2 Uma velha história, 24
    1.3 As situações problemáticas, 26
    1.4 A ansiedade de desempenho, 26
    1.5 As situações de interação e de contato, 33
    1.6 As situações em que é preciso se afirmar, 38
    1.7 O olhar do outro, 40
    1.8 Uma hierarquia dos nossos medos sociais?, 44
    1.9 Um mecanismo comum, 46

2 O tumulto do corpo, 47
    2.1 As palavras da angústia, 47
    2.2 Um inventário à maneira de Prévert, 48
    2.3 O que se vê e o que não se vê, 50
    2.4 A traição do corpo, 53
    2.5 Você corou!, 55
    2.6 As reações fisiológicas de emotividade têm um sentido?, 63

3 As desordens do comportamento, 68
    3.1 Pânico a bordo!, 69
    3.2 Coragem, fujamos!, 72

3.3 O ouriço e o capacho, 76
3.4 As correntes invisíveis..., 78

4 Tempestade mental, 79
4.1 A parada de sucesso dos pensamentos negativos, 81
4.2 Um julgamento negativo de si mesmo, 82
4.3 O medo do julgamento dos outros, 84
4.4 O temor das reações dos outros, 87
4.5 A ansiedade antecipatória ou como criar filmes catastróficos ao longo do dia, 88
4.6 A ansiedade de sempre!, 89
4.7 Quando o medo influencia a realidade, 92

PARTE II
Dos medos normais aos medos patológicos

1 Medo de palco e apreensões, 101
1.1 Medo de palco ou fobia de tomar a palavra num grupo?, 103
1.2 Diga-me o que está incomodando você, 105
1.3 Tenho um encontro marcado com você, 106

2 A timidez, 109
2.1 O que é a timidez?, 111
2.2 Do que os tímidos têm medo?, 112
2.3 Como a timidez se manifesta?, 114
2.4 As qualidades do tímido..., 116
2.5 ...e seus sofrimentos, 117
2.6 Tímidos de todos os países, unam-se!, 119

3 A fobia social, 121
3.1 A ansiedade social em seu ponto máximo, 124
3.2 As diferentes maneiras de ser um indivíduo com fobia social, 126
3.3 Um cotidiano repleto de armadilhas, 128
3.4 Elogio da fuga, 129
3.5 Cara de paisagem e mal-entendidos, 131
3.6 Uma doença a ser tratada, 133

4 A personalidade evitativa, 138
    4.1 Uma patologia completa, 141
    4.2 Uma vida sob controle, 142
    4.3 Um mundo cruel e injusto?, 143

5 Nas fronteiras da ansiedade social, 146
    5.1 A introversão: discrição natural ou timidez?, 146
    5.2 Dismorfofobia, visão deformada de si mesmo, 150
    5.3 As crianças e os adolescentes também podem ser afetados, 151
    5.4 Do medo dos outros ao medo da escola?, 156
    5.5 A ansiedade social não é um transtorno do espectro autista, 159

PARTE III
Mas, afinal, por que temos medo dos outros?

1 A mecânica do psiquismo, 167
    1.1 O cérebro é um computador, 167
    1.2 Uma cabeça repleta de cognições, 168
    1.3 A dupla avaliação, 171
    1.4 Os erros da lógica, 172
    1.5 As imposições silenciosas, 177
    1.6 Autoimagem e desejo de agradar, 179
    1.7 Uma autoconsciência excessiva e dolorosa, 181

2 As origens, 184
    2.1 Um transtorno e várias causas, 184
    2.2 O inato e o adquirido, 186
    2.3 Tímidos desde o nascimento?, 189
    2.4 A espécie humana e suas fobias, 192
    2.5 A desigualdade dos sexos, 196
    2.6 O ambiente familiar, 197
    2.7 Eventos marcantes, 200
    2.8 Um transtorno universal, mas desigualmente distribuído…, 202
    2.9 Uma patologia da Modernidade?, 204

PARTE IV
Como vencer o medo dos outros

1 Medicamentos ou psicoterapia?, 217
    1.1 Quais medicamentos?, 218
    1.2 Os antidepressivos, 221
    1.3 As terapias cognitivo-comportamentais, 226
    1.4 Podemos associar psicoterapias e medicamentos?, 228
    1.5 As novas terapias da ansiedade social, 229
    1.6 Como se desenrolam, na prática, as terapias cognitivo-comportamentais?, 236

2 Não fugir mais, 237
    2.1 Ser concreto, 238
    2.2 Enfrentar, 240
    2.3 Os medos de Charles, 241
    2.4 Saber mais sobre as técnicas de exposição, 245

3 Uma comunicação melhor, 249
    3.1 Desenvolver suas competências sociais, 250
    3.2 Afirmar-se, 250
    3.3 O desconforto de Anita, 252

4 Pensar de outra forma, 258
    4.1 Como procede o terapeuta para ajudar o paciente?, 258
    4.2 As dúvidas de Valentin, 261
    4.3 Dialogar, 263
    4.4 Anotar seus pensamentos, 264
    4.5 Modificar seus pensamentos, 265

5 A ansiedade social no século XXI, 272
    5.1 Os obstáculos culturais, 273
    5.2 O medo de palco de José, 276
    5.3 O rosto vermelho de Célia, 279
    5.4 A psicoterapia a serviço do desempenho individual?, 283
    5.5 Tratar a ansiedade social: um projeto de sociedade?, 286

Conclusão – "Imagine que você está totalmente nu…", 289

ANEXOS

1 Avalie seu medo dos outros, 295
2 A primeira consulta, 300
3 Avalie sua ereutofobia (medo de ruborizar em público), 303
4 Critérios diagnósticos da fobia social (segundo o DSM-5), 306
5 Critérios diagnósticos da personalidade evitativa (segundo o DSM-5), 308
6 O que você deve saber para compreender a fobia social, 310
7 Lutar contra a fobia social no cotidiano: o que você deve saber, 316

Agradecimentos, 323

Referências, 324

Prefácio

Estamos muito felizes em apresentar às nossas leitoras e aos nossos leitores esta versão radicalmente nova de um livro que já se tornou um clássico e um recurso para todas as pessoas que temem enfrentar o olhar e o julgamento dos outros.

Desde a primeira edição deste livro, em 1995, o mundo mudou muito, e as tecnologias digitais modificaram profundamente nossas maneiras de entrar em contato uns com os outros.

Infelizmente, os medos sociais continuam aí, talvez ainda mais frequentes e dolorosos do que antes; o teletrabalho e os encontros virtuais levaram os mais frágeis a privilegiar as telas e a reduzir ainda mais suas interações reais com os outros; as redes sociais facilitaram certas formas de assédio contra os mais tímidos; o culto da autoimagem tornou ainda mais profundo o fosso das dúvidas e dos complexos que levam a fugir do olhar dos outros.

Mais do que nunca, precisamos compreender por que os medos sociais podem complicar – e até destruir – algumas vidas, e precisamos saber, sobretudo, como vencê-los e tratá-los.

Que este livro possa ajudar as pessoas que temem de forma excessiva o olhar dos outros a se libertarem de seus medos, e ajudar seus familiares a melhor compreendê-los e apoiá-los.

Para que ninguém diga, como Montesquieu: "A timidez foi o flagelo de minha vida".

Christophe André
Patrick Légeron
Antoine Pelissolo

Introdução
"É com você..."

Sua vez estava chegando e ele sentia os batimentos do coração se acelerando. Suas mãos estavam úmidas e deixavam manchas de suor no verniz da mesa de reunião. Será que os colegas haviam notado sua inquietude? Sim, o colega à sua frente o observava e acabara de desviar bruscamente o olhar. O que ele estaria pensando? Em poucos minutos, seria sua vez. Seus pensamentos, tão claros algumas horas antes, agora estavam confusos, embaralhados. Que impressão ele daria se não conseguisse se expressar sem se atrapalhar, sem se afundar? Tinha um nó na garganta; a boca estava ficando cada vez mais seca. Claro que não pensaram num copo d'água na sala de reunião, mas, de qualquer forma, alguém notaria o tremor de suas mãos caso se aventurasse a pegar alguma coisa. Além do mais, todos devem ter percebido que ele não se sentia à vontade. "É um absurdo eu ficar nesse estado, afinal, ninguém vai me devorar. Tenho apenas de apresentar meu relatório anual. Nada vai me acontecer, droga." Seu estômago estava embrulhado e, quando o colega da direita espirrou, ele se sobressaltou. Alguns olhares se voltaram para ele, e ele tentou sorrir para disfarçar. 'É com você, Dubois', disse o diretor administrativo. Ele se levantou, os joelhos tremendo. Isso ia ser um desastre...

Todo mundo ou quase todo mundo já passou por esse tipo de situação um dia ou outro. Todo mundo já ficou apreensivo, um dia ou outro, no momento de tomar a palavra em público, encontrar pessoas admiráveis, fazer uma declaração de amor ou, algo mais banal, pedir dinheiro a alguém. De todos os nossos medos, aquele que temos de nossos semelhantes é, sem sombra de dúvida, o mais comum. Ele ocorre quando somos submetidos ao olhar e à suposta avaliação de outra pessoa, ou pior, de um grupo de pessoas. Suas formas são múltiplas: nós o experimentamos em situações sociais tão banais quanto falar diante de um grupo, caminhar diante da esplanada de um café lotado, chamar o garçom para lhe pedir que troque um prato no restaurante etc.

Esse medo dos outros, médicos e psicólogos chamam de "ansiedade social". Ele assume, às vezes, formas graves, particularmente dolorosas, próximas da patologia. É o caso das fobias sociais. Os indivíduos com fobia social experimentam um medo absurdo de certas situações aparentemente anódinas. Por exemplo, alguns não suportam ser observados quando estão comendo. Preferem até se abster. É também o caso do que os psiquiatras chamam de "personalidades evitativas": esses indivíduos temem quase constantemente ser julgados negativamente pelos outros, o que os leva a fugir, a se ensimesmar, a evitar o contato.

Outras formas de ansiedade social decorrem, por sua vez, do simples constrangimento diário. É o caso do banal medo de palco ou ainda da timidez. Onde se situa o limite entre o que é patológico e o que não é? E essas manifestações seriam então benignas? Há dúvidas: na vida profissional ou sentimental, quando se trata de defender os próprios interesses, as ocasiões de se ver em dificuldade são numerosas demais para que uma disfunção, por menor que seja, não acabe criando um profundo mal-estar. De fato, muitas pessoas deprimidas e dependentes do álcool são na origem indivíduos com transtorno de ansiedade social (Lépine & Pelissolo, 2000). Muitas vidas "fracassadas" têm como causa a falta de desenvoltura e de eficácia nas relações com os outros.

Em todos os casos, a equação básica é a mesma: essas pessoas temem uma situação social (ou mesmo várias); confrontá-la desencadeia um sentimento de incômodo, de desconforto que pode chegar à angústia e até ao pânico; essas contrariedades são suficientemente pronunciadas para causar repercussões no comportamento, por exemplo, evitar enfrentar a situação temida; elas se desvalorizam, sentem vergonha.

Quando escrevemos e publicamos a primeira versão deste livro, em 1995, a ansiedade social era amplamente desconhecida do público e da maioria dos profissionais de saúde. Seu sucesso muito rapidamente demonstrou que essa problemática dizia respeito a muitas pessoas, de todas as idades e de todas as condições. Ao longo desses anos, inúmeras pesquisas foram realizadas para afinar o conhecimento sobre as diferentes faces da ansiedade social e, em particular, para confirmar o impacto negativo das fobias sociais na vida daqueles que sofrem com elas. Ainda que por vezes tenham ocorrido debates acalorados entre especialistas (Lloyd, 2006), a existência dessa patologia é hoje aceita pela maioria deles, bem como a necessidade e o interesse de propor uma ajuda específica para enfrentá-la.

Por que então experimentamos esse medo dos outros? Os mecanismos que presidem seu aparecimento são fascinantes sob vários aspectos. Fatores genéticos, processos biológicos e neurobiológicos, modos de educação, pressões culturais ou elementos da história individual, inúmeros elementos que parecem estar envolvidos na gênese da ansiedade social. As várias pesquisas realizadas nesse campo ainda não permitiram uma resolução definitiva sobre o peso exato desses diferentes fatores, mas são ricas em possíveis explicações e linhas de reflexão. O estudo das manifestações da ansiedade social destaca sobretudo o fato de que muitas vezes ela caminha junto com a apreensão de uma avaliação por parte dos outros e que ocorre quando, desejando produzir uma impressão favorável, pensamos não a conseguir (Catalino, Furr, & Bellis, 2012). Ela está, portanto, intimamente ligada à forma como os outros nos olham e se encontra finalmente no centro da natureza humana e da relação com nossos semelhantes (Leitenberg, 1990).

Portanto, podemos imaginar que ela vá desaparecer um dia? Podemos imaginar que um dia o olhar do outro talvez não seja mais portador de críticas? Para isso, seria necessário que as relações sociais deixassem mais espaço para a honestidade e a franqueza, mas também permitissem que cada um se expressasse mais plenamente. Pode ser uma quimera, algo irrealizável. Enquanto isso, percebemos que a ansiedade social não só gera um desconforto, às vezes até sofrimento para os indivíduos, como também pesa no funcionamento social como um todo e representa um obstáculo ao bom andamento das relações humanas em todos os âmbitos.

No entanto, existem soluções. A psicoterapia comportamental e cognitiva dispõe de ferramentas altamente eficazes e cientificamente validadas experimentalmente tanto para a prevenção quanto para o tratamento das dificuldades ligadas à ansiedade social. Vários medicamentos também se mostram eficazes para as formas mais incapacitantes.

Este é precisamente o objetivo deste livro: não apenas explorar o fascinante mundo de nossos medos sociais, explicar suas causas e mecanismos básicos, mas também mostrar a cada um os caminhos que deve seguir para superá-los. Em outras palavras, ajudar cada um a viver melhor, a ser ele mesmo *com* os outros*.

---

* Na p. 296, há um questionário que permite você definir melhor seu eventual "medo dos outros".

Parte I

Nossos medos sociais e suas manifestações

Parte 1

1
Situações e pessoas

> *Nem todos morreram, mas todos foram atingidos.*
> Jean de La Fontaine

Étienne, 56 anos, executivo de uma grande empresa:

Tenho pavor de ser o centro das atenções, do olhar dos outros. Para mim, o exemplo típico da situação desagradável é quando chego tarde num lugar onde todos já estão sentados e me veem entrar e me acomodar. Num avião, por exemplo: essas fileiras de assentos, com dezenas de cabeças erguidas, e os olhos fixos em mim, me observando, me examinando; e as recepcionistas ou os comissários de bordo que me observam chegar do final do corredor, com ar desajeitado, com minha valise, andando de lado pelo corredor. Se possível, prefiro ser um dos primeiros a chegar ao cinema, ao teatro, às reuniões de trabalho, às festas... Quando eu era estudante, não suportava me sentar na primeira fila da sala de aula, diante de todos: tinha a impressão de que centenas de olhos esmagavam minha nuca...

Louna, 26 anos, secretária:

Não sou tímida. Bem, acho que não; mas às vezes me sinto realmente travada. Sempre que tenho de falar sobre dinheiro, por exemplo, fico bastante tensa e pouco à vontade. Fico pensando nisso três dias antes e, quando chega a hora, tenho uma espécie de nó na garganta e um nervosismo interno, é uma situação que me estressa. Então, na maioria das vezes, prefiro deixar para lá: pedir o dinheiro que me devem ou exigir um aumento de salário são coisas das quais não sou capaz... No começo, isso me chateava muito, para mim era como uma fraqueza de caráter, mas acabei me acostumando. Não é algo de que me orgulhe, mas é desse jeito. Tenho a sensação de que nunca conseguirei mudar...

Alice, 42 anos, mãe de família:

Meus filhos estão crescendo, tenho mais tempo para cuidar de mim. Gostaria de fazer teatro, política... Mas acho que não vou conseguir sozinha: sempre fui incapaz de falar diante de um grupo. Na escola, eu ficava paralisada quando tinha de ir até a lousa, nenhum professor conseguia me obrigar a dizer uma palavra; fracassei nos estudos porque minhas provas orais eram um desastre. Mesmo entupida de tranquilizantes, não conseguia pronunciar uma única palavra. Sempre fui apaixonada por política, mas nas reuniões, entre os militantes, nunca ousei falar. Quando solicitada, era lamentável: eu balbuciava algumas frases confusas com uma voz monótona. Ficava impaciente para acabar com aquilo, para me sentar novamente; depois, não ousava mais olhar as pessoas na cara por medo de ver piedade em seus olhos...

Noa, 18 anos, aluno do último ano do ensino médio:

Com as meninas, é terrível. Até os últimos anos, eu conseguia disfarçar bem. Estávamos sempre em grupo com os amigos e as amigas. Eu dava um jeito de nunca ficar sozinho com uma garota. Mas desde o ano passado, isso se tornou difícil. Os outros rapazes costumam convidar as garotas para um drinque a sós depois da escola. Sou incapaz de fazer isso. Eu os vejo, seguros de si, cortejando-as... Quando uma garota fala comigo, se for sobre as aulas, tudo bem. Posso muito bem manter uma conversa. Mas se ela começa a falar de outra coisa, filmes, música, aí eu entro em pânico. Tenho a impressão de que estamos começando uma 'paquera' e que tenho de estar à altura. Percebo que fico desajeitado, como uma criança, e só tenho uma obsessão, evitar que ela perceba, que pense que tenho problemas, que não sou um homem de verdade.

1.1 Situações sociais perturbantes

Muitas situações sociais podem desencadear em nós sentimentos de incômodo, desconforto ou embaraço. Parece que a maioria das pessoas sente com frequência apreensão diante de certas circunstâncias sociais específicas.

Por exemplo, numa pesquisa realizada em empresas francesas, 58% dos empregados relatam a apreensão de ocupar um cargo de chefia porque têm medo de se expressar em público (Kerautem, 2022). Em outra, mais antiga, cerca de 51% das pessoas entrevistadas mencionam a apreensão diante do olhar insistente ou de falar em público (Pesquisa Ifop para Globe, dezembro de 1993). Trata-se provavelmente de um dos três medos mais comuns, juntamente com o das cobras e o do vazio! Inúmeros estudos científicos confirmam que o temor de falar diante de um grupo é um dos medos mais difundidos na "população em geral", ou seja, entre pessoas que não apresentam problemas psicológicos específicos. Ele afetaria entre 15% e 20% dos adultos (American Psychiatric Association, 2014).

Porém, muitas outras situações sociais podem apresentar um caráter perturbador ou até angustiante. Embora mais discretas e banais, são igualmente incômodas, pois muito mais cotidianas: certos encontros, certos trâmites, certos contextos, inevitáveis no dia a dia do ser humano que vive em sociedade, revelam-se assim, conforme as pessoas e os momentos, desestabilizantes. E isso, na maioria das vezes sem motivo aparente, sem que exista uma ameaça ou um perigo qualquer: o que o executivo pode temer quando é observado pelos outros passageiros do avião, ou a mãe na hora de falar diante de seus amigos militantes políticos? O caráter absurdo e irracional desses momentos de ansiedade social os torna particularmente irritantes para aqueles que são suas vítimas. "Sempre me pergunto por que fico nesse estado. E desde o dia em que comecei a me fazer essa pergunta, ainda não encontrei a resposta...", questiona a maioria das pessoas propensas a esse tipo de mal-estar. Essa pergunta também é feita por aquelas que experimentam outras formas de fobia ou de ansiedade ("É ridículo, eu sei que não corro risco algum, eu não deveria ter medo."), mas ela é provavelmente mais marcante em relação à ansiedade social, que é menos conhecida do público em geral e, portanto, ainda mais difícil de aceitar.

1.2 Uma velha história

No canto VII da *Odisseia*, Ulisses passa por um momento de intimidação antes de encontrar o Rei Alcínoo: "Ele parou por um instante: que angústia em seu coração, diante da porta de bronze!" Esse é o tipo de emoção que poderíamos sentir antes de sermos recebidos pela primeira vez por um importante personagem: rei, presidente, ministro, mas também CEO, diretor, simples chefe ou subchefe... Em suma, qualquer indivíduo que para nós tenha um pouco de poder ou de prestígio! Isso significa que sentir ansiedade social não é característica apenas dos tímidos e das almas sensíveis, pois até mesmo um intrépido guerreiro e audacioso explorador como Ulisses poderia ser sua vítima! Os exemplos literários não faltam, desde Homero, para descrever sensações de pânico ou momentos de intimidação.

Em suas *Confissões*, Rousseau conta, por exemplo, como teme entrar numa loja:

Mil vezes, durante meu aprendizado, e a partir de então, saí com a intenção de comprar alguma iguaria. Aproximo-me de uma confeitaria, vejo mulheres no balcão; já imagino que estão rindo e zombando do comilão. Passo diante de uma quitanda, olho de soslaio para as belas peras, seu perfume me tenta; dois ou três jovens que estão perto dali olham para mim; um homem que me conhece está diante de sua loja; eu vejo uma moça se aproximando; não é a empregada da casa? Meus olhos me enganam. Tomo todos aqueles que passam por conhecidos meus; em todos os lugares sinto-me intimidado, retido por algum obstáculo; meu desejo aumenta com minha vergonha e, por fim, volto para casa como um tolo, devorado pela cobiça, tendo no bolso o suficiente para saciá-la e não tendo ousado comprar nada.

Baudelaire fala assim de um vizinho: "Um amigo meu, tímido a ponto de baixar os olhos mesmo diante dos olhares dos homens, a ponto de ter de reunir toda sua pobre força de vontade para entrar num café ou passar diante de uma bilheteria de teatro, onde os empregados parecem investidos da majestade de Minos, de Éaco e de Radamante..."

Aos poucos, os médicos começaram a se interessar pelo fenômeno. Um importante psiquiatra francês do início do século, Pierre Janet, injustamente eclipsado por Freud, foi o primeiro a descrever já em 1909 as "fobias das situações sociais":

O caráter essencial sempre encontrado nesses fenômenos aterrorizantes é o fato de estar diante das pessoas, de estar em público, de ter de agir em público. Por isso poderíamos também colocar no mesmo grupo as fobias do casamento que são tão frequentes, as fobias de certas situações sociais, como a do professor, do conferencista, o medo dos criados, o terror do porteiro etc. Todas essas fobias são determinadas pela percepção de uma situação social e pelos sentimentos que ela suscita (Janet, 1909, p. 137).

Mais ou menos na mesma época, Hartenberg, outro psiquiatra francês, dedicou um livro inteiro à timidez, que terá muitas reedições. Ele descreve a timidez como o "temor da humilhação de ser mal apreciado ou de parecer inferior ou ridículo", e a ilustra com a seguinte fórmula: "Mostrar-se às pessoas, falar, caminhar, permanecer sob seu olhar, olhá-las também e receber suas respostas, esses são os atos que um tímido evita e teme exclusivamente" (Hartenberg, 1910).

Mas, ao longo das décadas seguintes, muito pouca atenção foi dada à ansiedade social, especialmente por parte dos psiquiatras. A explicação pode ser dada, em parte, pelo fato de Freud e os psicanalistas, principais pensadores sobre o tema durante boa parte do século XX, nunca terem tratado explicitamente dessa questão. A partir dos anos de 1970 e 1980, com a introdução do conceito de fobia social nas classificações psiquiátricas, médicos e pesquisadores voltaram a se interessar pelo assunto; eles se dedicaram sobretudo a explicar de maneira precisa como é possível que, em certas situações sociais, possamos nos sentir repentinamente incomodados e desconfortáveis, e até completamente bloqueados, ainda que não sejamos realmente tímidos.

1.3 As situações problemáticas

Para sentir ansiedade social é preciso estar na presença de alguém. Em sua ilha, Robinson Crusoé nunca experimentou essa dolorosa emoção... pelo menos até a chegada de Sexta-feira. Assim que temos um ou mais interlocutores, estão reunidas as condições para gerar ansiedade em praticamente todas as situações sociais. Mas algumas são mais comuns do que outras.

Assim, o olhar de um grupo e o encontro principalmente com pessoas desconhecidas ou impressionantes representam à primeira vista as principais situações que são fontes de apreensão social. Na verdade, uma análise mais detalhada das circunstâncias que levam à ansiedade social permite identificar suas várias categorias. Toda uma corrente de trabalhos sobre as situações mais temidas pelos indivíduos com fobia social, ou seja, que apresentam uma ansiedade social muito violenta, permitiu classificá-las em quatro grandes famílias (Holt et al., 1992). Adiante estão resumidas suas principais características.

1.4 A ansiedade de desempenho

Nas reuniões de trabalho, muitas vezes tenho a ideia certa antes de todo mundo, mas não ouso expressá-la: o olhar e o julgamento do grupo me paralisam. O cenário é sempre o mesmo: a ideia me vem, digo a mim mesmo que vou tomar a palavra para propô--la, e aí tudo vai por água abaixo: meu coração se acelera, meus pensamentos se confundem... De repente, acostumei-me a ouvir sistematicamente o outro propondo e colhendo os elogios...

As quatro principais famílias de situações que são fontes de ansiedade social

Famílias de situações	Exemplos	Supostas exigências da situação	Temores
Realizar uma apresentação ou uma atividade sob o olhar dos outros	Apresentação ou leitura em público, numa reunião em que todos devem falar, prova oral, entrevista de emprego...	Ser, ou aparentar ser, desenvolto	Medo de perder o controle, de não fazer direito, de passar uma imagem ruim de si mesmo
Ter uma discussão informal, superficial ou profunda	Conversar ou falar sobre a chuva e o lindo dia com um vizinho, um colega, um comerciante...	Ter algo interessante a dizer	Medo de se revelar desinteressante, sem conversa, sem réplica
	Ser apresentado a uma pessoa desconhecida, expressar seus sentimentos a alguém...		
Fazer-se ouvir e expressar seu ponto de vista	Dar sua opinião, expressar seu desacordo, fazer uma reclamação...	Mostrar-se seguro de si, se impor	Medo de falhar ou de desencadear a agressividade, medo do conflito
Aceitar ser observado em seus gestos diários	Caminhar, dirigir, trabalhar sob o olhar de alguém...	Parecer à vontade e natural	Medo de revelar sua emotividade e seu mal-estar interior (tremendo, ruborizando, parecendo estranho...)

Essas situações são provavelmente as mais temidas pela maioria de nós. São definidas pelas seguintes características: o indivíduo tem uma mensagem a transmitir, ou uma tarefa a realizar na presença de uma pessoa ou de um grupo que está ali para ouvir essa mensagem ou para observar seu desempenho; ao entregar sua mensagem, o indivíduo está no foco do(s) ouvinte(s), estes são capazes de avaliar a qualidade de sua apresentação, tanto no conteúdo quanto na forma: a pertinência do que expressa e suas competências em expressá-lo com clareza, sem perturbação emocional. Essas situações abrangem sobretudo tomar a palavra em grupos, mas as situações de tomar a palavra durante reuniões frente a frente também podem se revelar estressantes. Não há então um verdadeiro "público", mas um interlocutor habilitado a avaliar e a julgar; é o caso das provas orais e das entrevistas de emprego, por exemplo.

Esse era o problema de Émile, um brilhante pesquisador em física, que encontrava muitas dificuldades para conseguir um emprego: a cada entrevista de emprego, ele perdia o controle sistematicamente, a ponto de passar uma imagem de si pouco atraente. Como esse homem ruborizando e balbuciando, emaranhando-se em falas confusas e em frases intermináveis, conseguiria liderar uma equipe de pesquisadores e estudantes?

Também é possível classificar essas situações em duas famílias, conforme seu grau de interatividade: após o indivíduo ter falado ou agido, diante do silêncio do(s) observador(es), haverá, num segundo momento, perguntas, reflexões, comentários etc.? Algumas pessoas temem especialmente situações interativas (entrevistas de emprego, debates, reuniões, mesas-redondas etc.) porque elas temem comentários críticos, agressivos e desestabilizantes. Outras se sentem bastante desconfortáveis em situações não interativas (palestras ou aulas a serem ministradas, texto a ser lido ou recitado, partitura a interpretar etc.) porque para elas é difícil ficarem sozinhas diante de uma plateia silenciosa, que não mostra claramente suas reações.

A *apreensão de falar em público* enriqueceu muita gente: livros, métodos, cursos e seminários que oferecem técnicas infalíveis para dominá-la não faltam... Assim como as situações em questão: tomar a palavra em ambiente profissional (dar sua opinião durante uma reunião de trabalho, fazer uma apresentação aos colegas ou aos clientes etc.), em ambiente associativo (intervir durante uma reunião de condomínio, expressar-se num grupo de militantes), entre amigos (o famoso: "Discurso! Discurso!"); ministrar cursos; defender tese; expressar opinião pessoal sob o olhar de um grupo, em reuniões "informais", por exemplo em volta da máquina de café da empresa ou da faculdade...

A capacidade de tomar a palavra diante de seus pares para comunicar suas ideias e convicções é uma das características das mulheres e dos homens de poder. Antigamente a retórica, a arte da persuasão, era uma matéria ensinada nas universidades. Mas depois ela desapareceu dos currículos, o que pode parecer paradoxal numa época de comunicação exacerbada. A arte de falar e persuadir está muitas vezes reservada àqueles que podem pagar um consultor de comunicação, ainda que, desde alguns anos, os concursos de eloquência, a leitura em voz alta ou os cursos de tomada de palavra em público estejam florescendo novamente nas escolas e nas cidades. Além disso, constatando as dificuldades nas provas orais dos alunos e estudantes franceses em comparação com os de outros países, o Ministério da Educação introduziu recentemente uma prova de "expressão oral" no exame final do ensino médio, normalmente com treinamento durante o terceiro ano. Mas, voltaremos a isso, o objetivo não deve ser o de transformar todos os jovens e todos os adultos em profissionais da comunicação e do palco, mas apenas que tenham hábitos e aptidões suficientes para poderem se expressar ou agir sem ansiedade nem inibição em todas as circunstâncias.

Pois tanto o pânico dos estudantes na hora da prova oral quanto o dos candidatos à carteira de habilitação no dia do exame também se assemelham a essa vasta família de situações ansiogênicas: quantos candidatos reprovam, não por causa das competências insuficientes, mas porque se sentem paralisados a ponto de "perderem o controle"?

Mas a ansiedade não é só dos alunos. Quantos professores temem o fato de ter de dar aulas? Por trás das atitudes de severidade muitas vezes se esconde o medo de não "segurar a classe". Tivemos a oportunidade de atender um jovem professor do ensino fundamental que nos procurou primeiramente por um problema de alcoolismo; depois de várias consultas, constatou-se que seu temor de enfrentar classes difíceis da periferia, e também pais de alunos nem sempre amigáveis e acolhedores, estava na origem de suas tendências a beber: ele se sentia um pouco melhor depois de ter bebido um pouco. A cura de seu alcoolismo implicava primeiro a cura da sua ansiedade social... Antoine, outro de nossos pacientes, professor do ensino médio, vivia um inferno durante os conselhos de classe: embora trocar informações sobre os alunos com seus colegas entre uma aula e outra não fosse um problema para ele, dar essas mesmas informações diante do círculo solene do diretor e de todos os professores reunidos em torno de uma mesa o paralisava. Prova de que o medo muitas vezes é setorizado, em função de mecanismos próprios a cada um – alguns professores ficam muito à vontade com seus alunos em sala de aula, mas se sentem desconfortáveis quando têm de tomar a palavra nas reuniões de pais ou professores.

A ansiedade social leva à desistência: quantos alunos que raramente participam da prática oral se limitam pelo resto de suas vidas ao papel de espectadores passivos dos eventos com os quais serão confrontados? A estrada do poder está repleta de obstáculos para os indivíduos com transtorno de ansiedade social, e eles precisam das competências extremas para ainda assim chegar ao topo da pirâmide. Philippe Pinel, o fundador da psiquiatria moderna, que libertou os loucos de seus grilhões e lutou contra seu confinamento nas prisões, quase viu sua carreira comprometida por sua timidez natural e uma gagueira bastante dolorosa (Lelord, 2000b).

Particularmente estudada em pessoas cuja profissão exige apresentações em público, como vimos em relação aos professores, a ansiedade social também afeta bastante o mundo dos atores e dos músicos; podemos falar, então, de *ansiedade da apresentação artística*. Todos conhecem a réplica de Sarah Bernhardt respondendo a uma jovem atriz que se gaba de nunca ter medo de palco: "Ele virá junto com o talento". Muitos atores sentem uma apreensão incontrolável antes de subir ao palco. O grande violoncelista Pablo Casals disse: "O nervosismo e o medo de palco nunca me abandonaram ao longo da minha carreira". Carly Simon, cantora americana, teve de desistir da carreira por quase seis anos: "Durante o primeiro *show*, depois de duas canções, ainda sentia palpitações. Achei que ia desmaiar diante do público... Antes da segunda apresentação, desmaiei quando 10 mil pessoas me aguardavam na plateia. Quanto maior o público, mais certeza eu tinha de que não conseguiria". Em 2019, pesquisadores alemães revisaram nada menos do que 43 estudos sobre a ansiedade de desempenho musical, que mostram que esse medo de palco excessivo pode afetar entre 16% e 60% dos músicos, mais mulheres do que homens e mais particularmente jovens artistas do que os mais velhos (Fernholz et al., 2019).

A *ansiedade da apresentação esportiva* não é menos comum. Em 1992, antes de vencer a final dos 400m femininos nas Olimpíadas de Barcelona, Marie-Josée Pérec vomitou no vestiário, como antes de cada grande prova. Como outros, os atletas estão sujeitos à ansiedade social. Aliás, não só eles, já que um árbitro internacional de futebol admitiu: "Já aconteceu de, antes de certas partidas... beber uma pequena dose de conhaque, mergulhar no copo dois cubinhos de açúcar que mastigava, simplesmente porque tinha medo dos jogadores e porque temia não estar à altura". É entre os atletas que esse tipo de dificuldade, que os especialistas chamam de "ansiedade de desempenho", encontra sua expressão mais clara e mais espetacular. Perturbando um indivíduo todas as vezes que ele tem de realizar uma apresentação que pode ser avaliada por um público, um desempenho explícito ou implícito, essa ansiedade social não está ligada apenas ao que há de objetivamente impressionante numa determinada situação. O mundo do esporte nos fornece um bom exemplo disso. O pânico do velocista no momento da final olímpica dos 100 metros é compreensível: o olhar dos 80 mil espectadores no estádio e de milhões de telespectadores representa uma pressão compreensível. Por outro lado, aquele que se apodera do tenista de fim de semana durante o pequeno torneio de seu clube e que lhe dá um "braço mole" ou as "pernas de chumbo" é nitidamente mais subjetivo: sem torcida agitada, sem desafio importante, sem consequências negativas em sua carreira em caso de fracasso… No entanto, o medo de perder ou de ganhar o faz jogar como um perna de pau. Daí o sucesso de vários gurus e outros conselheiros que giram em torno de atletas de alto nível.

A partir dos anos 2020, alguns grandes atletas não hesitam mais em anunciar publicamente suas dificuldades psicológicas, o que é algo excelente para lutar contra o tabu dos transtornos de saúde mental e, assim, para ajudar aqueles que sofrem com isso a aceitar ajuda. Ainda que os desafios sejam múltiplos e sempre individuais, a parte ligada à ansiedade social, à ansiedade de desempenho e mais genericamente ao olhar dos outros é provavelmente muito importante nos problemas psicológicos revelados pela tenista Naomi Osaka e pela ginasta Simone Biles, ambas em 2021. A primeira, de 23 anos, era a número 2 do mundo no tênis quando, de repente, ela anunciou sua desistência do Torneio de Roland-Garros após a segunda fase, atormentada por um estresse insuportável. Ela fala de episódios de depressão, mas sobretudo de uma ansiedade social permanente: "Quem me conhece sabe que sou introvertida, e quem já me viu num torneio percebeu que costumo usar fones de ouvido, o que me ajuda a aliviar a ansiedade social". Antes de sua renúncia espetacular, ela já tentara evitar as coletivas de imprensa, passagem obrigatória para grandes campeões: ela pede desculpas "aos jornalistas que cobrem o tênis, que sempre foram gentis comigo [...]. Mas não é da minha natureza falar em público e isso me causa imensas ondas de ansiedade. Eu fico muito nervosa e acho estressante" (Le Breton, 2021).

Simone Biles era, aos 24 anos, tetracampeã olímpica de ginástica quando se retirou da competição durante os Jogos de Tóquio, em 2021, vítima de um fenômeno chamado *twisties*, que consiste na perda da consciência plena do espaço no momento de fazer o movimento perfeito. Uma ansiedade de desempenho levada ao extremo. Em 2018, a ginasta revelara que havia sido vítima de agressões sexuais por um antigo médico da equipe nacional; a síndrome pós-traumática é, portanto, muito provavelmente a principal causa de seu sofrimento psíquico, mas sabemos que as patologias de ansiedade tendem a se acumular umas sobre as outras, a ansiedade social sendo muitas vezes "comórbida" com outros transtornos emocionais (Koyuncu et al., 2019).

1.5 As situações de interação e de contato

Se a ansiedade causada por uma apresentação diante do olhar dos outros pode parecer compreensível, profundamente desconcertante é aquela que vamos mencionar agora. Trata-se de situações de interação em que é necessário diálogo e troca, nas quais não há necessidade de um desempenho ou de uma apresentação e para as quais deveríamos adotar uma atitude ativa. Os exemplos são muitos: iniciar uma conversa com um desconhecido (um vizinho de assento no avião, uma pessoa com quem você divide a mesa num restaurante lotado...); ser apresentado a alguém e depois ter de conduzir uma conversa (durante uma refeição com amigos ou uma recepção); engajar uma relação de sedução; falar sobre tudo e nada com vizinhos que encontramos no elevador, com comerciantes do bairro etc. Em alguns casos, são trocas sociais superficiais: trocar informações banais com comerciantes, com vizinhos, com estranhos, iniciar uma conversa, ou simplesmente participar dela respondendo a perguntas ou comentários do interlocutor. Em outros casos, talvez seja preciso abordar informações mais íntimas, rever pessoas já encontradas uma vez, falar de si etc., e até muito íntimas, como expressar seus sentimentos, declarar-se a alguém de quem se gosta... Algumas pessoas se sentem desconfortáveis num caso, mas não no outro.

Kader, 46 anos, é gerente de supermercado. Ele acha extremamente difícil se comunicar com sua equipe.

Depois de ter dito bom-dia, não sei bem o que acrescentar: se temos de conversar sobre o trabalho, neste caso não há problema algum, se não é esse o caso, nunca sei como começar, sobre o que falar. Não quero falar de trivialidades, como o tempo ou o filme que passou na TV na noite anterior... Não gosto nada desse tipo de momentos, tento evitá-los o máximo possível. Acho que meus funcionários já notaram. Mas sei que muitos deles consideram isso menosprezo. Não é nada disso. Mas como explicar a eles?

Nora, profissional de informática, nos explicou muito bem o quanto temia as conversas que se arrastavam.

No começo, está tudo bem. Quando encontro um colega nos corredores, trocamos algumas frases. Dou um jeito de encerrar bem rápido, senão vou começar a me perguntar sobre o que vamos conversar e vou me sentir muito desconfortável... No máximo um ou dois minutos com as pessoas... Elas sempre acham que estou com pressa, sobrecarregada, e prefiro assim!

Anaïs é assistente de direção. Entre as situações mais temidas está a de receber os visitantes de seu chefe. Quando eles aparecem no *hall* do enorme prédio de vidro e aço que abriga em frente ao Sena a importante empresa onde trabalha, ela tem de buscá-los e conduzi-los pelo labirinto de corredores e elevadores. O que dizer então? Como manter a conversa?

Não dizer nada é ainda mais embaraçoso para mim do que para eles. Mas o que falar com eles? Não os conheço, vou passar alguns minutos com eles, e então uma hora depois levá-los de volta... Detesto esses momentos.

O transtorno e o desconforto são obviamente ainda mais amplificados quando a troca ocorre com uma pessoa pela qual temos sentimentos. Stendhal anotou em seu diário: "Quando vou visitar uma mulher que amo, o resultado é que com ela, nos primeiros 15min, só tenho movimentos convulsivos, ou uma fraqueza súbita e geral..."

Patrice nos contou como ele temia lidar com pequenos comerciantes.

Sempre que posso, prefiro ir ao hipermercado. Tenho certeza de que estes, e todas as lojas de autoatendimento em geral, estão fazendo bons negócios graças a pessoas como eu. Sou totalmente travado para conversar com os comerciantes: isso me paralisa, me irrita, me estressa antecipadamente... Na verdade, fico terrivelmente incomodado com essas situações: essas trocas convencionais de banalidades, essas frases prontas, esses diálogos cujas falas você já conhece antes mesmo de serem pronunciadas... Sei que isso não tem importância alguma, que são rituais sociais, mas me faz mal. O pior é no cabeleireiro: aguentar as perguntas e a conversa diante do espelho, vestido com uma grotesca blusa de náilon, cabeça inclinada para trás, com os clientes ao lado ouvindo... Se houvesse salões dirigidos por surdos, eu seria um cliente!

A compreensão da ansiedade que pode surgir nesse tipo de interação passa claramente pela noção de intimidade. Na verdade, o que se teme não é apenas alguém que é desconhecido, mas sim qualquer relação humana que exija envolvimento pessoal, num grau menor (falar sobre o tempo que não é mais o que era com um comerciante) ou maior (expressar seus sentimentos ou revelar sua personalidade para alguém). Por isso algumas pessoas se sentem mais à vontade com estranhos, sobretudo quando têm certeza de que não irão vê-los novamente, pouco importa a impressão que deixaram. Para algumas, de fato, não são os primeiros encontros os mais delicados, mas os seguintes.

Era o caso de Élise:

Meu problema é rever as pessoas. Consigo administrar bem todas as "primeiras vezes", dou a impressão de estar à vontade e, além disso, acho que quase estou. Nesses momentos, ainda não sinto que estou sendo julgada, é muito cedo... Os problemas vêm depois. Quando as revejo, tenho a impressão de que elas esperam algo de mim e que, se não o receberem, me lançarão um olhar crítico. E sei, ou pelo menos tenho a impressão, que o risco de as decepcionar é cada vez maior à medida que nos reencontramos. O que é terrível é que isso se aplica tanto ao padeiro quanto aos meus relacionamentos românticos. Prefiro andar quilômetros para evitar ir muitas vezes ao mesmo comerciante: não quero me tornar uma 'boa cliente', com quem ele se sentiria obrigado a conversar. Com os homens é a mesma coisa: quanto mais o nosso caso avança, mais temo ter esgotado tudo o que há de interessante em mim. É como se eu tivesse apenas uma quantidade limitada de interesse aos olhos dos outros, que se esgotaria muito rapidamente...

É claro que o problema trazido pela *quantidade de intimidade suportável* e sua possível duração se sobrepõe em muitos casos ao da ansiedade de desempenho: mas aqui o desempenho esperado não está claramente definido, como por ocasião de uma prova. A dificuldade encontrada nessas situações é dupla: qual grau de intimidade é tolerável e, sobretudo, qual o risco de revelar essa intimidade ao interlocutor? O que está em jogo aqui é, afinal, o medo da "transparência" diante do olhar dos outros. Às vezes, tememos que nossos interlocutores possam nos ler como um livro aberto, que possam ler nossas emoções íntimas, nossos pensamentos, nossas intenções: daí, por exemplo, a apreensão de abordar alguém que nos atrai, com a intenção de agradá-lo, mas também por vezes simplesmente de perguntar um endereço na rua. A situação é então mais ou menos a mesma que aquela que acontece com crianças ou adolescentes que roubaram um doce ou um brinquedo: a partir do momento em que o objeto do delito está em seu bolso, eles têm o sentimento de que todos os olhares que convergem para eles estão carregados de reprovação ou leem seu transtorno e seu crime. Experimentam então o medo de ser desmascarados e de decepcionar ao revelar sua natureza profunda, seu verdadeiro valor.

Esses temores gravitam, dependendo da situação, em torno de três dimensões: medo de revelar incapacidades, medo de revelar um segredo culpabilizante, medo de revelar uma anormalidade social. O temor de que percebam suas incapacidades é muito comum entre os indivíduos com transtorno de ansiedade social: falta de inteligência, de cultura, de coisas interessantes para dizer, de descontração e de naturalidade. Alguns de nossos segredos também podem nos deixar desconfortáveis. Um de nossos jovens pacientes, complexado por sua virgindade prolongada, estava convencido de que isso era visível em seu comportamento com as mulheres, o que o levava a evitar o contato com elas: claro, isso não diminuía em nada o problema dele! Quanto ao medo de revelar sua anormalidade em trocas minimamente personalizadas com os outros, ele muitas vezes gira em torno do temor de que seu próprio desconforto seja percebido pelo interlocutor e catalogado como "comportamento estranho".

Naïm falou sobre isso da seguinte maneira:

O que me mata é que nunca posso prever se vou me sentir confortável ou não conversando com alguém. E se eu começo a me sentir um pouco incomodado, ou aborrecido por estar ali, então tenho certeza de que a pessoa percebe imediatamente, e então não tem mais jeito, eu só tenho uma coisa em mente, fugir da situação, pois sei que vou me sentir cada vez pior...

1.6 As situações em que é preciso se afirmar

Afirmar-se é ser capaz de defender seus direitos, de expressar seus desejos, suas necessidades, suas opiniões diante dos outros (Boisvert & Beaudry, 1979). As dificuldades para se afirmar estão frequentemente ligadas a fenômenos de ansiedade social, em situações como: recusar algo a alguém, cobrar uma dívida, pedir um favor, expressar sua discordância, dar sua opinião diante de um grupo que não a compartilha, responder a críticas e reprovações, fazer uma reclamação a um comerciante etc. Por exemplo, muitas das pessoas que nos procuram explicam-nos de imediato que não sabem "dizer não" – dizer não ao amigo intruso que pede um favor incômodo, ao colega que quer pedir dinheiro emprestado, quando elas sabem que vai ser muito difícil recuperá-lo, dizer não ao convite que as aborrece, ao trabalho extra etc.

Para outras, pedir é que é ansiogênico: exigir de volta o dinheiro emprestado, ou um livro que não foi devolvido.

Quando devo emprestar algo a alguém, sei que nunca ousarei pedir-lhe se ele próprio não pensar em me devolver. Ao fazer isso, eu teria a impressão de ser um materialista pão-duro, apegado ao dinheiro ou aos objetos. Por fim, a situação se inverte completamente: a culpa é do outro porque não me devolve o dinheiro nem o livro, mas sou eu que me sinto culpado...

Um de nossos pacientes, encanador, esteve à beira da falência porque não ousava pedir o que lhe era devido de seus clientes e escorraçar os maus pagadores. Outro, um negociante de objetos de segunda mão, improvisado depois de chegar à França como refugiado político, estava fazendo um péssimo negócio: desconcertado quando seus clientes reclamavam quando viam os preços, ele concordava em baixá-los a tal ponto que quase não obtinha mais qualquer lucro! Um paciente do início do século XX dizia: "Tenho horror, terror e desespero de pedir: é preciso que me ofereçam" (Hartenberg, 1910). Uma de nossas pacientes, apesar de trabalhar como assistente social, tinha a maior dificuldade de entrar nas lojas de roupas: temia não encontrar nada que lhe servisse e ter de sair da loja sem ter comprado nada, sob o olhar reprovador dos vendedores. Tanto que ela preferia pagar por algo que nunca usaria para evitar esse mal-estar. Desse ponto de vista, os hipermercados e outros *self-services* têm facilitado (apenas na aparência, como veremos) a vida de muitos indivíduos com transtorno de ansiedade social, evitando-lhes o diálogo (o que viam como uma ameaça, uma obrigação), bem como fazer compras pela internet.

A necessidade de dar notícias desagradáveis representa uma variante interessante dessa família de situações, ainda que não seja claramente percebida como angustiante pelos interessados.

Por exemplo, a atitude de um empregador relatada por um de nossos pacientes:

Eu entendi que meu chefe não queria me manter depois do meu período de experiência: ele me evitava, era desagradável comigo, ficava de cara feia. Eu poderia ter compreendido se ele dissesse na minha cara: "Olha só, você não serve por tal e tal razão, desculpe, mas não funciona, não podemos ficar com você". Eu não teria pulado no pescoço dele, mas o teria entendido... Enquanto estava lá, essa atitude esquisita, esse jeito de não mais me cumprimentar, de me deixar de lado sem explicação, era muito doloroso para todos: para mim, para meus colegas e até para ele visivelmente. Ele não estava nada confortável em ter de me dar a notícia.

O mecanismo aqui está ligado ao temor da reação do outro: o que vai dizer ou fazer a pessoa a quem vamos dizer não ou dirigir uma reclamação, um pedido constrangedor? Como vão reagir as pessoas que estamos prestes a contradizer ou a criticar? O medo de contrariar, de irritar, de ser visto como alguém pretensioso, de fazer sofrer ou enraivecer muitas vezes nos leva a desistir de atitudes que, no entanto, fariam parte de nossos direitos mais estritos. De nossos direitos, mas também por vezes de nossos deveres: os médicos, muitas vezes na obrigação de anunciar diagnósticos dolorosos aos pacientes, sabem o quanto a atitude é embaraçosa e até angustiante (André, Lelord, & Légeron, 1997).

O medo do conflito está por trás dessas inibições, com a impressão de que qualquer tensão ou qualquer desacordo poderia se transformar em briga, e claro em vantagem do "outro" que é necessariamente mais forte, mais inteligente e de qualquer maneira mais legítimo...

1.7 O olhar do outro

"Somos tímidos somente na medida em que somos vistos", enfatiza o filósofo dinamarquês Kierkegaard em *O diário de um sedutor* (1843). De fato, há momentos em que um simples olhar pode nos deixar desconfortáveis. Mas isso não ocorre apenas com os muito tímidos, como poderíamos pensar. Pode ocorrer quando temos de realizar um ato banal sob o olhar do outro, sem que aquele que olha esteja na posição de juiz ou de examinador oficial, mas simplesmente de maneira acidental. Não há, portanto, nem necessidade de um desempenho, nem repercussões diretas na relação com o outro, nem julgamento explícito de sua parte. Os exemplos são inúmeros: caminhar sob o olhar dos outros (passar diante da esplanada de um café apinhado de gente, sentar-se na primeira fileira de uma sala de conferências onde as últimas fileiras estão ocupadas), comer, beber na frente dos outros, dirigir, fazer a baliza para estacionar, trabalhar no computador enquanto está sendo observado por uma ou mais pessoas... Uma funcionária municipal nos explicou o quanto esse problema complicava sua vida profissional:

> *Sou incapaz de escrever qualquer coisa se alguém estiver me observando... Na recepção onde trabalho, quando tenho de preencher um formulário com alguém, encontro qualquer pretexto para*

me refugiar na sala dos fundos com o papel e escrever sozinha. Explico ao meu superior que tenho uma memória excelente quando ele se surpreende por não me ver anotando quando me dá instruções. Sozinha, não tenho problemas para escrever, mas assim que estou com alguém, os dedos se contraem sobre o lápis, a mão treme, o corpo inteiro transpira. E não consigo fazer mais nada.

Parece, por exemplo, que Napoleão III foi vítima desse tipo de dificuldade: "Alguém [...] me contou sobre sua hesitação quando tinha de entrar na capela das Tulherias aos domingos para ali ouvir a missa. Ele sabia que estava sendo observado, dizia a si mesmo que em breve seria o foco da assembleia. Então ele se endireitava, observava-se antes de entrar, dava um passo para a frente, outro para trás, e de repente resolvia entrar na capela e tomava seu lugar, ele, o imperador, intimidado pelos olhares" (Claretie, J. *Le Journal*, 5 de julho de 1899, apud Hartenberg, 1910, p. 156).

O desconforto de ser observado faz parte do mundo animal: entre os mamíferos, o olhar fixo no outro é uma forma de estabelecer domínio. O animal dominante faz o dominado abaixar o olhar; se este, por inconsciência ou desejo de lutar, se recusa, há conflito e combate, escalada da violência. Encontramos esse mecanismo também nos conflitos de bares ou de boates sobre o tema "Tá olhando o quê?" ou "Eu te conheço?" O olhar pode ser, em alguns casos, ofensa e agressão, violação da intimidade e provocação. Também pode carregar um excesso de intimidade: é o que pode ser observado num elevador lotado, ou nos transportes públicos na hora do *rush*. Os olhares são então naturalmente evitados: a quantidade de intimidade física imposta é tal que não precisamos acrescentar mais.

O mal-estar que cada um de nós pode sentir nesses momentos pode, portanto, ser considerado como característico da espécie humana. Essa situação só se torna problemática quando é fortemente temida e, portanto, sistematicamente evitada. Por exemplo, um de nossos pacientes que estudava história temia entrar no anfiteatro da faculdade se não estivesse lá no momento em que as portas se abrissem. Na biblioteca da universidade, ele também tinha de chegar primeiro, uma vez instalado não podia se levantar para pegar um livro, tinha de sair por último e ir ao banheiro era algo impensável. Outra paciente, funcionária num ministério, nos contou como, com medo de ser o foco de um grupo, ela evitava tomar a palavra nas reuniões de trabalho, mas também sentar-se ao lado daqueles que tomariam a palavra:

Sentar-me ao lado de alguém que fala num grupo, não gosto disso. Todos começam a olhar na minha direção; não sei se é para mim que estão olhando um pouco também, não sei para que lado olhar, que postura adotar, que cara fazer. Dou todos os sinais externos de constrangimento. Digo para mim mesma: 'Que azar o meu!' De todo modo, como não gosto, essas histórias sempre acontecem comigo! Estar ao lado de alguém que está causando escândalo no caixa do supermercado ou na fila do cinema, quebrar um objeto na casa dos convidados, acionar o alarme contra roubo numa loja de departamentos...

Em geral, os indivíduos que temem esse tipo de situação farão de tudo para não se atrasarem para o cinema, o teatro, o avião, uma festa, uma refeição, uma reunião ou uma aula...

Às vezes, não é preciso nem mesmo o olhar. A audição basta: tocar um instrumento e poder ser ouvido bloqueia alguns músicos amadores que só se sentem à vontade com as portas e as janelas fechadas, pois acham que assim ninguém ouvirá com atenção suas notas erradas. Da mesma forma, muitos indivíduos com transtorno de ansiedade social têm medo de falar ao telefone. Às vezes, é por causa das pessoas que podem estar ao redor deles e, portanto, ouvi-los e vê-los, mas na maioria das vezes o simples fato de interagir só por voz com um interlocutor, sobretudo com um estranho ou com alguém de posição importante, é suficiente para desencadear o temor de um julgamento negativo. Qualquer indício que evoque por parte do outro, muitas vezes de forma equivocada, uma marca de autoridade, de sarcasmo ou de rejeição torna-se então insuportável. Esse fenômeno é amplificado pela ausência do retorno visual que pode fornecer informações sobre as intenções geralmente benevolentes da pessoa do outro lado da linha: "Minha timidez é muito maior ao telefone porque não consigo ver a expressão do meu interlocutor, porque me esforço para adivinhar pelas entonações da sua voz e porque imagino sempre esse interlocutor ocupado com outra coisa, desinteressado das minhas palavras" (Vilain, 2010, p. 124).

Conhecemos muitos pacientes que preferem enviar uma mensagem de texto ou deixar uma mensagem numa secretária eletrônica a ter de falar "ao vivo" ao telefone.

O desenvolvimento das videoconferências pela internet, que surgiram durante os confinamentos de 2020 e 2021, tanto para as interações com familiares e amigos como para reuniões profissionais, também afetou os indivíduos com transtorno de ansiedade social. Com efeito, durante as reuniões feitas pelo Zoom ou pelo Teams, quando as câmeras estão ligadas, temos constantemente o olhar de todos os outros participantes da reunião em nosso campo de visão. Mas o fato de ser olhado fixamente quando falamos se revela uma fonte importante de ansiedade (Riedel, 2022). Desde então, essas modalidades de reuniões cresceram de forma considerável, sobretudo no mundo do trabalho. Por isso, não é surpresa alguma que os indivíduos com fobia social muitas vezes desliguem a câmera durante as videoconferências, limitando-se a deixar ligado o microfone, como relata Najoua:

As reuniões de trabalho foram desde sempre uma fonte de estresse para mim. Mas eu conseguia administrar ficando num canto discreto da sala, um pouco afastada dos outros. E observava logo quem me olhava e quem não prestava atenção em mim. Com as reuniões pela internet, não é mais a mesma coisa. Não sei mais quem está me olhando. E não sei mais como agir. Imagine, seu rosto está ali, é uma vinheta observada por todos. Tenho o sentimento de ser o objeto da atenção de todos ou, se não este o caso, não sei quem observa meu rosto. Tento ter gestos corretos, mas sinto que não é natural. Isso me angustia tanto que, na maior parte do tempo, encontro um pretexto para desligar a câmera: uma conexão ruim ou um problema no computador.

1.8 Uma hierarquia dos nossos medos sociais?

Estima-se em menos de 10% de uma determinada população as pessoas que nunca sentem ansiedade social em todos os contextos que descrevemos (Zimbardo, 1977). Isso significa que existe uma ampla gama de situações potencialmente ansiogênicas no campo das relações sociais. Cada um é mais particularmente sensível a uma ou outra dessas categorias: alguns se sentem incomodados ao serem vistos fazendo uma baliza para estacionar, mas podem, por outro lado, afirmar-se exigindo ser atendidos mais rapidamente no restaurante; outros temem falar em público, mas não têm medo de entrevistas individuais etc.

Essas situações, por ordem de frequência, podem ser representadas na forma de uma pirâmide: a base, portanto as situações que podem causar temor na maioria das pessoas, é ocupada pelo primeiro grupo e cada "andar" suplementar da pirâmide pressupõe que os andares abaixo também são objetos de ansiedade. Assim, o medo de se revelar quase sempre implica o de realizar uma apresentação sob o olhar de um grupo (andar anterior), mas não necessariamente o de se afirmar ou ser observado. Por outro lado, se o temor de ser observado estiver presente, geralmente podemos encontrar todos os outros temores.

A pirâmide de nossos medos sociais

Alguns indivíduos, como veremos, podem apresentar o medo de quase todas essas situações. Era o caso de Noémie.

Eu tenho medo de tudo. Tive medo de vir consultá-lo, medo de marcar um horário, medo do olhar das secretárias, do olhar de quem está na sala de espera. Vou ter medo do olhar das pessoas na rua quando me virem saindo daqui, medo de entrar na padaria para comprar pão, medo de encontrar um vizinho na escada. Em casa, eu teria medo de atender ao telefone sem saber quem está me ligando... No trabalho, tenho medo de falar nas reuniões, tenho até medo de comparecer e ter de responder às perguntas. Na minha vida, tenho medo de encontrar pessoas de quem gosto, porque tenho medo de não as agradar...

Observemos que muitas situações comuns implicam a coexistência desses diferentes mecanismos. Eles pertencem, portanto, mais ou menos aos quatro grupos que acabamos de descrever; assim, observávamos recentemente na televisão um amigo nosso, escritor, que veio apresentar seu mais recente trabalho num programa de televisão de grande audiência cujo apresentador era conhecido pela sua turbulência e pela sua impertinência. Foi para ele uma provação, que remetia às nossas quatro categorias: ansiedade do desempenho em público, ansiedade da autorrevelação, por meio das perguntas muito pessoais feitas pelo apresentador, autoafirmação (como colocá-lo de volta em seu lugar sempre que necessário, sem parecer muito hostil), ser observado (não saber quando as câmeras irão, sem seu conhecimento, dar zoom em suas mãos mexendo numa caneta, ou num gesto transtornado...).

1.9 Um mecanismo comum

Todas essas situações acabam tendo algo em comum: *elas expõem ao olhar e ao julgamento do outro*. Evocar o "olhar" do outro não é anódino, como veremos mais adiante, mas é também uma expressão que significa a atenção do outro, que pode também se manifestar sem os olhos, por exemplo ao telefone, como já vimos. Para muitos pesquisadores, a ansiedade social é semelhante a uma ansiedade de avaliação. Todas as situações em que somos avaliados pelos outros podem nos inquietar, às vezes até a ansiedade. É o caso do estudante que entra em pânico na hora da prova, até mesmo escrita: aqui, há mais uma ansiedade de avaliação do que uma ansiedade social propriamente dita. O mesmo estudante provavelmente entra em pânico também na prova oral: é que sua ansiedade de avaliação se associa a uma ansiedade social, que é função do olhar do outro.

Mas o que acontece conosco quando estamos imersos em situações que nos deixam desconfortáveis? Veremos que nossos medos, sejam eles quais forem, têm três tipos de manifestações: emocionais, comportamentais e cognitivas.

2
O tumulto do corpo

Quando o coração dispara...
Charles Trenet

É mais forte do que eu, e absolutamente incontrolável: essa sensação de que meu corpo enlouquece, me trai e se esquiva em vez de me apoiar e de me ajudar a enfrentar a situação. A primeira coisa que reparo é meu coração, que começa a bater cada vez mais forte: é ele quem dá o alerta, é o sinal de alarme. A partir desse momento, percebo que estou mal fisicamente: boca seca, mãos suadas, sensação de tremores por todo o corpo... Sei que basta que me olhem para que fique bem vermelha. Resumindo, nesse estado, já perdi 80% da segurança, antes mesmo de começar a falar. Então, você pode imaginar: impossível dizer coisas das quais os outros discordarão, não terei condições de sustentar um debate forte. E então, dizer coisas com as quais todos concordam, de que adianta? Portanto eu me calo, como sempre, esperando que meu desconforto não seja notado e que meu silêncio não seja entendido como desinteresse...

2.1 As palavras da angústia

A primeira consequência percebida por alguém que sofre de ansiedade social no momento em que enfrenta situações estressantes é esse tumulto do corpo descrito pela jovem do nosso exemplo. A maioria dos indivíduos, questionados sobre seus problemas de medo de palco, de timidez etc., destaca espontaneamente esse fenômeno; para descreverem seu transtorno, eles insistem nessas manifestações de angústia (Cheek & Watson, 1989). De fato, a angústia é em grande parte identificável por suas manifestações corporais, fisiológicas. Além disso, etimologicamente, todas as palavras ligadas aos sentimentos de apreensão evocam sintomas de natureza física: angústia vem do latim *angere* ("apertar"), para evocar os sentimentos de opressão torácica, de aperto no estômago, na garganta então sentidos; temor deriva de outra palavra latina, *timor* (pavor, susto); medo vem do latim *metus* (receio, desassossego, inquietação); pânico se aproxima desse espírito: sua origem é obscura, mas provavelmente derivada da palavra grega *panikos* (do deus Pã, cuja aparição aos mortais causava pavor, e um de seus estratagemas para assustar seus inimigos era causar um alvoroço... pavoroso!); cagaço, o medo provoca transtornos digestivos, a pessoa se suja toda, deriva do latim *cacare* (cagar); emoção, do latim *motio* ("movimento"). Esse breve panorama etimológico nos lembra o quanto, entre os transtornos de ansiedade, a ansiedade social se manifesta por meio de sintomas corporais.

2.2 Um inventário à maneira de Prévert*

Os sintomas sentidos são infinitamente variados. Uma lista estabelecida por pesquisadores a partir de entrevistas com pessoas com ansiedade social muito forte compilou, em ordem de frequência, as seguintes manifestações (procure as suas!): palpitações, tremores, transpiração, tensão dos músculos, nó no estômago, boca e garganta secas, sensações de calor e frio, rubor, dor

---

* Jacques Prévert, em seu poema *Inventaire*, lista todo tipo de assunto, sem que exista um vínculo aparente entre eles [N.T.].

de cabeça, sensação de pressão no crânio, impressão de desmaio (National Institute of Mental Health, 2022). Mas existem muitas outras ainda!

Portanto, não é surpreendente que vários indivíduos com transtorno de ansiedade social estejam convencidos de que seu problema é físico. Eles consultaram médicos, fizeram exames de sangue, eletrocardiogramas, várias radiografias, e tentaram medicamentos, com pouco resultado. Por exemplo, os rubores repetidos são com frequência interpretados como um sinal de uma doença somática e muitos de nossos pacientes primeiro consultam, para esse sintoma na realidade emocional, um especialista da pele, dos hormônios ou do sistema cardiovascular. Às vezes, as manifestações físicas assumem formas incomuns (p. ex., ter diarreia ou vomitar). Esse foi o caso de um homem de 50 anos:

Sempre me senti intimidado por outras pessoas, mas no meu trabalho não precisava ter contatos. Por isso, quando me disseram que seria designado para um departamento onde as reuniões eram realizadas regularmente, eu sabia que não seria fácil. Bom, desde o primeiro dia comecei a ter muita vontade de urinar e tinha de faltar regularmente às reuniões, tinha tanto medo de não conseguir me segurar... Na minha idade, até pensei que era a próstata, quando na verdade era estresse...

A intensidade dessas manifestações físicas de ansiedade social varia muito dependendo das pessoas e das circunstâncias. Na maioria das pessoas, elas são discretas: a ansiedade social que nós sentimos no momento de falar em público desencadeia um ou mais dos sintomas descritos acima. Às vezes, estes nem sequer são conscientes: é o entorno que percebe o "nervosismo" da pessoa e o sinaliza para ela... Em outros casos, essas manifestações são mais intensas e desconfortáveis; elas podem atingir um verdadeiro paroxismo. Em alguns casos extremos, a ansiedade assume a forma do chamado ataque de pânico: o indivíduo sente uma crescente sensação de perda total de controle e pode temer morrer ou enlouquecer.

Escutemos Sophie, que relata esse tipo de pânico, ocorrido durante um seminário de capacitação profissional:

Quando chegou a minha vez de subir ao palco e falar ao microfone, perdi completamente o pé da situação, desabei, incapaz de dizer uma palavra, estupefata. Eu não entendia mais nada do que estava acontecendo, era totalmente incapaz de reagir, de agir de forma racional. Além disso, não me lembro mais com clareza do que aconteceu, exceto que as pessoas foram muito simpáticas e compreensivas comigo.

Encontramos tais ataques de pânico ditos situacionais (relacionados a uma situação específica) em várias fobias: por exemplo, os agorafóbicos (indivíduos que têm medo dos espaços públicos, dos lugares longe de casa, de onde não se pode escapar facilmente) podem sentir esses ataques nos supermercados, nos cinemas lotados, nos engarrafamentos num anel viário urbano etc. Os indivíduos com fobia social, por outro lado, os temem mais em momentos como falar diante de um grupo ou de uma pessoa muito impressionante. Em alguns casos, a diferença entre os dois não é evidente, os lugares temidos pelos agorafóbicos costumam ser lugares onde eles podem também encontrar muitas pessoas. Além disso, algumas agorafobias podem estar associadas a uma fobia social. Mas essa é outra história...

2.3 O que se vê e o que não se vê

Essas manifestações podem, na verdade, ser divididas em dois grupos, conforme sejam ou não visíveis ou perceptíveis pelo entorno.

As manifestações de natureza "interna", como palpitações ou nó no estômago, assumem um caráter de desconforto íntimo tanto mais intenso porque alteram os desempenhos relacionais: o nó na garganta, os tremores, os suores frios não facilitam nossas interações com os outros.

Mas os sintomas mais temidos são certamente aqueles cujos sinais se dirigem ao entorno e revelam, contra nossa vontade, nosso estado de mal-estar: o rubor, os tremores fazem parte deles.

Bakary está desempregado há um ano. Ele fica particularmente incomodado com suas manifestações fisiológicas de ansiedade social.

É principalmente minha voz que se torna incontrolável: eu começo as duas primeiras frases normalmente, depois ela começa a tremer, a vacilar, o volume diminui, como um transistor cuja bateria está prestes a acabar; depois de um tempo, o mais terrível é que as pessoas percebem meu problema e me fazem repetir, e fica cada vez mais difícil para mim. Começo a tremer, tento esconder as mãos, mas se tenho um documento para entregar, ou para assinar, fica irremediavelmente visível...

Um de nossos pacientes, Matthieu, pintor de prédios, costumava fazer alguns trabalhos de pintura na casa de particulares. Ele gostava desse tipo de trabalho, mas temia lidar com seus clientes. Por exemplo, ele nunca aceitou um convite para uma bebida ou um café, porque várias vezes se viu numa situação delicada, seus tremores faziam sua colher tilintar ruidosamente na xícara. Ele também explicou que sempre se recusou a colocar cubos de gelo no copo pelas mesmas razões sonoras!

Entre os dois se situam algumas manifestações de caráter bastante interno, mas que podem, em certas circunstâncias, tornar-se "externos". Um interessante estudo sobre a ansiedade social dos músicos mostra como, dependendo do instrumento tocado, certas manifestações são mais especificamente temidas (Fernholz et al., 2019): os músicos de instrumentos de sopro (trompete, oboé) temem mais particularmente que o pânico lhes deixe a boca seca, o que é muito desconfortável no caso deles. Os pianistas inquietam-se com o tremor. Para os violinistas e outros instrumentistas de cordas, são as mãos suadas etc. Uma estudante, muito brilhante, se sentia pouco à vontade com as reações "ruidosas" que seu corpo tinha em determinadas situações sociais.

O que eu mais temo é ir a um concerto. Começo a salivar cada vez mais e logo não consigo parar de engolir, o que as pessoas ao lado não podem deixar de ouvir. Fico cada vez mais ansiosa e salivo ainda mais... Comecei então a evitar todos os lugares onde o silêncio é exigido, como teatros e até igrejas.

Outro paciente expressava, por assim dizer, sua ansiedade social pelo estômago: eram os gorgolejos que ele mais temia e que ocorriam assim que sentia um desconforto social.

Palmas das mãos suadas também podem representar um sintoma particularmente desconfortável, de caráter interno e externo. Sobretudo no nosso país, onde era costume, antes de uma certa pandemia, apertar a mão sob qualquer pretexto, o que não acontecia, por exemplo, entre os anglo-saxões, sempre espantados com a nossa ânsia de agarrar as mãos daqueles que encontramos ao longo do dia. Também nos lembramos de uma de nossas pacientes que temia particularmente ter de apertar a mão, tanto sua emotividade lhe causava o que os médicos chamam de hiperidrose (transpiração exagerada). Ela recorria a todo o tipo de estratagemas para não ter de o fazer: usar luvas, ter sempre as mãos cheias de pastas, de modo que só tinha de estender o cotovelo, ou arriscar-se a ser considerada indelicada, curvando-se à distância.

No belo filme de Jean-Pierre Améris, *Les Émotifs anonymes* [*Românticos anônimos* (2010)], o herói interpretado por Benoît Poelvoorde, que sofre de ansiedade social de competição, especialmente com as mulheres ("Eu não tenho problema com as mulheres; elas me aterrorizam!"), transpira tanto que é obrigado a trazer uma mala com uma camisa sobressalente quando convida sua colega para jantar, ela também muito tímida, interpretada por Isabelle Carré.

2.4 A traição do corpo

Claro que a emergência brutal de todas essas manifestações físicas traz inúmeros problemas.

Uma vez que foram desencadeadas, verifica-se que é muito difícil pará-las. Os esforços realizados, pelo contrário, podem muito bem agravar ainda mais a situação, por meio de diferentes mecanismos: o fato de concentrar a atenção nesses sintomas os amplifica e o desconforto sentido aumenta ainda mais a ansiedade social porque as reações físicas em questão são na maioria das vezes incontroláveis pela vontade.

Ser totalmente transparente ao outro nunca é muito agradável; a legibilidade completa de nossos estados emocionais aumenta também nossa vulnerabilidade. O olhar que o outro nos dirige representa uma provação se temos o sentimento, justificado ou não, de que esse olhar nos deixa nu, nos sonda, nos avalia sem que tenhamos a mínima possibilidade de dissimular nossa intimidade. Desse modo, o desconforto de ser olhado, com maior ou menor insistência, nos olhos é muito comum. Ainda que em parte seja certamente "animal" e instintual, ele é aparentemente mais frequente em certas culturas: veremos isso em relação às ansiedades sociais entre os japoneses. O fato é que ele remete muito diretamente ao temor da leitura de pensamentos, ou melhor, à leitura das emoções e dos sentimentos experimentados. O sujeito teme então particularmente que sua emoção seja descoberta, no momento preciso em que ele, ao contrário, desejaria controlá-la, ou então que ele ainda não conseguiu esclarecê-la. A isso se acrescenta também um medo muito arcaico da agressão, o olhar fixo sendo, em inúmeras espécies animais, um sinal de dominação ou de predação contra um congênere inferior ou uma presa.

"Timidez do asno aflito", um poema para crianças de Claude Roy, ilustra lindamente esse transtorno:

> Não gosto que me olhem.
> Sinto-me bastante encabulado.
> Coro quando me olham;
> Gaguejo e fico constrangido.
>
> Sinto calor, sinto medo, sinto frio, sinto calor.
> Estou todo corado e empalideço.
> Eles me desprezam.
> Olham para mim. Empalideço.
>
> Tento parecer relaxado.
> Sou o cachorro triste que arrastam.
> Tento parecer leve.
> Mas me sinto um pobre asno aflito.

O temor do olhar que o outro dirige sobre essas manifestações é, como veremos, uma constante dos estados de ansiedade social. Ele pode virar uma obsessão e ser por si só suficiente para desencadear a ansiedade, numa espiral infernal. É o que os comportamentalistas chamam de condicionamento negativo: uma determinada circunstância (situação social) está associada a sensações desagradáveis chamadas "aversivas" (manifestações físicas de angústia); sendo, portanto, evitada mais tarde. Tennessee Williams descreve em suas *Memórias* um fenômeno desse tipo:

> *Lembro-me do exato momento em que comecei a corar do nada. Creio que isso aconteceu durante uma aula de geometria. Eu olhava para o outro lado do caminho, quando uma moça muito linda me olhou direto nos olhos. No mesmo instante, percebi que ruborizava. Fiquei ainda mais vermelho depois de tê-la olhado uma segunda vez. Meu Deus, pensei, e se isso acontecer toda vez*

que eu cruzar com o olhar de alguém? Assim que imaginei essa cena de pesadelo, ela se tornou realidade. A partir daquele momento, e quase o tempo todo no decorrer dos anos seguintes, eu ruborizava toda vez que um par de olhos encontrava os meus.

O fenômeno por vezes descrito do "medo do medo", isto é, temor do retorno desses sintomas físicos de ansiedade, não é diferente.

2.5 Você corou!

Se observarmos mais atentamente as manifestações fisiológicas de ansiedade podemos encontrar ao mesmo tempo traços comuns a todos os estados de ansiedade, mas também sintomas característicos da ansiedade social. É o caso em particular da ruborização. Aliás, esse problema está no centro das preocupações de muitas pessoas; levando especialistas a criarem um nome, a ereutofobia, para designar o medo de ruborizar (Pelissolo & Roy, 2009).

Essa ereutofobia é visivelmente uma dificuldade eterna. Numa das mais antigas descrições conhecidas dos problemas de ansiedade social, Hipócrates falava de certas pessoas cujo comportamento é muito sugestivo: "Ele gostará de viver na escuridão, não poderá suportar a luz ou os lugares iluminados. Como seu chapéu esconde sempre seus olhos, ele não poderá ver ou ser olhado apesar de sua boa vontade" (Laingui, 1991). Hipócrates descreve aqui, sem falar diretamente do medo de ruborizar, comportamentos sociais muitos sugestivos: evitar a luz plena que revelaria o rubor, se esconder por trás de um chapéu, temer o olhar que amplificaria o rubor...

Eritrose ou ereutofobia?

As palavras gregas *erythros* e *ereuthos* ("vermelho") inspiraram dois termos da linguagem médica. A eritrose de um lado, que é uma "grande facilidade de ruborizar" (Garnier & Delamare, 1974), e a ereutofobia de outro, que é a angústia obsedante da ocorrência desse rubor; neste último caso, a eritrose, bem real, torna-se objeto de fobia.

De fato, muitas pessoas "ruborizadoras" não são ereutofóbicas: muitas vezes se sentem desconfortáveis ou irritadas com sua tendência a ruborizar facilmente, mas nem por isso são fóbicas.

Ao contrário, as pessoas ereutofóbicas agravam sua tendência à eritrose por causa precisamente de seu medo de ruborizar: ao antecipar a ruborização, elas provocam o aumento da ansiedade, e então facilitam seu aparecimento; quando ruborizam em situação social, elas focam o rubor em vez de pensar na conversa, e então prolongam o mal-estar.

Esses reflexos são muito difíceis de abandonar, e apesar da benignidade aparente aos olhos dos outros, a ereutofobia demora a ser curada. A frase-chave que assinala o início da cura é quando a pessoa ereutofóbica diz ao terapeuta: "Outro dia, eu fiquei vermelha, mas isso me incomodou menos do que de costume..." Aliás, nós explicamos desde o início do tratamento que se curar da ereutofobia não é deixar de ruborizar, e sim não se desestabilizar totalmente com o rubor.

Algumas belas descrições também foram dadas pelos psiquiatras alienistas do século XIX, que eram maravilhosos observadores de seus contemporâneos. Identificada por um médico berlinense, Casper, em 1846, a ereutofobia foi em seguida estudada na França por Pitre e Régis (Casper, 1846). Mas vejamos como Pierre Janet, mestre francês do início do século XX, descreve o transtorno em sua primeira obra, *Les névroses*, publicada em 1909:

> *Quando ele se sentir exposto aos olhares, particularmente aos do outro sexo, o temor de ruborizar virá assaltá-lo e a vergonha antecipada avermelhará seu rosto, toda luta é inútil: sob a influência da vontade, a face pode apresentar primeiro uma leve palidez, logo substituída pelo temido rubor [...]. Esse constante temor a todo momento realizado torna-se para o indivíduo um suplício de Tântalo invertido; de natureza talvez mais ousada e mais sociável, ele se tornará de uma timidez e de uma selvageria ridículas; evitará todas as ocasiões em que possa acontecer, buscará a solidão; os deveres sociais e algumas vezes os deveres profissionais serão para ele horrivelmente dolorosos; sua vida estará literalmente estragada por uma ninharia (Janet, 1909).*

A literatura também está repleta de exemplos semelhantes, dos quais o mais encantador é sem dúvida a história de Marcellin Caillou, contada e ilustrada pelo saudoso e genial Sempé, descrevendo a vida de um garoto com ereutofobia:

> O menino Marcellin Caillou poderia ter sido uma criança muito feliz como muitas outras crianças. Infelizmente, ele sofria de uma estranha doença: ele ruborizava. Ele ruborizava por um sim, e por um não.
> Felizmente, você dirá, Marcellin não era o único que ruborizava. Todas as crianças ruborizam. Elas ficam vermelhas quando se sentem intimidadas ou porque fazem uma besteira.
> Mas o que era perturbador no caso de Marcellin é que ele ficava vermelho sem razão alguma. Isso lhe acontecia no

momento menos esperado. Por outro lado, no momento em que ele deveria ficar vermelho, pois é, nesses momentos, ele não ficava...

Em suma: a vida de Marcellin Caillou era bastante complicada... Ele tinha dúvidas. Ou melhor, uma dúvida, sempre a mesma dúvida: por que eu fico vermelho?

Ele não era infeliz, simplesmente ele se perguntava como, quando e por que ele ficava vermelho... (Sempé, 1982).

No mundo real, conhecemos "ruborizadores" célebres, como o Príncipe Harry, Bill Clinton ou ainda Sandrine Kiberlain; sendo assim, o fato de ruborizar não impede o êxito na vida, mesmo nas atividades públicas. Mas os problemas começam quando o medo de ruborizar torna-se uma obsessão e cria um medo permanente, e também aqui personalidades célebres como Johnny Hallyday ou Frédéric Beigbeder reconheceram que sofriam de ereutofobia. O autor de *Un roman français* escreve:

> Toda minha infância, lutei contra o rubor. Alguém falava comigo? Placas vermelhas nasciam em minha face. Uma garota me olhava? As maçãs do rosto logo se avermelhavam. O professor me fazia uma pergunta? Meu rosto corava. Por isso havia desenvolvido técnicas para dissimular meus rubores: refazer o laço do sapato, virar-me como se houvesse algo fascinante para olhar atrás de mim, sair correndo, esconder meu rosto por trás dos cabelos, tirar o pulôver.

Da mesma forma, uma de nossas pacientes descrevia assim suas dificuldades pessoais:

> Sempre tive tendência a ruborizar por nada. Basta que uma situação seja desconfortável, um silêncio, um olhar insistente, e fico escarlate. Lembro-me muito bem do dia em que meu medo de ruborizar começou: foi na escola, e um furto acabara de acontecer na minha classe; tinham furtado dinheiro do casaco de um dos

alunos da minha sala. A professora nos reuniu solenemente e se dirigiu a nós pedindo que o culpado se denunciasse. Naturalmente, eu não tinha nada a ver com esse furto. Mas durante os dolorosos minutos de silêncio, ao longo dos quais a professora olhava friamente os alunos, senti que ficava cada vez mais corada, e cada vez mais desconfortável, temendo que meu rubor fosse interpretado como uma confissão de culpa. Parecia que todos pensavam que eu era a culpada. A professora teve a inteligência de não reparar no meu rubor, mas a partir desse dia fui apelidada de 'a ladra' pelo resto dos alunos. Agora, o pior é que posso começar a ruborizar de maneira absurda, sem razão manifesta. Basta apenas dizer a mim mesma que não devo ruborizar para que fique vermelha. Ou então que eu o observe: se digo a mim mesma: 'olha só, você não está ruborizando', isso me faz corar...

A ideia fixa dos ereutofóbicos é que seu transtorno seja identificado pelo seu entorno. Um deles nos relatava como estava permanentemente à espreita para vigiar a ocorrência dos "alertas vermelhos" (os sinais prenunciadores do rubor), e como ruborizar diante do outro representava para ele um verdadeiro "suicídio social" (ele se sentia então definitivamente humilhado e desconsiderado); ele dizia a esse respeito: "Prefiro me calar ou dar uma de imbecil do que me arriscar a corar me expondo ou me opondo". É por isso que o tímido ereutofóbico descrito por Hipócrates evita os lugares iluminados e se esconde por trás de um largo chapéu... Os autores antigos descreviam como as mulheres que sofriam desse problema recorriam sempre ao leque para dissimular o rosto nos lugares públicos. Desde sempre, a maquiagem permitiu dissimular sob espessas camadas de pó os rubores inesperados, e não somente por parte das mulheres: recebemos em consulta dezenas de homens que utilizam uma base ou outros tipos de maquiagem para ir trabalhar ou para qualquer tipo de programa. Uma de nossas pacientes nos revelava qual subterfúgio ela utilizava para esconder o rubor:

Trago sempre comigo um lenço ou lenços de papel. Assim que o rubor aparece, alego uma crise de espirros e me assoo com vigor. As pessoas não se surpreendem ao ver meu rosto todo vermelho depois disso... Melhor ser vista como alguém que sofre de um resfriado crônico!

Os ereutofóbicos temem particularmente certas situações, como ir ao salão de cabelereiro: ficar sentado sob o olhar permanente de um cabelereiro e se ver corar pouco a pouco em versão dupla, tripla, quádrupla, dependendo do número de espelhos no local, representa uma prova pouco confortável! É que uma vez identificado, o rubor pode ser objeto de zombarias ou de suspeitas. O "você ficou vermelho", tão comum nos pátios de recreio e destinado a provocar mais rubor, é bem conhecido...

Os tormentos de um ereutofóbico

"Se uma pessoa declarar em minha presença: Roubaram meu guarda-chuva, eu logo me perturbo, mudo de cor. Eu que, no entanto, não consigo tolerar os guarda-chuvas, que nunca os utilizo, que não saberia o que fazer com esses instrumentos! Sim, tomo instantaneamente um 'ar de circunstância', um ar que não deixa de parecer suspeito a todos os olhares. Sinto necessidade de me desculpar. Gaguejo. Improviso duas ou três histórias, às vezes mentirosas, para estabelecer que ignorava a existência desse guarda-chuva, que estava ausente quando esse guarda-chuva despareceu..."

Georges Duhamel. *Le Journal de Salavin*
[O diário de Salavin] (1927).

A noção de vergonha é onipresente na ereutofobia. As pessoas que dela sofrem têm vergonha de ruborizar, bem como vergonha de ter vergonha de ruborizar... A tal ponto que esse transtorno muitas vezes é para elas um tabu absoluto, sobre o qual não conversam com ninguém. Muitos pacientes que nos consultam por esse motivo jamais revelaram a quem quer que seja esse segredo antes desse primeiro *rouging-out*, nem mesmo aos amigos mais próximos ou aos familiares. Essa experiência dolorosa está presente em muitas pessoas que sofrem de ansiedade social, mas provavelmente de maneira ainda mais forte em caso de ereutofobia (o vínculo entre ruborização e vergonha é muito forte em nossa cultura, ainda que não se justifique).

As principais características da ereutofobia são: ruborização fácil em inúmeras situações sociais, muitas vezes correlatas à noção de olhar do outro; o indivíduo não pode controlar sua ruborização; pelo contrário, as tentativas de controle, como as observações do entorno, amplificam o fenômeno; ruminações e questionamentos sobre o porquê profundo da ruborização, "como se um corcunda não quisesse pensar em sua corcunda", dizia um paciente no início do século (Hartenberg, 1910); seu desencadeamento é por vezes absurdo, sem que a pessoa esteja diretamente envolvida na situação ("se falam de um delito, por exemplo, elas ruborizam como se fossem culpadas") (Hartenberg, 1910). Em certos casos, a ruborização pode até mesmo acontecer quando a pessoa está sozinha. Basta que ela pense numa situação passada em que sentiu o desconforto ou então numa atitude futura que a faça corar antecipadamente.

Na verdade, parece que qualquer emoção, ou mesmo início de emoção, qualquer desconforto, mesmo mínimo, pode desencadear o rubor nas pessoas vulneráveis. Em *Confissões*, Rousseau descreve um exemplo de ruborização por identificação e embaraço pelo outro:

> Enquanto ele vomitava suas mentiras, eu ruborizava, abaixava os olhos, me impacientava [...]. Já na rua, percebi que estava suando, e tenho certeza de que se alguém

tivesse me reconhecido e me chamado antes de eu ter saído, teria visto em mim a vergonha e o embaraço de um culpado, apenas pelo sentimento da pena que esse pobre coitado teria de sofrer se sua mentira fosse descoberta.

Podemos imaginar que nesse caso vale mais a pena não ser confrontado aos detectores de mentira utilizados em certos estados americanos: o simples temor da prova bastaria para fazer com que qualquer pessoa com transtorno de ansiedade social fosse considerada um culpado em potencial!

As causas da ereutofobia são provavelmente múltiplas e variáveis, segundo a história de cada um. Primeiro é preciso lembrar que a ruborização em si nada tem de anormal, trata-se simplesmente de uma reação fisiológica reflexa em dois tipos de circunstâncias: um calor súbito ligado à temperatura externa ou a um esforço físico intenso ou a uma emoção forte (raiva, desconforto, prazer etc.). A dilatação dos vasos do rosto faz circular mais sangue sob a pele a fim de eliminar um pouco do calor. Essa reação é mais ou menos forte de acordo com as pessoas, e mais ou menos visível de acordo com a espessura e a cor da pele.

O medo obsedante de ruborizar ocorre com frequência nos indivíduos tímidos, mas não apenas (Pelissolo et al., 2012). Ele pode aparecer na adolescência ou um pouco mais tarde nas pessoas autoconfiantes ou extrovertidas, em consequência de uma cena de desconforto intenso ou mesmo de humilhação ligada a um acesso de rubor; a ideia é então que toda ruborização é intolerável porque sinal de falta de confiança em si, de fraqueza, de incompetência, de culpa etc. Algumas pessoas têm também a ideia de que seus rubores poderiam ser erroneamente interpretados como o reflexo de atração pelo interlocutor. Quaisquer que sejam o temperamento e a história do indivíduo, o círculo vicioso é sempre o mesmo, assim como descrito pelo romancista Philippe Vilain em *Confession d'un timide*:

1. Tomo consciência de meu rubor e de meu desconforto; 2. Imagino que meu desconforto será notado; 3. Deduzo então que o considerarão com menosprezo e que me depreciarão, ou, e talvez pior, terão piedade de mim, o que aumenta meu rubor, meu desajeito e minha incapacidade de agir (Vilain, 2010, p. 30).

A incapacidade social ligada a esse medo de corar, assim como o medo de transpirar, é tão grande que muitas pessoas pensam em se submeter a uma cirurgia para eliminá-los definitivamente. Com esse objetivo, alguns cirurgiões propõem com efeito uma "simpatectomia", que consiste numa secção dos nervos simpáticos, responsáveis, entre outras finalidades, pelas manifestações neurovegetativas de emotividade (Girish et al., 2017). Esse tipo de técnica traz inúmeros problemas: trata-se de um tratamento cirúrgico mutilador e irreversível, que deveria, portanto, ser reservado exclusivamente aos fracassos do tratamento médico-psicológico pelos vários especialistas do transtorno, e em casos de incapacidade significativa. Alguns efeitos colaterais, por vezes muito desconfortáveis, podem ocorrer: acidente durante a operação, e com frequência transpiração muito intensa no torso. Além disso, nem sempre funciona, como admitem até os cirurgiões que a praticam: ocorreriam recidivas em pelo menos 10% a 30% dos casos. Por fim, essas técnicas não se baseiam – em nossa opinião – num número suficiente de estudos científicos publicados. No estado atual do conhecimento, não podemos, pois, aconselhar ninguém a usá-las...

2.6 As reações fisiológicas de emotividade têm um sentido?

De onde vêm o rubor e o conjunto dessas manifestações físicas? Para compreendê-los, é preciso voltar ao que os especialistas revelaram sobre os mecanismos ligados às reações de estresse (Servant, 1996). Quando somos expostos a uma situação estressante, o organismo reage de maneira muito arcaica, preparando-se para enfrentar essa situação. Ele desencadeia a secreção no corpo de diversas substâncias químicas e hormonais, como a adrenalina. O resultado é que o coração se acelera, a respiração torna-se mais rápida, os vasos sanguíneos se dilatam para irrigar melhor os músculos, que se contraem. Na verdade, isto nos torna prontos para agir fisicamente. Quando as situações estressantes eram perigos físicos – como no caso de nossos ancestrais da idade das cavernas; isto é, predadores ou outros humanos – esse tipo de reação os preparava essencialmente para o combate ou para a fuga. Outras reações mais discretas nos humanos, mas por vezes observáveis nos animais – que também experimentam essa reação de estresse –, podem ser identificadas, como o eriçamento dos pelos, a coloração ou o inchaço de certas partes do corpo, que parecem maiores ou assustadoras; sem dúvida, com o objetivo de repelir o inimigo. Hoje em dia as pessoas se deparam com situações ameaçadoras mais simbólicas do que físicas. Isso é especialmente verdadeiro quando se trata de situações sociais. Nossas reações de alerta não apenas não nos servem para mais nada, como também representam um fator desestabilizante suplementar. Alguns sustentam, todavia, que é a palidez que representa um sintoma de preparação ao ataque, ao passo que o rubor demonstraria muito mais uma invasão emocional (Morris, 1977), sem perigo algum para o interlocutor. Será por isso que as pessoas que ruborizam são tão perseguidas, enquanto as que empalidecem são motivo de preocupação? Alguns pesquisadores propuseram também a hipótese, em relação com as teorias de psicologia evolucionista (seleção natural ao longo do tempo das reações protetoras para a espécie), que a ruborização é um reflexo arcaico útil em situação de conflito potencial: seria um sinal não verbal de apaziguamento, destinado a mostrar ao outro que não estamos procurando o combate e que permite preservar as relações pacíficas dentro do grupo (Dijk, De Jong, & Peters, 2009). Esse tipo de reação de apaziguamento existe no reino animal, principalmente entre os primatas (abaixar o olhar, manifestar desconforto pela expressão facial), tendo como efeito preservar a coesão e a tranquilidade do grupo.

Mas, em certos casos, essas reações desempenham realmente um papel. Alguns atores ou conferencistas são ainda melhores quando estão estressados, quando têm medo de palco. O coração que bate forte, a sensação de calor no corpo, as faces rosadas desempenham neles um papel estimulante, benéfico. As reações de emotividade cumpriram sua função: prepará-los para agir de forma eficaz, para se transcender. A famosa curva em sino de Yerkes e Dodson (cf. figura) mostra como um estado de alerta fisiológico pode até certo ponto beneficiar o desempenho, ao passo que para além desse limite, ela o altera. O medo de palco em doses moderadas pode assim estimular a vivacidade de espírito e a inventividade; depois, se ele continuar se amplificando, pode entorpecer e desacelerar as capacidades do orador.

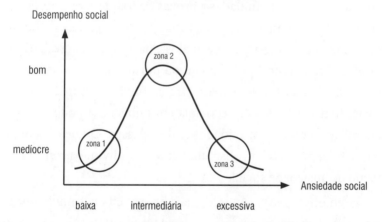

Zona 1: ansiedade social baixa, risco de motivação e de estímulo insuficientes.
Zona 2: ansiedade social ideal (nem muito, nem pouco), estimula sem paralisar.
Zona 3: ansiedade social excessiva, que leva à tensão e à sideração.

São necessários estudos mais minuciosos nessa área. Sem dúvida, há grandes diferenças entre as pessoas: para algumas, a percepção de certo nível físico de ansiedade representa um estímulo, ao passo que para outras é o sinal para debandar. Esse fenômeno foi demonstrado no caso dos atletas (Hanin, 1986). Tais diferenças individuais dependem de inúmeros outros fatores associados; por exemplo, um estudo sobre esportistas de diferentes especialidades (esquiadores, jogadores de basquete, corredores de *cross-country* etc.) mostra que os melhores desempenhos são obtidos pelo seguinte coquetel: alto nível de autoconfiança, tensão física e pensamentos ansiosos (Taylor, 1987). Ou seja, a maneira como o indivíduo percebe e administra suas manifestações de emotividade pode dinamizar ou, ao contrário, paralisar seu desempenho.

Aliás, há que se observar que, em outras épocas, as manifestações de emotividade eram mais bem-aceitas; elas não eram obrigatoriamente assimiladas a provas de fraqueza ou a um temperamento vulnerável. A época romântica está repleta de heróis masculinos que sofrem de "desmaios"; na época medieval, os cavaleiros "desfalecem" por um sim ou por um não... Mas hoje, o *self-control* está na ordem do dia. E a emotividade numa situação social (entrevista de emprego, fala em público...) pode ser logo assimilada a uma incapacidade geral da pessoa. Ou pelo menos é o que temem e receiam absolutamente os indivíduos com transtorno de ansiedade social.

A emotividade é, contudo, mais bem-aceita nas mulheres do que nos homens; por isso, não hesitamos em considerá-la um tanto charmosa. O que nos remete talvez a outro tipo de explicação do rubor. Os psicanalistas não deixaram de vinculá-lo ao desejo sexual, atribuindo a qualquer ereutofobia conotações pulsionais múltiplas.

*

O conjunto das perturbações emocionais que acabamos de descrever acarreta evidentemente certo desajeito: os gestos não são mais naturais, e sim rígidos, acanhados, como se a pessoa buscasse ser discreta, ou então excessivos, como se ela tentasse ser autoconfiante aumentando a amplitude de seus movimentos. Numa entrevista, Catherine Deneuve dava assim sua definição do medo de palco: "Uma coisa que não está ligada à dificuldade, que não controlamos e que certamente você conhece: os gestos nervosos demais e o coração que bate rápido demais" (*Télérama*, fevereiro de 1995, n. 2.351, p. 22). Em tais contextos, os frequentes gestos chamados "parasitas" aparecem: gestos da mão levada ao rosto (à orelha, à cabeça, à boca, ao nariz…), apalpar vários objetos (caneta, colarinho da camisa etc.) ou partes do corpo (punho, cabelo etc.). Os etólogos destacam a universalidade dessas manifestações de intimidação (Abric, 2019). Os padrões de pensamento também são perturbados: sensação de cabeça vazia ou, ao contrário, de aceleração incontrolável dos processos de pensamento.

Mas voltaremos a falar mais detalhadamente sobre essas manifestações psicológicas e comportamentais da ansiedade social.

3
As desordens do comportamento

> E o olhar que ele me lançou me
> fez abaixar o olhar de vergonha.
> Guillaume Apollinaire

Boris, 50 anos, empresário:

Não sei nunca o que dizer nos coquetéis; tenho a impressão de me comportar como um imbecil: um vago sorriso congelado no rosto, não sabendo onde enfiar as mãos. O que responder às banalidades proferidas em torno da mesa de salgadinhos? Outras banalidades, me dirão... Mas tenho medo de que as minhas sejam ainda mais banais, para além do suportável, você sabe, o tipo de comentário que tão logo leva os interlocutores a pensar: 'Que idiota esse cara! Como pode existir gente tão enfadonha?' Então, depois de um momento, começo a me afastar, cada vez mais constrangido. Para disfarçar, posso exibir, de acordo com a situação, o ar preocupado do homem de negócios que tem inquietações que o impedem de aproveitar a festa, ou o ar aborrecido daquele que tem coisas mais interessantes a fazer. Mas acho que só pareço o idiota que não sabe como se encaixar nesses eventos e que não tem nada de interessante a dizer aos outros. Então, quando já examinei tim-tim por tim-tim todos os quadros na parede, todos os livros na biblioteca, todas os bibelôs das vitrines e das prateleiras, tento reunir toda a minha coragem para ir embora. Mas isso também não é fácil! Sair tão cedo significa inevitavelmente ser visto, ou ofender as pessoas que me convidaram; às vezes as duas coisas! Então, penso que a melhor maneira seria parar de aceitar os convites. Pergunto-me se não vou acabar fazendo isso...

Yasmine, 22 anos, estudante:

Meu problema é que não sou aquela que os outros pensam que sou. Se ao menos eles soubessem que por trás da minha frieza, sou uma pessoa hipersensível, que por trás das minhas desculpas e recusas para não aceitar seus convites, há o medo de não me encaixar, que por trás de meus acessos de mau humor, há o medo de não ser amada e respeitada... Mas não consigo evitar, nunca me comporto de forma tão simples quanto deveria. Não há nada de espontâneo em mim. Tudo é um drama, uma complicação...

O desconforto da ansiedade e as reações fisiológicas experimentadas em determinadas situações têm uma profunda influência nos comportamentos e nas atitudes. O primeiro grande tipo de manifestações comportamentais é a falta de jeito para se comunicar. Igualmente importantes são a tendência a evitar ou a fugir das situações temidas e o recurso a comportamentos relacionais inadequados e pouco eficazes, demasiado passivos ou, ao contrário, demasiado agressivos.

3.1 Pânico a bordo!

"Aos 17 anos, relata Serge Gainsbourg, eu tinha acabado de sair do médico e ele me levou até o corredor. Eu lhe disse: 'Tchau, mocinha', depois: 'Bom dia, senhor, não há de quê', e, sem ter mais o que dizer, limpei os sapatos no capacho" (*Le Nouvel Observateur*, julho de 1983).

A desorganização das capacidades relacionais por causa da ansiedade social foi identificada há muito tempo. Ela apresenta duas tendências principais: uma tendência à aceleração e à febrilidade, outra à sideração e ao desaceleramento, muitas vezes sobrepostas umas às outras acarretando a falta de jeito, e às vezes condutas totalmente inadequadas.

A falta de jeito dos indivíduos com transtorno de ansiedade social foi muitas vezes objeto de caricaturas. Ela responde à tensão interna da pessoa, à sua apreensão e, às vezes, ao seu desejo de se sair bem, o que produz uma mistura explosiva de aplicação e precipitação, parasitadas pela tensão. Pierre Richard, na maioria de seus filmes (incluindo o antigo, mas ainda famoso *Je suis timide mais je me soigne* [Sou tímido, mas me trato]), traduziu perfeitamente esse estado. Woody Allen também reproduz com perfeição esses padrões de comportamento do indivíduo com transtorno de ansiedade social. Em *Sonhos de um sedutor* (1972), uma cena hilariante é dedicada aos preparativos de um personagem que está em casa aguardando a visita de uma linda moça; quando ela finalmente toca a campainha, tudo o que ele consegue fazer é articular sons estranhos e fazer gestos bruscos, atirando longe o disco contido na capa que ele segurava com a mão esquerda, chamando-a para entrar e sentar-se, executando uma espécie de saudação nazista com a mão esquerda para recebê-la, e assim por diante.

A febrilidade se manifesta por um determinado número de componentes. Um de nossos amigos acelerava espetacularmente seu fluxo verbal quando estava numa situação relacional estressante, o que para as pessoas ao redor era uma boa maneira de avaliarem seu nível de tensão. Outro se mostra muito desajeitado e comete gafe após gafe assim que se sente intimidado: sempre encontramos alguém numa festa que derrama a taça de champanhe em suas meias ou nas do anfitrião, atraindo olhares divertidos dos que ali se encontram. Os esportistas conhecem particularmente esse fenômeno, quando o adversário os impressiona ou mesmo quando estão em condições de vencê-lo: quantos velhos jogadores experientes venceram adversários mais jovens e talentosos apenas porque estes últimos se tornavam incrivelmente desajeitados, habitados pelo que chamamos de "medo de vencer"! Como qualquer reação de estresse, a ansiedade social desencadeia uma descarga de adrenalina, que supostamente nos deixa mais alertas e tonificados, além de tensionar todos os nossos músculos para lutar, se necessário (mas contra o quê e contra quem?).

A sideração é outra maneira de ver suas capacidades de se comunicar alteradas. Refletir, falar e agir exigem um esforço extraordinário, como esse relato nos mostra:

É como se uma chapa de chumbo estivesse caindo sobre mim. Chego com boas intenções: desta vez vou me esforçar, vou conversar, vou me encaixar... E então, sem realmente saber o porquê, do nada, uma pergunta minha que ninguém responde, um olhar que se desvia, sinto-me então cada vez mais pesado, cada vez menos motivado a falar, as conversas cada vez mais acontecem sem mim, e ainda por cima começo a me sentir obrigado a existir socialmente, a dizer a mim mesmo que os outros poderiam passar sem mim nessa festa... A partir daí, tudo dá errado, e é muito difícil voltar atrás. Mesmo que a conversa se volte espontaneamente para mim, acho difícil me encaixar novamente...

Adolphe, o herói de Benjamin Constant, é testemunha desse fenômeno: "Todos os meus discursos morriam em meus lábios ou terminavam de forma diferente da que eu teria planejado".

Aceleração descontrolada do pensamento ("nesses momentos, meu cérebro se anima e se torna completamente incontrolável, tenho 50 pensamentos, imagens, impressões por minuto que se impõem à minha consciência, como um motor acelerando demais, com o pedal do acelerador preso e você não consegue soltá-lo...") ou entorpecimento dos processos mentais ("é como uma amnésia brutal que me atinge", "não consigo mais fazer nenhuma associação de ideias, perco toda a presença de espírito, todo o senso de argumentação") se alternam ou se combinam para alterar nosso desempenho social. Aliás, febrilidade e sideração correspondem a duas importantes tendências descritas pelos pesquisadores do estresse: em situações estressantes, os indivíduos tentam a todo custo assumir o controle, ou então se conformam com a situação e preferem sofrer, ou até mesmo se "fingir de morto" para enganar o adversário (Dantzer, 1989, p. 170).

3.2 Coragem, fujamos!

Sejamos lógicos. Se, em determinadas situações sociais, sentimos uma forte ansiedade, se esta modifica nossos comportamentos e nossas capacidades de comunicação a ponto de nos impedir de sermos nós mesmos, de defender nossos interesses e de transmitir nossas ideias, o que costumamos fazer? Temos, e é compreensível, o desejo de evitá-las, protegendo-nos delas de antemão ou fugindo delas quando não podemos nos esquivar.

A *evitação* é um comportamento muito comum entre os indivíduos com transtorno de ansiedade social: "Evitar as ocasiões de se mostrar tímido é a primeira medida do tímido" (Hartenberg, 1910). Reconheçamos que, em alguns casos, pode ser legítimo, ainda que nem sempre seja dignificante, não se expor ao risco de um fracasso ou de um tédio mortal, evitando por exemplo certas festas chatas, ou recusando-se a dar uma palestra sobre um assunto que não dominamos. Mas os indivíduos com transtorno de ansiedade social têm uma irritante tendência a abusar das desculpas para justificar seu comportamento de evitação! E, pouco a pouco, sem perceber, eles estão limitando seu território relacional.

É claro que, às vezes, a evitação pode não ser tão incapacitante, se só estiver relacionada a poucas situações, ou a situações pouco necessárias à nossa vida cotidiana. Por exemplo, o medo de ter de falar em público, que como vimos é sem dúvida o mais difundido entre nossos contemporâneos – em certos casos, ele certamente se revela constrangedor para eles, mas não prejudica sua vida cotidiana. Em muitos casos, se nossos interesses estiverem em jogo, podemos utilizar nossos próprios recursos para enfrentar pontualmente a situação e "evitar de evitar", como dizia em tom de brincadeira um de nossos pacientes.

> *Detesto reclamar em lojas, restaurantes etc. Mas quando é necessário, por exemplo, quando estou na companhia de pessoas diante das quais não posso ser desrespeitado, clientes ou mulheres bonitas, chamo o garçom de volta para que troque o vinho ou abaixe o*

volume do som excessivamente agressivo... Coisas que eu não faria se estivesse sozinho. Muitas vezes, também, consigo enfrentar certas situações se o fizer para outras pessoas: pedir dinheiro para mim mesmo me deixa muito desconfortável, mas pedi-lo para outra pessoa é mais fácil.

Às vezes, infelizmente, a evitação envolve situações importantes e representa um desconforto. Para as incontáveis pessoas que evitam falar em público, a apreensão não é um problema, desde que seu trabalho, por exemplo, não exija que o façam; mas no dia em que receberem uma oferta de promoção que implique liderar muitas reuniões, talvez tenham de recusá-la... por razões inconfessáveis. Muitas delas também evitam namorar pelos mesmos motivos: como você pode esperar seduzir alguém se é desajeitado e lerdo? Mas nem sempre podemos evitar situações sociais: por obrigação, ou por surpresa, às vezes somos confrontados com aquilo de que preferiríamos fugir. Nesse caso, se a ansiedade é forte demais, não executamos a evitação "situacional", mas a evitação "sutil". O que é uma *evitação sutil*? É simplesmente um subterfúgio discreto que permite que a pessoa não enfrente totalmente a situação que ela não conseguiu evitar: não olhar nos olhos, não tomar a palavra, não aceitar uma bebida num coquetel para não tremer, usar maquiagem para que ninguém perceba seu rubor, proferir apenas frases curtas para não manter por tempo demais a atenção sobre si mesmo, não falar sobre si mesmo, mas, pelo contrário, fazer perguntas ou ouvir atentamente etc. O advento do telefone celular é também uma fonte infinita de evitações mais ou menos discretas: fingir que está falando ao celular para não ter de conversar com alguém que encontrou na rua ou num local público é uma estratégia comum e um alívio para muitos indivíduos com fobia social. Assim como as evitações situacionais, essas evitações sutis estão, no entanto, longe de ser anedóticas, pois todas as pesquisas mostraram que na medida em que existem, a ansiedade social persiste (Wells et al., 2016).

Como as evitações alimentam a ansiedade social

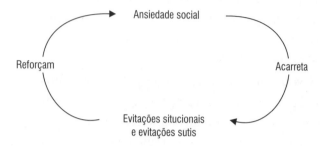

Se as evitações são um veneno, a *fuga* obedece a uma lógica ainda mais extrema: quando não conseguimos evitar ou prever uma situação angustiante e sentimos o pânico surgir como um terrível maremoto pronto para varrer tudo em seu caminho, tentamos fugir. Essa tentação também é encontrada no discurso de muitos pacientes que descrevem suas experiências: "Eu queria ter me enfiado num buraco", "Eu queria ter evaporado, não existir mais", "Se desse eu teria saído dali voando"... Essa é a explicação para muitas partidas repentinas e comportamentos bizarros.

Uma de nossas pacientes nos contou como sentiu uma onda de ansiedade ao experimentar óculos numa loja:

Comecei a sentir que algo estava errado, sentia-me estranha e tenho certeza de que ele percebeu, pois estava começando a ficar cada vez mais desconfortável também. Então, tudo o que eu conseguia pensar era em acabar logo com aquilo. Peguei então o modelo que estava experimentando naquele momento, preenchi o cheque e saí correndo, resmungando. Só consegui me acalmar quando cheguei em casa. E então percebi que havia perdido os famosos óculos! Nunca descobri o que aconteceu com eles: nunca me atrevi a ligar para a loja, talvez os tenha perdido na rua, eu estava fora de mim...

Aliás, ela fez um maravilhoso resumo do cenário de suas dificuldades:

Faço de tudo para evitar ter de enfrentar as situações sociais. Se não consigo, se me sinto encurralada, tento então fugir, com uma desculpa qualquer. Às vezes, fugir é ainda mais embaraçoso do que ficar, então eu fico. Mas me eclipsando o máximo possível, inibindo-me completamente.

Por fim, em alguns casos, é uma *fuga para a frente*. Adota-se o comportamento oposto ao que se faria espontaneamente, por exemplo, mostrar-se excepcionalmente familiar com desconhecidos ou superiores num coquetel, ainda que isso signifique ter vergonha de si mesmo no dia seguinte... e, depois, achar extremamente difícil encontrar novamente as pessoas para as quais se deu um *show*.

O humor sistemático e autodepreciativo também se enquadra nessa categoria de comportamentos. Ele permite ainda assim entrar em contato com outras pessoas, mas evitando uma grande proximidade, esquivando-se de qualquer julgamento crítico ou, pelo menos, apagando consideravelmente as pistas para se tornar inalcançável e impalpável.

Por fim, é preciso citar as atitudes que demonstram presença, por exemplo com um cigarro. Se observarmos, numa festa em que muitos dos convidados não se conhecem, os momentos em que os cigarros são acesos, podemos ver que muitos são acesos quando as pessoas entram na sala, depois de dar uma olhada geral na massa dos desconhecidos, ou quando trocam as primeiras palavras com alguns deles. Acender um cigarro, manuseá-lo, levá-lo até a boca e fazer poses são alguns dos comportamentos que podem ajudar a aliviar a ansiedade social. Esse faz parte dos (maus) hábitos! Ah, é para se identificar com o *cowboy* da Marlboro!

Em seu livro *Propos*, o filósofo francês Alain [pseudônimo literário de Émile-Auguste Chartier, que além de filósofo era jornalista e ensaísta] observou o mesmo fenômeno em relação aos óculos:

> Os olhos nus revelam nossos pensamentos; pelo menos é no que acreditamos, e o outro também acredita na mesma coisa, prestando sempre atenção nesse ponto luminoso do olho, como faz o esgrimista... Que lugar de expectativa e de emboscada! [...] Mas o míope tem outros recursos: ele tira os óculos, sopra neles e os esfrega, é como se ele fosse embora e deixasse você sozinho. [...] Se a timidez é um mal comum, como eu acredito, que bom ser míope (apud Jolibert, 1997).

De fato, uma de nossas pacientes estabeleceu como meta, durante a psicoterapia, sair na rua sem óculos, algo que não fazia há anos, apesar de não ser míope. Ela se sentia segura e protegida atrás da armação, o que, segundo ela, dava-lhe presença. Como a psicologia humana é sempre surpreendente e varia muito de uma pessoa para outra, também conhecemos uma paciente que sofria de fobia social e que preferia tirar os óculos em situações em que se sentia muito desconfortável, por exemplo em reuniões, pois o fato de não ver tão claramente as pessoas com quem estava falando atenuava seu medo – outra forma de evitação sutil!

3.3 O ouriço e o capacho

A ansiedade social também afeta o estilo relacional do indivíduo. Ela geralmente leva a uma inibição relacional ou a uma agressividade inadequada.

> *Quantas e quantas vezes não me atrevo a dizer o que estou pensando: tenho a ideia, mas não a expresso; quero algo, mas não peço; penso que não, mas digo que sim...*
>
> *Quando não me sinto muito autoconfiante para tomar certas atitudes, adoto um tom autoritário sem nem perceber, provavelmente porque estou inconscientemente tentando impressionar meus interlocutores; aliás, acho que muitas pessoas agressivas são, de fato, pessoas que duvidam de si mesmas...*

O estresse prepara nosso corpo para fugir ou para lutar. Portanto, não é de surpreender que em todas as situações em que surge a ansiedade social nossa tendência espontânea seja a de nos inibir ou de agredir (Kashdan, Elhai & Breen, 2008).

Um de nossos amigos, um médico que se sente perfeitamente à vontade e é eficaz na comunicação com seus pacientes, se sente muito desconfortável na presença de mulheres bonitas. Outra amiga, artista, nunca se atreve a falar sobre dinheiro quando alguém encomenda seus quadros, e menos ainda a exigir o que lhe é devido dos maus pagadores, mas se sente perfeitamente à vontade para brilhar nos *vernissages*... Essas mesmas circunstâncias podem provocar em outras pessoas comportamentos agressivos, pelas mesmas razões de mal-estar interior sentido: uma jovem que não se sente à vontade com os homens e adota uma atitude muito agressiva para mantê-los à distância; um de nossos pacientes que só sabia cobrar o que lhe era devido, fosse dinheiro ou um objeto emprestado, de maneira muito enérgica, o que não agradava a seus interlocutores, que tinham a desagradável impressão de serem tratados como vigaristas potenciais...

Esses comportamentos de "capacho" ou de "ouriço" podem coexistir numa mesma pessoa em momentos diferentes: algumas situações socialmente angustiantes desencadeiam a inibição, outras a agressividade. Tudo depende da maneira como avaliamos as expectativas dos outros e as restrições sociais da situação... Proust, com o personagem do Dr. Cottard no *Em busca do tempo perdido*, retratou esse fenômeno com perfeição:

> Com exceção dos Verdurins, que se entusiasmaram com ele, o ar hesitante de Cottard, sua timidez e sua excessiva amabilidade lhe renderam críticas constantes. Que amigo caridoso lhe aconselhou o ar glacial? A importância de sua situação tornou-lhe mais fácil usá-lo. Em toda parte, menos na casa dos Verdurins, onde ele instintivamente voltava a ser ele mesmo, tornava-se frio, de bom grado

silencioso, peremptório quando era necessário falar, não esquecendo de dizer coisas desagradáveis. Ele pôde experimentar essa nova atitude diante dos clientes que, como ainda não o tinham visto, não eram capazes de fazer comparações e teriam ficado muito surpresos ao saber que ele não era homem de uma rudeza natural.

Por sua vez, Rousseau descreve em *Confissões* como acabou adotando uma máscara protetora para esconder sua ansiedade social:

> Como minha tola e enfadonha timidez, que eu não conseguia vencer, tinha como princípio o temor de faltar com o decoro, tomei para me encorajar a decisão de pisoteá-lo. Tornei-me cínico e cáustico por vergonha; fingia desprezar a polidez que eu não sabia praticar.

3.4 As correntes invisíveis...

Como podemos ver, a ansiedade social pode ter um efeito profundo na vida cotidiana das pessoas que sofrem com ela. O grau e a extensão do desconforto dependem da intensidade da apreensão, do número de situações temidas e da forma de ansiedade social vivenciada, mas no fundo o problema continua o mesmo: evitamos o que tememos e, quanto mais o evitamos, mais o tememos. As palavras de Sêneca se confirmam então: "Não é porque as coisas são difíceis que não nos atrevemos a fazê-las. É porque não nos atrevemos a fazê-las que elas são difíceis".

Então, que visão angustiante do mundo e dos relacionamentos humanos se esconde por trás dessas condutas de evitação dos indivíduos com transtorno de ansiedade social?

4
Tempestade mental

> *Ele não dizia nada, mas via-se*
> *bem que pensava bobagens.*
> Jules Renard. *Journal.*

Julien, 36 anos, mestre de obras de engenharia civil:

É incrível o quanto posso complicar minha vida. Estou sempre me perguntando se o que fiz está certo, que impressão as outras pessoas têm de mim, se eu não deveria ter dito as coisas de forma diferente, como as pessoas reagirão às minhas ações e aos meus gestos... Minha esposa sempre me diz que, em vez de me preocupar com todas essas dúvidas, eu deveria viver um pouco. Mas é mais forte do que eu, não consigo mudar minha maneira de pensar, de interpretar tudo, de prever tudo, e tudo isso negativamente, é claro...

Adeline, 39 anos, comerciante:

Não tenho confiança em mim mesma. Sempre duvido diante da tarefa, do menor passo, sempre me pergunto se serei capaz de fazer isso. Ainda que me tranquilizem, isso não me acalma, é tudo coisa da minha cabeça...

Amir, 47 anos, professor:

Tenho sempre a impressão de ser julgado, de estar na berlinda. Um olhar, um sorriso, um silêncio, e já me desestabilizo. Sempre me sinto como se estivesse sendo examinado, como se fosse culpado de alguma coisa...

Ysée, 23 anos, estudante:

Tenho medos absurdos: medo da pergunta capciosa quando vou fazer uma apresentação, medo de que me digam não quando peço algo... Não consigo deixar de ter esses medos bobos em relação às outras pessoas, de ter medo de suas respostas, de seus sorrisos, até de seus silêncios...

A ansiedade social está associada a todo um conjunto de percepções específicas de si mesmo e do mundo ao redor. Como falamos conosco em situação social? De que modo nossas palavras nos incentivam ou, ao contrário, arruínam nossas possibilidades de nos comunicarmos bem? De que maneira percebemos e analisamos as coisas? Que conclusões tiramos de nossas percepções? Que atitudes e comportamentos colocamos então em prática para nos adaptarmos à situação? Esse conjunto de pensamentos é estudado em detalhes pela psicologia cognitiva. A psicanálise se concentra sobretudo no porquê dos problemas; o cognitivismo, por outro lado, busca de forma mais modesta responder à questão do como. Essa abordagem mais pragmática parece resultar em maiores possibilidades de mudança pessoal.

O que é uma cognição? É simplesmente um pensamento, um pensamento automático que se impõe à consciência de uma pessoa, em relação ao que ela está vivenciando. É de certa forma seu discurso interior, a maneira como ela fala consigo mesma. Por exemplo, "eu nunca vou conseguir", "eles estão percebendo minhas mãos trêmulas", "ela deve me achar estranho", "não consigo pensar em nada interessante para dizer", "vou gaguejar", "não serei convidado novamente", "fui ridículo", "não deveria ter dito isso"...

As cognições correspondem a uma espécie de monólogo interno do indivíduo, daí o nome de autoverbalizações que às vezes lhes é dado. Elas se instalam rapidamente, quase um reflexo, em resposta a determinadas situações que são temidas por um indivíduo. Poderiam ser chamadas de "pensamento pronto para usar". Impõem-se à consciência como plausíveis, como quase certezas, e não como as avaliações hipotéticas que são. Elas são involuntárias, automáticas, não exigem esforço de apreciação por parte do indivíduo. São mais ou menos conscientes, às vezes indistintas na mente da pessoa, como um ruído de fundo de seu pensamento. Elas são recorrentes, isto é, tendem a se reinstalar na consciência do indivíduo todas as vezes, mesmo que os fatos as tenham desmentido. Acabam então caracterizando um estilo habitual de pensamento em reação a determinadas situações. Exigem um esforço considerável para serem modificadas.

No contexto da ansiedade social, essas cognições desempenham um papel fundamental. Já mencionamos a traição do corpo a propósito das manifestações fisiológicas em situação angustiante; poderíamos aqui falar de "tempestade mental". De fato, o tumulto dos pensamentos é às vezes impressionante quando nos deparamos com situações sociais que temermos.

As terapias cognitivas, que discutiremos em detalhes mais adiante, têm como objetivo permitir aos indivíduos com transtorno de ansiedade social controlar melhor suas cognições. Mas, para isso, o primeiro passo é aprender a identificá-las.

4.1 A parada de sucesso dos pensamentos negativos

Os principais estudos realizados com pessoas que sofrem de ansiedade social permitiram identificar as manifestações psicológicas mais frequentes (Leitenberg, 1990, p. 63): apreensão de se encontrar na mira dos outros; sentir-se observado, acreditar que está sendo avaliado, pensar que essa avaliação é negativa; percepção excessiva da própria vulnerabilidade: sentir-se frágil, transparente aos olhos dos outros, pouco apto a se proteger, a se defender, desajeitado no controle de si mesmo e no da situação, baixo desempenho; autodesvalorização significativa de seus próprios comportamentos sociais, mesmo quando adequados; superavaliação das exigências existentes numa determinada situação ou numa determinada relação; sentimento de uma agressividade latente ou potencial por parte dos outros: os outros são mais poderosos, mais competentes e podem ser agressivos em palavras ou ações; hipervigilância quanto às suas próprias manifestações de ansiedade; ter a impressão de que sua atitude, sua incompetência ou até mesmo sua emotividade estão incomodando os outros.

É possível classificar as principais cognições dos indivíduos com transtorno de ansiedade social? Ao ouvir uma pessoa relatar suas experiências, percebemos que seus pensamentos vão em três direções: seu próprio comportamento, o que seus interlocutores podem dizer uns aos outros, o que eles talvez façam. Nem é preciso dizer que essas cognições sempre tomam um caráter excessivamente alarmista.

Exemplos de pensamentos de um indivíduo com transtorno de ansiedade social

Pensamentos sobre si mesmo	Pensamentos sobre o que os outros dizem	Pensamentos sobre o que os outros vão fazer
"minha voz não está segura o suficiente"	"eles podem ver que não me sinto confortável para falar em público"	"eles vão me fazer uma pergunta que eu não saberei responder"
"estou tremendo demais"	"eles perceberam meus tremores"	"eles vão fazer um comentário sobre isso"
"não sou interessante"	"eles me acham chato"	"eles não vão me convidar novamente"
"fui longe demais ao pedir isso"	"ela vai me achar mal-educado"	"ela vai ficar com raiva e me mandar pastar"

4.2 Um julgamento negativo de si mesmo

Vários estudos confirmaram esta observação: a ansiedade social é com frequência associada a um olhar negativo sobre si mesmo e sobre seus desempenhos (Spokas, Rodebaugh & Heimberg, 2007). A pessoa com esse tipo de tendência destaca prioritariamente o que ela acha que está errado em sua maneira de ser ou em seus comportamentos ("não falei o bastante naquela festa", "eu deveria ter feito isso ou dito aquilo"); ela tende então a dar a esses elementos negativos uma importância desmedida, a transformá-los "num bicho de sete cabeças" ("não é normal, ninguém mais se sente tão bloqueada", "é um verdadeiro desastre"); por fim, ela tende a se autodesvalorizar de maneira inapropriada e excessiva, a fazer julgamentos abrangentes e definitivos ("sou incapaz de me encaixar num grupo", "sou insignificante e não interesso a ninguém").

Um de nossos pacientes nos contou, por exemplo, como, durante uma entrevista de emprego, ele achou que cometeu um erro quando brincou sobre a descontração das pessoas do sul da França. A partir daquele momento, ele ficou angustiado com a dúvida de saber se seu interlocutor não era do sul da França! Começou então a negligenciar os outros elementos favoráveis do diálogo para remoer seu erro. Ele atribuiu a esse erro um caráter catastrófico e irremediável. E, finalmente, disse a si mesmo que ele era alguém que sempre falava bobagens! Para resumir a história, ele acabou sendo contratado. Seu interlocutor era de fato de origem marselhesa, mas não havia prestado atenção alguma à sua alusão!

A autoestima representa o conjunto dos julgamentos que fazemos sobre nossas competências reais ou supostas (André, 2018). Uma baixa autoestima é um terreno fértil para muitos transtornos psicológicos, entre os quais a depressão é o mais proeminente (Sowislo & Orth, 2013). Fica muito claro que a ansiedade social está correlacionada a uma baixa autoestima (Cheek & Melchior, 1990). Os componentes da autoestima são vários: aparência física, habilidade escolar ou profissional, capacidades físicas etc. (Tafarodi & Milne, 2002). Uma baixa autoestima na infância geralmente está relacionada a uma ansiedade social na adolescência e na idade adulta (Elliott, 1984). Como resultado, os indivíduos com transtorno de ansiedade social tendem a estabelecer padrões de desempenho particularmente elevados para si mesmos: "Para estar satisfeito comigo mesmo, tenho de ter interessado a todos e me mostrado brilhante". Por fim, as opiniões externas costumam ser muito menos negativas do que as do indivíduo com transtorno de ansiedade social, mas este último as ouve pouco e não acredita nelas. Pelo contrário, ele pode percebê-las negativamente (pena, condescendência...). Esse traço pode ser um critério de diferenciação entre formas moderadas, ainda acessíveis aos encorajamentos, e formas severas, que são muito mais fechadas às mensagens positivas.

4.3 O medo do julgamento dos outros

"A primeira coisa que me vem à mente não é o que vou dizer, mas o que as pessoas vão pensar de mim", nos contava uma paciente ao descrever as angústias que sentia durante encontros imprevistos. Como explicar isso? É claro que todos nós já nos perguntamos: "O que as pessoas pensam de mim?" É perfeitamente normal: a vida em sociedade implica um mínimo de reflexão sobre como os outros nos percebem. Podemos até dizer que preocupar-se com o que os outros pensam de nós é uma característica fundamental da natureza humana, certamente em parte inata. Ela permite evidentemente ao indivíduo viver num grupo e se socializar. Já imaginaram como seria uma sociedade humana se o medo de incomodar os outros, de ser rejeitado, de ser mal julgado já tivesse definitivamente desaparecido? Em contraste com os indivíduos com transtorno de ansiedade social, os psicólogos descrevem certas personalidades, ditas psicopatas, pouco sensíveis ao julgamento dos outros e incapazes de construir uma vida social e relacional satisfatória. O problema do indivíduo com transtorno de ansiedade social é que ele sempre se pergunta: "O que as pessoas podem pensar de mim?" E sua resposta tende sistematicamente a ser: "Nada de bom, tenho certeza!" Comparando sua própria dificuldade de raciocinar calmamente com a velocidade de suas cognições disfuncionais, Rousseau falava em *Confissões* sobre "essa lentidão de pensar, combinada a essa vivacidade de sentir".

Esse caminho segue uma lógica: a pessoa sente-se vulnerável numa ou mais situações que ela receia; sente-se então observada e examinada; imagina que por trás dessa atenção e do olhar dos outros, reais ou imaginários, há um julgamento sobre o que ela faz ou sobre quem ela é; não consegue imaginar que esse julgamento não seja negativo e crítico em relação a ela.

Esses processos são quase permanentes e se alimentam com muito pouco. Qualquer piscar de olhos por parte dos outros é tão logo percebido e rotulado negativamente como sendo a prova de pensamentos ou de julgamentos negativos. Os elementos negativos são, é claro, destacados e amplificados (uma crítica a um detalhe é percebida como uma rejeição completa). Os elementos duvidosos ou ambíguos são atribuídos a uma atitude potencialmente hostil. É o caso, por exemplo, do silêncio, temido pela maioria dos indivíduos com transtorno de ansiedade social, que tendem a vê-lo como, no mínimo, um sinal de tédio e um desejo dos interlocutores de se retirarem e, na pior das hipóteses, uma expressão de profundo desdém... Uma de nossas pacientes nos confessou um dia que, no início da psicoterapia, ela ficava muito desestabilizada com o franzir de sobrancelhas de um de nós, toda vez que ele se concentrava para ouvi-la melhor: "Eu tinha a impressão de que você não concordava comigo, e era muito difícil continuar a falar com naturalidade, porque eu tinha muito medo de desapontá-lo ou de irritá-lo". Claro que esse não era o caso, mas era assim que ela percebia as coisas, uma vez que tinha uma tendência natural a considerar seus temores como certezas. Até elementos positivos, como um sorriso ou incentivos, podem em alguns casos ser questionados: são sinceros? É claro que o indivíduo com transtorno de ansiedade social às vezes pode ter razão em sua hipersensibilidade. Mas, na maioria das vezes, ele é vítima de uma visão excessivamente pessimista dos fenômenos que o cercam ou que ele vivencia.

> ### Ansiedade social e psicologia experimental
>
> Pesquisas sobre a percepção subliminar (com a ajuda de imagens numa tela de computador, as quais a pessoa não percebe conscientemente, mas que seu cérebro registra) mostraram que os indivíduos com fobia social reagem exageradamente à apresentação de rostos hostis; e que, em caso de dúvida, tendem a atribuir uma expressão hostil a rostos neutros (Wells & Clark, 1997). Outros estudos descobriram que quanto mais a ansiedade social aumenta numa pessoa que tem de falar em público, mais rapidamente ela vai detectar na plateia os rostos que lhe parecem reticentes ou desconfiados, e se sentirá incomodada com eles; ao contrário, as pessoas que têm menos ansiedade social serão mais sensíveis aos rostos dos ouvintes claramente interessados ou favoráveis (Veljaca & Rapee, 1998). Utilizando um software de transformação de rostos em fotografias (morphing) e, em particular, a expressão dos olhos, pesquisadores demonstraram que as pessoas com altos níveis de ansiedade social detectam mais rapidamente uma expressão negativa, ainda que muito discreta, no olhar dos outros (Tsuji & Shimada, 2018). As pesquisas também confirmam que qualquer situação social ambígua será interpretada negativamente pelos indivíduos com transtorno de ansiedade social: se, por exemplo, lhes for pedido para imaginar que, numa festa que eles estão dando, alguns amigos saem mais cedo, eles pensarão de imediato que estes estavam terrivelmente entediados, em vez de pensarem que estavam cansados naquela noite.

4.4 O temor das reações dos outros

O que o meu interlocutor vai dizer ou fazer em resposta ou em reação aos meus argumentos ou aos meus atos? Há sempre algo desconhecido nas atitudes relacionais de nossos semelhantes. É certamente isso o que explica que a ansiedade social seja mais comum diante de desconhecidos ou de grupos: é mais difícil prever suas reações. Mas aqui também, num contexto legítimo, o indivíduo com transtorno de ansiedade social constrói um conjunto de cognições excessivamente ansiogênicas. Nas formas extremas, como nas fobias sociais, pedir um pão ao padeiro representa uma experiência tão estressante quanto fazer uma prova oral ou uma entrevista de emprego!

O temor de reações hostis é uma constante das cognições associadas à ansiedade social. Ele tende a nos fazer perceber nossos semelhantes como potencialmente agressivos. Sem ter uma especial tendência à paranoia, todos nós dispomos de um pequeno radar automático de detecção da possível hostilidade ou até mesmo da periculosidade dos outros, a fim de evitar confrontos arriscados. Os ouvintes de um discurso são vistos como adversários em potencial ou como pessoas que podem fazer perguntas capciosas. O garçom de um restaurante a quem queremos reclamar da lentidão do serviço nos parece bem capaz de se irritar e de levantar o tom de voz contra nós, levando todos os outros clientes a se virarem e se aliarem contra nós. O vizinho a quem gostaríamos de pedir para baixar o volume da música pode se irritar e querer brigar conosco... Nos indivíduos com transtorno de ansiedade social, o radar é geralmente mais sensível do que em outros. Eles expressam geralmente cognições como "se eu recusar, ele ficará com raiva de mim", "se eu não for muito engraçado, nunca mais serei convidado", "se eu não demonstrar autoridade, não serei respeitado" e "se eu o irritar, ele ficará com raiva e me atacará".

4.5 A ansiedade antecipatória ou como criar filmes catastróficos ao longo do dia

A ansiedade social é muitas vezes uma ansiedade de antecipação. É bem conhecido o papel fundamental, na psicopatologia, das cognições antecipatórias. No caso do indivíduo com transtorno de ansiedade social, estas se organizam de forma sistemática no contexto de verdadeiros cenários de catástrofes no interior dos quais se encadeiam as piores hipóteses (Vassilopoulos, 2004).

Convidado para um coquetel e sem saber o que fazer, o indivíduo com transtorno de ansiedade social quer se aproximar do bufê para tomar um drinque. Nesse momento, sua mente começa a imaginar o pior:

> *Se eu tomar um drinque, vou tremer; se eu tremer, as pessoas vão olhar para mim; se olharem para mim, vão ver que estou abalado; se virem que estou abalado, vão pensar que sou alguém fraco e pouco confiável...*

Ou sobre um pedido num restaurante:

> *Se eu pedir para trocar meu bife, o garçom vai se ofender, vai levantar a voz e todos no restaurante vão olhar para mim; eles vão pensar que estou exagerando; alguns vão rir, outros murmurar; ele não vai trocar meu bife e vai me servir mal até o fim da refeição; ele vai me fazer esperar, vai me servir pratos frios; terei sido ridículo e mal servido por nada.*

As situações mais aterrorizantes são, evidentemente, aquelas em que as cognições do indivíduo concluem pelo fracasso, independentemente do comportamento adotado. Por exemplo, um paciente nos explicou o raciocínio que usou quando se viu sozinho no meio de um grupo de pessoas que ele não conhecia:

> *Se eu me manifestar, corro o risco de incomodá-las e vão pensar que sou inconveniente. Há uma boa chance de elas não me responderem e vou parecer idiota. Se, por outro lado, eu ficar calado, serei visto como o introvertido que não sabe se comunicar.*

Na melhor das hipóteses, elas sentirão pena de mim; na pior, me desprezarão.

Muitos escritores descreveram com talento essa máquina infernal de imaginar desastres. O roteiro pode, portanto, ser desenvolvido até o infinito, até a catástrofe final, quase sempre um desprestígio social e profissional generalizado... Por mais surpreendente que possa parecer, esses roteiros de catástrofe resistem extraordinariamente bem ao teste dos fatos, que, claro, pouquíssimas vezes são tão ruins quanto o previsto. Há séculos videntes e astrólogos também sobrevivem às suas previsões errôneas!

4.6 A ansiedade de sempre!

Os processos cognitivos são perturbados de maneira duradoura nas três dimensões temporais possíveis: antes, durante e depois da exposição à situação estressante. Como nos relatou uma paciente, cuja promoção profissional a obrigava a se encontrar com muitos clientes: "Eu passo continuamente de um medo para outro. Tenho medo antes, tenho medo durante, tenho medo depois... Antes, tenho medo de que dê errado. Durante, tenho medo de que as pessoas percebam minha emotividade. Depois, tenho medo das consequências do meu mau desempenho".

Tudo começa, portanto, com uma *ansiedade antecipatória*. A antecipação é o fenômeno pelo qual o indivíduo se prepara para enfrentar uma situação (Sutter, 1990). As patologias da antecipação estão na raiz de muitos problemas psicopatológicos, principalmente dos transtornos de ansiedade: o indivíduo ansioso vive no temor quase permanente da ocorrência de eventos desfavoráveis, ou até mesmo catastróficos. O indivíduo com transtorno de ansiedade social não é exceção à regra; ele produz inúmeras cognições antecipatórias, como "vai dar errado", "não estarei à altura", "vão me fazer tal e tal pergunta que não saberei responder", "vão reagir mal" etc.

O paradoxo dessas cognições antecipatórias é que, embora sejam regularmente desmentidas, ainda assim elas continuam a se reproduzir. O universo catastrófico que elas preveem é virtual; ele é composto da acumulação e da sucessão das piores hipóteses: a realidade desmente, pois, de forma sistemática essas construções aterrorizantes. No entanto, elas vão continuar a se impor à consciência na próxima vez.

É um eterno retorno, ou pior, o mito de Sísifo: sinto que estou sempre começando do zero. Deve haver uma falha em algum lugar. E então, não ouso mais falar sobre isso com as pessoas ao meu redor, elas acabam não compreendendo mais: Como assim? Afinal, você sabe que suas conferências estão indo bem, então por que continua se preocupando se está realmente à altura do trabalho? Como posso lhes explicar que, a cada vez, sinto interiormente que os decepcionei, ou que escapei por pouco de um desastre, ou que tive uma sorte que certamente não se repetirá na próxima vez?

As sequências temporais da ansiedade social

Antes da situação	Antecipação negativa	Imaginamos o pior cenário possível
Durante a situação	Focalização em si	Concentramo-nos mais em nosso mal-estar interno do que na situação em questão
Depois da situação	Vergonha	Repensamos o tempo todo em nossos supostos erros e amplificamos suas consequências

Mas a ansiedade não termina na fase antecipatória; aliás, é o que a diferencia de um leve medo de palco ou uma simples timidez. Uma vez *na situação*, o modo de pensar do indivíduo com transtorno de ansiedade social é muito específico. Duas características predominam: uma desorganização das capacidades de reflexão e de análise e uma hipervigilância inquieta em relação ao ambiente. Um probleminha é amplificado, um pequeno detalhe assume uma importância desproporcional – um silêncio, um sorriso inquietante.

> *Quando tenho uma prova oral, rezo para encontrar um professor compreensivo: levo cerca de 15min para me acalmar e voltar a raciocinar; portanto, se ele não tiver a delicadeza de perceber isso, e a paciência para permitir que eu me acalme, ele me vê como um completo idiota, realmente se perguntando como consegui chegar a esse nível de estudo, ou como a pessoa que não fez nada, que não revisou e que entra em pânico no último minuto...*

A atenção do indivíduo ansioso pode também ser direcionada não para o ambiente externo, mas para seu corpo e para as possíveis manifestações físicas que já descrevemos:

> *Nessas situações, não consigo nem ouvir o que a outra pessoa está me dizendo... não consigo nem ver o que está acontecendo ao meu redor... estou apenas ouvindo meu corpo, meu coração batendo, minhas mãos tentando se manter inteligentemente ocupadas.*

Seria de se esperar que, depois de temer com muita antecedência o que teria de enfrentar, e depois de vivenciar a situação de maneira muito desconfortável, o indivíduo ansioso pudesse finalmente suspirar de alívio e se alegrar com o fato de que a provação já passou! Infelizmente, na maioria das vezes não é o que acontece... O *depois* também é objeto de cognições negativas: a pessoa revisita a situação, concentrando-se nos problemas encontrados (reais ou imaginários), como um esportista que revê incansavelmente o vídeo dos erros cometidos durante uma partida.

> *Perco um tempo louco pensando no que deveria ou não deveria ter dito, no que poderia ou não ter feito... Continuo revendo a cena e, quanto mais a revejo, mais descubro novos erros, novos problemas que me escaparam no início...*

Essa ruminação dolorosa sobre supostos erros é particularmente nociva porque é parcial, como um processo sem advogado de defesa. É raro, com efeito, que outras opiniões sejam solicitadas. Não é de surpreender, portanto, que os julgamentos que surgem sejam muito severos, já que nada os moderou. Como durante o próprio confronto, a mente ansiosa vai então selecionar e memorizar prioritariamente as constatações negativas, as mais alinhadas com suas crenças prévias. "Sou um lixo", "Eu realmente não estou à altura", "Eu nunca vou interessar a ninguém" etc.: a visão negativa de si mesmo, muitas vezes preexistente aos problemas de ansiedade social, encontra-se assim sempre reforçada por essa maneira de perceber e de analisar as situações enfrentadas. Como no caso dos traumas psicológicos, persiste então uma marca emocional da cena vivida (memória da vergonha e do medo impressa no corpo sensível) e uma sequela cognitiva que reforça todas as coisas ruins que pensamos sobre nós mesmos.

4.7 Quando o medo influencia a realidade

O indivíduo com fobia de avião que teme ver o Airbus no qual se encontra se espatifar não aumenta, com seus pensamentos, o risco de o avião cair. O claustrofóbico que teme que o elevador ou o metrô fique preso não passa por essa situação com mais frequência do que outras pessoas. Por outro lado, o indivíduo ansioso que tem um medo terrível de ruborizar ou de tremer quando seu chefe o chama, por causa de seus pensamentos focados nesse tipo de risco, facilita sua ocorrência. Os psicólogos descrevem esse fenômeno com o termo de "profecias autorrealizadas". Por exemplo, a pessoa que se sente desconfortável numa recepção, se não se esforçar para se adaptar, pode rapidamente se ver sozinha e isolada, o que confirmará que não foi feita para os contatos sociais. Em outras palavras, quando se trata de ansiedade social, as previsões têm uma chance razoável de se tornarem realidade (Beck & Emery, 1985), mesmo que concretamente as consequências sociais reais (o ponto de vista dos outros, em particular) sejam geralmente muito menos graves do que o que a pessoa antecipa e percebe.

Além dessa tendência à autorrealização dos medos, há outro fenômeno comum nas patologias emocionais: a intolerância à ansiedade (Deacon & Abramowitz, 2006). Qualquer pensamento ansioso, por menor que seja, e, portanto, qualquer antecipação negativa, aumenta o nível de tensão nervosa e de estresse, que se manifesta por vários sinais específicos a cada indivíduo: sensação de calor interno, febrilidade, transtornos da concentração, leve aceleração dos batimentos cardíacos etc. Esses sinais não são muito desconfortáveis ou graves em si mesmos, mas podem facilitar o início de um estado de ansiedade mais agudo e são motivos de medo suplementar para as pessoas facilmente inquietas com perder o controle de si mesmas e de seus corpos. Elas entram assim num estado de hipervigilância interna que pode levá-las a perder a cabeça, e até mobilizar quase toda sua atenção, e às vezes desencadear ataques de pânico reais.

Em alguns casos, todas essas manifestações de ansiedade social, embora desconfortáveis, terão consequências limitadas: a pessoa continuará capaz de rir de si mesma, de seus temores, de sua falta de jeito; será capaz de vencê-los e de dominar a situação. Mas para outras, a ansiedade social será intensa demais, brutal demais e paralisante: não será mais possível recuar e controlá-la, e isso levará ao sofrimento e à incapacidade. Vamos agora descrever esses diferentes graus possíveis do medo dos outros.

Parte II

Dos medos normais aos medos patológicos

Os medos de cada um? O desconforto ou o medo durante contatos com outras pessoas assumem tantas máscaras diferentes que é justo se perguntar se existe uma base comum a todas essas diferentes manifestações. Sim, com certeza, se considerarmos que são manifestações de um mesmo fenômeno: a ansiedade social, esse mal-estar sentido diante dos outros, às vezes causado tanto pelo medo de nossas próprias reações quanto pelo medo do olhar do outro.

Medo de palco, timidez, ansiedade social, falta de autoconfiança, desconforto em sociedade, medo dos contatos, fobias sociais, inibição: os nomes são muitos. Como estabelecer as diferenças? Como podemos nos orientar? Na verdade, parece que devemos distinguir quatro formas principais de ansiedade social em função de sua extensão e de sua dimensão mais ou menos patológica. Ela está ligada a circunstâncias específicas, pontuais ou é uma maneira de ser duradoura, ligada a quase todas as situações sociais? Tem repercussões moderadas na vida como um todo ou causa um desconforto significativo, a ponto de invadir todos os aspectos da existência? É *egodistônica*, ou seja, em oposição às aspirações da pessoa ("não consigo me suportar quando estou assim")? Ou é *egossintônica*, ou seja, em relativa concordância com a visão que a pessoa tem de si mesma ("faz parte do meu caráter")?

As quatro principais formas de ansiedade social

	Ansiedade social normal	Ansiedade social patológica
Manifestações de ansiedade pontuais e egodistônicas	Medo de palco, apreensões pontuais	Fobia social
Maneira de ser permanente e egossintônica	Timidez	Personalidade evitativa

O medo de palco e muitas outras apreensões, que correspondem a uma ansiedade social limitada, desencadeada por uma família de situações específicas (tomar a palavra em público, conhecer pessoas impressionantes), não alteram de maneira grave a qualidade de vida; elas simplesmente provocam um desconforto pontual. De modo mais geral, a timidez corresponde a uma maneira de ser, a uma tendência profunda a se manter reservado, e não necessariamente a uma patologia.

A fobia social, por outro lado, é uma verdadeira doença psicológica, intensa, paralisante, que acarreta muito sofrimento e desconforto. Da mesma forma, a personalidade evitativa é uma maneira de ser marcada por uma sensibilidade excessiva ao olhar do outro; ela leva a construir um modo de vida erroneamente baseado num grande número de evitações.

A ansiedade social é com frequência subestimada. Para muitas pessoas, o medo de palco ou a timidez não são doenças propriamente ditas. E com certeza é melhor assim. Não é conveniente psicologizar ou medicalizar ao extremo fenômenos pouco desconfortáveis. Mas o inverso também é verdadeiro: a fobia social, muito mais incapacitante, foi por muito tempo negligenciada pelos psiquiatras em favor dos transtornos de ansiedade com sintomas mais espetaculares, como as agorafobias ou o transtorno obsessivo-compulsivo. E, no entanto, ela é igualmente fonte de sofrimento e de desconforto. Mas é muitas vezes vivenciada na vergonha ("é um sinal de fraqueza ser assim, eu não sou normal, os outros não sentem essas coisas, então é melhor não falar sobre isso, pois vai complicar tudo ainda mais"), ou na resignação ("isso estraga minha vida, mas sou desse jeito, é minha natureza, é um traço de caráter; como a cor dos olhos ou a altura, não pode ser mudado"). Pouquíssimas pessoas vão então se consultar porque têm medo dos outros, porque têm vergonha de falar em público, porque fogem de certas formas de relações com as pessoas ao seu redor; vamos ver um "psiquiatra" porque estamos deprimidos, porque estamos ansiosos, porque não nos sentimos à vontade... não porque temos problemas para tomar a palavra numa reunião de trabalho. E, no entanto, essa talvez seja, juntamente com outros transtornos, a razão do mal-estar que sentimos.

Durante muito tempo, as pesquisas em psicologia se concentraram apenas nos aspectos "privados", "internos" e negligenciaram o ponto de vista relacional. Como se fôssemos indivíduos ensimesmados, ao passo que nossa vida interior é em grande parte função das interações com os outros. Mas às vezes é uma dificuldade ligada às relações com os outros que está na raiz de uma ansiedade, de uma depressão, que é então muito difícil de tratar como se vivêssemos isolados.

Ainda é como se a ansiedade social, que constitui, no entanto, um problema grave para muitas pessoas, não pudesse ter uma abordagem médica ou psicoterapêutica. As pessoas não têm mais vergonha de falar com o médico sobre sua insônia; mas lhe confidenciar suas dificuldades para falar com um vendedor numa loja ou para pedir um aumento ao chefe, isso já é outra história. Talvez porque a ansiedade social não pareça realmente "impedir de viver": afinal, é o que os indivíduos com transtorno de ansiedade social acabam ouvindo – todo mundo tem um pouco de medo dos outros, sente-se um pouco tímido em certas ocasiões, entra em pânico antes de falar em público... Certo, e é preciso desconfiar da tendência de transformar simples maneiras de ser em entidades patológicas. Pode ser benéfico sentir medo de palco, e uma certa reserva em relação aos outros nem sempre é tão prejudicial assim. Mas há casos, muito mais numerosos do que gostaríamos de admitir, em que a ansiedade social pode se transformar numa incapacidade.

Todas essas discussões sobre a maneira de apreender a ansiedade social e seus "subprodutos" se juntam àquelas sobre as outras patologias emocionais, tais como o transtorno de estresse pós-traumático, a ansiedade generalizada, o transtorno obsessivo-compulsivo (TOC) ou até mesmo as depressões. As classificações psiquiátricas modernas (cf. os anexos, p. 293), originárias em grande parte dos Estados Unidos, oficializaram esses diagnósticos a partir dos anos 1980, ao passo que eles eram anteriormente ou ignorados ou agrupados na vasta categoria das "neuroses" resultantes das teorias psicanalíticas. Essas transformações não aconteceram sem solavancos, pois muitos psiquiatras ou psicólogos inicialmente questionaram o fundamento dessa abordagem, e alguns continuam a fazê-lo, argumentando que ela buscaria normalizar os comportamentos sem se interessar pelos fatores individuais e existenciais subjacentes aos sofrimentos emocionais. Na França, em particular, em razão da forte presença das teorias psicanalíticas, os debates foram acalorados, principalmente sobre o tema da fobia social e de seus tratamentos, como veremos mais adiante (Lloyd, 2006). Mas é preciso dizer que essas novas classificações, que já têm mais de 40 anos, fizeram avançar significativamente os conhecimentos sobre essas patologias e, portanto, sobre os tratamentos que podem ser oferecidos às pessoas que sofrem com elas (Pelissolo, 2016b).

No caso da ansiedade social em particular, mas o mesmo pode ser dito sobre o TOC ou os transtornos de estresse pós-traumático, as definições dadas a partir dos anos 1980 e 1990 permitiram a formação de profissionais para o diagnóstico e o tratamento, e a realização de inúmeras pesquisas sobre o assunto. Elas também permitiram que o público em geral as conhecesse, tirando-as assim da negação e até mesmo da vergonha. Antes da publicação de nosso primeiro livro sobre *La peur des autres* [O medo dos outros], em 1995, pouquíssimos profissionais e pouquíssimas pessoas imaginavam que a fobia social podia representar uma patologia grave e frequente, a ser considerada como uma doença como qualquer outra, e muito menos ser objeto de uma ajuda específica. A disseminação desses conhecimentos, no mundo médico e entre o público em geral, graças a essas novas definições e à "vulgarização" para a qual contribuímos (modestamente!), levou muitas pessoas a se reconhecerem nas descrições da fobia social e a se consultarem para, finalmente, obter um grande benefício.

Mas é claro que não se trata de confundir tudo e de considerar tudo como patológico, numa área em que a vida emocional é naturalmente rica e pode dar origem a inúmeras variações normais e até mesmo essenciais para a vida. Agora, portanto, precisamos nos fazer as seguintes perguntas: Onde se situa a fronteira entre o "normal" e o "patológico"? Quais são as principais formas que a ansiedade social assume? Como ela se manifesta na vida cotidiana?

1
Medo de palco e apreensões

> *Nada nos impede tanto de sermos naturais quanto o desejo de assim parecer.*
>
> La Rochefoucauld

Como definir o medo de palco? É uma sensação de ansiedade intensa mas passageira, limitada a uma situação e a um momento determinados. Em francês, a palavra utilizada para se referir a esse tipo de medo é *trac*, e a etimologia dela é esclarecedora. De acordo com a maioria dos linguistas, parece que se pode estabelecer uma filiação com o verbo *traquer*, "perseguir sem deixar escapatória" (Rey, 1992). O que corresponde bem à experiência subjetiva do indivíduo com transtorno de ansiedade social: ele teme uma escuta predatória e impiedosa por parte de seus interlocutores. Palavra também utilizada na expressão "*tout à trac*" [de repente], que evoca a ideia de rapidez, de brusquidão, que também se aproxima da prontidão com que aparecem os sintomas fisiológicos da ansiedade. Os primeiros a utilizar o termo, no início do século XIX, foram os comediantes e os estudantes, para se referirem, como seria de se esperar, às suas apreensões sobre o julgamento de um público ou de um júri (Duneton, 1990).

Desde o medo do esportista antes de uma prova (Smith & Smoll, 1990) ao do orador antes de uma palestra (McCroskey & Beatty, 1986), essa é provavelmente uma das sensações mais universais que existem. A maioria dos estudos epidemiológicos estimam em cerca de 55% da população a proporção de pessoas que têm medo de tomar a palavra diante de uma plateia, mesmo restrita (Stein et al., 1994). Outros estudos mostram que 31% das pessoas sentem um medo de falar em público, segundo elas, muito mais forte do que aquele que os outros podem sentir (Pull, 2012). Quase uma pessoa em cada três é, portanto, forçada a desistir de falar diante de um grupo! Uma de nossas pacientes nos contou sua experiência:

> É na hora das reuniões de pais de alunos. O roteiro é o mesmo há anos: estou calma e à vontade porque, afinal, conheço a maioria dos pais e dos professores. Mas toda vez que tenho algo a dizer, meus problemas começam. Quando estou prestes a mostrar que tenho algo a dizer, ou simplesmente imaginando que vou fazê-lo, o medo de palco aumenta de repente. E isso me leva a perder 80% do meu controle. Então, na maioria das vezes, eu desisto, porque, afinal de contas, não sou masoquista: prefiro dizer as coisas mais tarde, como um aparte, e é uma pena se a maioria das minhas ideias ou perguntas é então retomada ou feita por outras pessoas. Acabei me acostumando com isso...

O medo de palco corresponde assim a uma espécie de "paralisia psicossomática" que ocorre num momento em que evidentemente não deveria aparecer. Um crítico de *rock* fez uma descrição bem-humorada desse medo: "Na linguagem dos artistas, isso é chamado de medo de palco. Os receios, os pavores, os cagaços, se você preferir, que transformam seus joelhos em chantili, o cérebro em mingau e o coração num solo de Ringo Starr. Sobretudo antes de subir ao palco, quando você verifica uma última vez, no espelho embaçado do depósito imundo que serve de camarim, se o cabelo está bem ajeitado, se a postura está bem ereta e se sua braguilha está bem fechada. Entrar em cena, mesmo que seja na sala dos fundos de um bar decadente, é como dar seu primeiro mergulho na água, depois de ter aprendido o nado de peito num banquinho. Você sai encharcado e suado, mas aliviado, com a vaga impressão de ter escapado de uma morte certa" (Barbot, P.

Télérama, 17 de agosto de 1994). As manifestações somáticas do medo de palco são bem conhecidas, especialmente a aceleração do ritmo cardíaco (James, 1984): enquanto as frequências cardíacas dos motoristas de carro num trânsito urbano intenso podem ultrapassar 110 batimentos por minuto, as de um conferencista enquanto fala para a plateia podem atingir de 130 a 170, e as de um músico num *show*, de 140 a 180; que aqueles que sentem esse tipo de pânico se consolem com o fato de que o ritmo cardíaco de um piloto de carros de corrida pode atingir de 180 a 210!

> **O medo de palco e seus remédios, segundo Pierre Desproges**
>
> "O medo de palco é tratável atualmente com homeopatia. Você toma uma bolinha todas as manhãs e noites durante seis meses antes de seu novo *show* solo. A grande noite da estreia chegou. Você entra em cena e esquece que foi a um homeopata. Dizem que, assim como o humor é a delicadeza do desespero, o medo de palco é a humildade dos verdadeiramente talentosos..." (Desproges, 1988).

1.1 Medo de palco ou fobia de tomar a palavra num grupo?

Então, onde termina o medo de palco e onde começa a fobia social? Comparamos uma população de pessoas com medo de palco que temem tomar a palavra em público com um grupo de indivíduos com fobia social generalizada que temem tomar a palavra em público, mas também muitas outras situações sociais (Levin et al., 1993). Elas foram convidadas a falar por dez minutos (o que era terrivelmente longo para elas!) e medimos vários parâmetros diferentes, inclusive o ritmo cardíaco, para avaliar sua ansiedade. Surpresa: como previsto, as pessoas que sofriam de fobia social generalizada ficavam mais ansiosas ao falar, de acordo com as medidas objetivas e subjetivas. Por outro lado, a ansiedade das que têm medo de palco se revelou maior *antes* de falarem, ao passo que, depois de começarem, a sensação de estresse não era maior do que a das pessoas "normais" nas mesmas condições. Outro resultado surpreendente, mas paralelo, foi que as que têm medo de palco também tinham um ritmo cardíaco mais elevado do que as do grupo de controle e dos indivíduos com fobia social generalizada; o quadro é semelhante para os níveis sanguíneos de adrenalina e de noradrenalina!

Como se pode ver, o medo de palco não está apenas na cabeça, e talvez aqueles que o sentem representem uma população com um metabolismo particular. Embora menos grave do que os transtornos mais generalizados, o medo de palco não deixa de desencadear manifestações pontuais mais violentas no plano da emotividade.

A intensidade dessa ansiedade antecipatória explica, sem dúvida, por que o medo de palco leva a certas formas de precipitação: as pessoas se jogam na água para enfrentar o objeto de seus temores.

Romain, 40 anos, capataz:

Quando participo de reuniões em que todos têm de dar sua opinião, sempre que possível dou um jeito para ser o primeiro: se eu esperar muito tempo, o medo de palco me fará perder o controle, mas se eu me lançar, não terei tempo para pensar, portanto para me angustiar. É a mesma coisa quando você pede um voluntário para fazer uma demonstração na frente de outras pessoas: em vez de esperar que me escolham depois de minutos de silêncio em que todos estão olhando para seus sapatos, prefiro mergulhar de cabeça...

Poucas pessoas podem afirmar que nunca tiveram medo de palco. Algumas simplesmente superam o problema sem muita dificuldade e até se sentem estimuladas. Até certo limite, o estresse, ao aumentar, melhora os desempenhos. Um nível de estresse baixo demais não é suficientemente mobilizador, ao passo que um grau elevado demais é desorganizador, pois é sinônimo de ansiedade.

1.2 Diga-me o que está incomodando você

Além do medo de palco, há muitas outras situações pontuais em que nos sentimos intimidados. Françoise Mallet-Joris conta a história do jantar oferecido em sua homenagem quando da publicação de seu primeiro romance, *Le Rempart des béguines* [A muralha das beguinas]:

> Falavam comigo, falavam comigo, e eu estava paralisada, não conseguia responder nada. E então me deram um pratinho com azeitonas. Comi uma, duas, três, dez. Mas não me atrevia a cuspir os caroços. No final, eu tinha doze em minha boca. Entrei em pânico! Tomei coragem e os engoli. E durante toda a noite seguinte fiquei me perguntando se estava com peritonite...

As causas do medo de palco são praticamente infinitas. Alguns desconfortos dependem dos interlocutores (pessoas do sexo oposto, personagens impressionantes, pessoas autoritárias, mais velhas), outros das mensagens a serem transmitidas (expressar uma crítica, fazer uma declaração de amor, admitir um erro), outros enfim dependem do contexto (dizer algo diante de um grupo de pessoas, entrar numa loja ou num estabelecimento de luxo).

Outro problema particularmente comum se refere ao dinheiro a ser reivindicado. Quando avaliamos com nossos pacientes quais situações sociais lhes causam mais desconforto, a necessidade de falar de dinheiro geralmente vem em primeiro lugar, seja num contexto profissional ou social (ousar perguntar, durante uma entrevista de emprego, exatamente quanto será pago, pedir um aumento), seja comercial (solicitar uma redução de preço ou um parcelamento dos pagamentos), seja amigável (solicitar a devolução de uma quantia emprestada há algum tempo).

Para algumas pessoas, a dificuldade de lidar com a questão do dinheiro se transforma em incapacidade e pode ser prejudicial no plano material. Não escreveu Beaumarchais: "O homem que é conhecido por ser tímido vive na dependência de todos os malandros"? Aliás, podemos lembrar que os indivíduos com fobia social apresentam um estatuto social e financeiro em média mais baixo do que as pessoas que lhes são comparáveis na população geral (Fehm et al., 2005).

1.3 Tenho um encontro marcado com você

Da mesma forma, foram realizados estudos sobre o *dating anxiety*, a ansiedade social ligada aos encontros com pessoas do sexo oposto (ou pessoas que desejamos seduzir). Embora a definição exata desse tipo de ansiedade precise ser claramente elucidada, o que não é o caso em todos os estudos, ela abrange um conjunto de situações bastante explícitas: ser capaz de propor um encontro a outra pessoa – para tomar um café, ir juntos a uma atividade esportiva, comer num restaurante, ir ao cinema etc. Muitas pessoas têm efetivamente dificuldades com esse tipo de interação: elas são capazes de dialogar e de interagir, mas não de tomar a iniciativa de um encontro mais personalizado. A principal dificuldade que elas encontram deve-se, sem dúvida, ao caráter "potencialmente romântico" dessas situações: um convite para tomar um café pode muito bem ser parte de uma estratégia global de sedução do interlocutor, ou ser apenas um convite inofensivo, destinado a evitar um momento de solidão entre duas atividades... Muitos personagens de romances e filmes foram retratados, e sempre da mesma maneira: um homem tenta seduzir uma mulher, mas se eterniza na fase das trocas preliminares, pois não ousa se arriscar e propor um tipo de encontro mais íntimo; dependendo do caráter humorístico do filme ou do romance, a própria mulher inicia a interação desejada... ou então se afasta na névoa do esquecimento e das oportunidades perdidas. É o que Georges Brassens evoca em sua canção *Les Passantes*:

> À companheira de viagem
> Cujos olhos, paisagem encantadora,
> Fazem o caminho parecer curto;
> Que somos os únicos talvez a compreender
> Mas que, no entanto, deixamos ir
> Sem termos roçado em sua mão.

Por trás de sua aparência anedótica e divertida (vista de fora), esse tipo de desconforto pode resultar em inúmeras complicações: as relacionadas à vida amorosa são bastante evidentes, mas a incapacidade de adotar uma atitude suficientemente dinâmica com amigos e conhecidos também pode contrariar uma boa inserção social. O fato de algumas mulheres jovens evitarem sair com homens pode muitas vezes estar ligado a esse tipo de dificuldade: sem saber o que fazer no caso de avanços do interlocutor, elas preferem não sair para jantar ou ir ao cinema, em vez de correr o risco de não saber como dizer não...

Observamos também que a ansiedade social era um ingrediente de certas disfunções sexuais, como a impotência masculina, que geralmente está relacionada à ansiedade de desempenho (Bruce & Barlow, 1990; Velurajah et al., 2022). O contexto da relação sexual é, com efeito, um concentrado de muitos ingredientes da ansiedade social: necessidade percebida de prestar um serviço satisfatório para a outra pessoa, necessidade de aceitar uma certa quantidade de intimidade, sensação de ser julgado... Nesse caso, a disfunção sexual só pode ser curada com a cura da ansiedade social associada. Um de nossos pacientes nos contou que não conseguia ter relações sexuais satisfatórias com as mulheres que ele amava. Se sua parceira lhe fosse indiferente, ele não sentia nenhum problema: o medo de ser julgado era muito menos forte.

*

O medo de palco e as apreensões pontuais têm, portanto, vários pontos em comum: são formas específicas de ansiedade social que estão limitadas a determinadas situações, a determinados momentos. Essas duas manifestações, às vezes pitorescas, podem provocar sofrimento e incapacidade (Blöte et al., 2009). A fronteira entre o anedótico e o sério, entre o benigno e o patológico é frequentemente tênue. Esse também é o caso da timidez. Existem algumas formas doentias de medo de palco; veremos que elas são, na verdade, autênticas fobias sociais. A tabela a seguir o ajudará a fazer uma avaliação inicial.

Medo de palco ou fobia social?
Faça seu autodiagnóstico

Medo de palco	Fobia social
Sua ansiedade é forte pouco antes da situação	Sua ansiedade é muito forte por um longo tempo antes da situação
Ela diminui rapidamente assim que você começa a falar	Ela não diminui quando você começa a falar, às vezes até aumenta
Mesmo que sua ansiedade seja forte e o incomode, você continua a falar	Sua ansiedade pode chegar ao nível de um ataque de pânico incontrolável e o obrigar a abandonar a situação
Você se sente aliviado após terminar sua intervenção	Você se sente envergonhado após ter concluído sua intervenção
Você se recupera rapidamente depois	Você se sente exausto depois
Se você tiver regularmente a oportunidade de falar nas mesmas circunstâncias, sua ansiedade diminui pouco a pouco ("habituação")	Mesmo que você seja regularmente obrigado a falar nas mesmas circunstâncias, sua ansiedade não diminui, pelo contrário, você tem a impressão de que ela está aumentando ("sensibilização")

2
A timidez

*A timidez tem sido o flagelo de
minha vida.*
Montesquieu

Ouvi você falando outro dia na rádio. Pensei que talvez pudesse fazer algo por mim. Espero não estar tomando o lugar de alguém mais doente do que eu, ou de alguém que precise mais... Sou muito tímida. Não é uma doença, eu sei disso, mas tenho a impressão de que perdi tantas oportunidades em minha vida por causa disso, que, certos dias, eu me pergunto se uma incapacidade mais séria e espetacular não teria me incomodado menos... Se você pudesse me ajudar a mudar um pouco...

Ela tinha em torno de 40 anos. Era uma mulher bonita, com traços regulares, vestida com sóbria elegância. Seu rosto exibia um sorriso quase permanente e seu tom de voz era calmo e gentil. Contou sua vida. Expôs seu problema de forma metódica. Talvez tenha feito uma "revisão" antes de vir, para não desperdiçar o tempo do médico... Diane tinha sido uma menina tímida e bem-educada, filha de pais da boa burguesia provinciana.

Desde que me lembro, sempre fui tímida e medrosa. Meus pais costumavam me chamar de ratinho cinza. Acho que eles nunca se importaram com o fato de eu ser tímida. Sempre diziam que eu superaria isso quando esse era o tema da conversa, geralmente por causa de um de meus professores. Como meus pais respondiam que eu me sentia bem em casa e com minha família, o que era verdade, os professores não se preocupavam mais com isso. Eles simplesmente anotavam nos relatórios escolares: é uma boa aluna, mas não participa de forma alguma da expressão oral. Eu me lembro de todas as perguntas que meus professores me faziam em sala de aula, eu sempre tinha a resposta certa em mente, mas acho que nunca levantei a mão em minha vida. Com os médicos era a mesma coisa: eles perguntavam se eu estava indo bem na escola e, como eu estava, diziam que isso melhoraria com a idade.

Meus pais não eram tímidos. Na verdade, agora percebo que meu pai com certeza não tinha muita autoconfiança: sua preocupação de nunca incomodar os outros, de sempre querer se virar sozinho, nunca querendo incomodar ninguém ou levantar a voz... Eu costumava considerar sua reserva como sabedoria, como maturidade, mas agora não estou mais tão certa assim. Fico imaginando se suas atitudes eram escolhidas ou forçadas...

Sua mãe era uma mulher muito falante, sufocante, que mal suportava a discordância por parte dos filhos, aos quais raramente dava a palavra ou a oportunidade de expressar suas opiniões na presença de adultos. De acordo com Diane, ela sempre preferiu seus dois irmãos mais velhos e a confinou no papel da garotinha bem-comportada que tinha de ficar em seu lugar e não se manifestar. Segundo ela, seus dois irmãos não tinham problema de timidez, ou apenas um leve problema no caso do segundo, um ano mais velho.

Quando eu era criança, sempre aceitei os papéis secundários nas brincadeiras: minhas amigas mais confiantes sempre escolhiam os papéis de heroínas, e eu me contentava com os de confidente ou os de coadjuvante, ou até mesmo com os personagens que ninguém queria, como avós, bruxas, vilãs e assim por diante. Eu me especializei no papel da amiga leal da heroína, que não diz nada, está sempre em segundo plano... Estava disposta a desistir de meus desejos para facilitar os dos outros, desde que eles me aceitassem e fossem gratos.

Hoje, quando me perco no caminho, prefiro perder tempo e andar em círculos a pedir informações a um transeunte... Em meu trabalho, isso me impediu de subir na hierarquia. Meus superiores me diziam que eu tinha todas as qualidades necessárias, mas acabavam dando o cargo para outra pessoa; e eu, do meu lado, durante todo um período de minha vida, tive a tendência de fugir ou de evitar assumir responsabilidades. Quando acordei, era tarde demais, eu já estava num desvio. A vida é assim mesmo. Sempre disse a mim mesma que isso faz parte do meu caráter... Minha vida amorosa também fracassou. Os homens sempre me causaram medo. Quando eu era adolescente, bastava um olhar ou uma conversa absolutamente banal para que eu me apaixonasse por meses ou anos. Eu era até capaz de me apaixonar por uma foto, sabendo muito bem que não seria capaz de dizer uma palavra se realmente encontrasse a pessoa... Nunca ousei dizer ou fazer nada sobre meus sentimentos, exceto sonhar acordada ou escrever cartas jamais enviadas. Os homens que eu atraía não eram os que eu apreciava. Mas eu fugia de quase todos por quem me sentia atraída e, se eles tentavam se aproximar de mim, eu fugia ainda mais.

Às vezes sinto ódio, frustração e insatisfação. Fico com raiva de mim mesma ou dos outros, ou daqueles que se impõem, daqueles que não respeitam pessoas frágeis ou reservadas... Sonho em ser capaz de fazer réplicas mordazes, ou em ter muita autoconfiança, ser popular... Mas logo volto à terra e as realidades se encarregam de me lembrar de mim mesma. No fim das contas, vivo sem nenhuma oscilação, em meu mundinho confortável e agradavelmente frustrante: as pessoas gostam de mim do jeito que sou. Não incomodo ninguém...

2.1 O que é a timidez?

Assim como a palavra "estresse", o termo "tímido" abrange realidades muito diferentes. Seu uso, para descrever pessoas "medrosas, cheias de apreensão", "sem confiança e ousadia", "discretas nas relações sociais", difundiu-se no século XVIII. A "timidez" passou a designar todas as formas de embaraço que é possível sentir na presença de outras pessoas. Até o momento, não existe uma definição científica unívoca de timidez (ou melhor, existem muitas, pois quase 20 já foram propostas). No entanto, esse termo deve ser reservado a um tipo específico de ansiedade social, que expressa uma maneira de ser duradoura e habitual, marcada por uma tendência pronunciada, em situações novas, a ficar em segundo plano e a evitar tomar a iniciativa, apesar de um desejo relativo de interações com as pessoas ao redor.

A timidez refere-se à dupla existência de um mal-estar interior e de uma falta de jeito exterior na presença de outras pessoas. Entretanto, ela não exclui capacidades de se adaptar muito mais desenvolvidas do que nas formas patológicas de ansiedade social.

2.2 Do que os tímidos têm medo?

A timidez é crônica e duradoura. O tímido desenvolve um modo de ser marcado pela inibição num grande número de situações sociais; ele evita então essas situações sempre que possível. Ele teme em particular as "primeiras vezes", embora sua ansiedade diminua a cada novo encontro, ao passo que é exatamente o inverso que ocorre nas formas patológicas de ansiedade social. É por isso que a timidez não pode ser considerada uma doença: ao contrário do indivíduo com fobia social, o tímido se adapta, geralmente bem, após um período de inibição inicial (André, 1997; Turner et al., 1990). "Sinto-me intimidado por qualquer coisa nova, imprevisível ou repentina", disse um paciente.

O que deixa as pessoas tímidas? Os desconhecidos (70%) e as pessoas do sexo oposto (64%). Em relação às situações intimidadoras, não há surpresa: falar diante de uma plateia ou de um grupo grande está no topo da lista (73%), depois estar num grupo grande (68%), ser de um *status* supostamente mais baixo do que os interlocutores ou se sentir inferior a eles por uma ou outra razão (56%) (Zimbardo, 1977).

O desconforto sentido permanece dentro de certos limites e está distante dos estados de pânico que podem ser encontrados nos casos de fobia social. O tímido pode até optar por uma espécie de precipitação: são muitos os testemunhos de personalidades do entretenimento ou de jornalistas que relatam como superaram a timidez ao escolher uma profissão que os incentivou a enfrentar aquilo que os angustiava. Um dia ficamos surpresos ao ver um de nossos antigos pacientes na televisão, ele havia escolhido enfrentar sua timidez tornando-se ator numa série de sucesso; ele estava se saindo muito bem, ainda que – como ninguém escapa de seu destino! – seu papel fosse o de um personagem tímido e desajeitado...

Basicamente, para esses "antigos tímidos", a timidez deixou de ser externa e tornou-se interna: eles continuam a sentir as emoções e os temores de qualquer tímido, mas adquiriram habilidades comportamentais que lhes permitem mascarar suas emoções, que permanecem as mesmas. Numa entrevista concedida em 1995, na velhice, à jornalista Christine Ockrent e publicada na revista *L'Express*, François Mitterrand, presidente da República, confessava sua própria timidez:

> – Neste livro, o senhor fala sobre sua timidez.
> – Sim.
> – Como ela se expressa?
> – Bem, precisamente, não se expressava! Até eu voltar do cativeiro, ou seja, depois de ter conhecido a guerra, eu era incapaz de falar corretamente em público.
> – Mas, quando jovem, o senhor costumava recitar nos bosques...
> – Sim, diante de um público imaginário.
> – E hoje, onde ela ainda se expressa?
> – Até recentemente, antes qualquer declaração pública, eu sempre tinha alguns minutos de apreensão, uma dificuldade de comunicação. O desejo de convencer e, digamos, certo hábito profissional me ajudaram a controlar melhor minha natureza... (*L'Express*, 6 de julho de 1995, pp. 30-35).

2.3 Como a timidez se manifesta?

Você é tímido? Para descobrir, há vários sinais comportamentais característicos durante as interações sociais. Um estudo feito numa população de estudantes os filmou enquanto conversavam com um pesquisador; o vídeo foi então analisado por observadores independentes. Ficou claro que as pessoas tímidas falavam com menos frequência, sorriam menos, olhavam menos nos olhos, demoravam mais para responder ou para reiniciar a conversa, que os períodos de silêncio eram mais frequentes na fala (Pilkonis, 1977). E o registro de mímicas e de expressões também é menos rico. Uma professora entrevistada sobre sua maneira de identificar as crianças tímidas disse o seguinte:

"Como sou capaz de reconhecê-las? Se eu lhes fizer uma pergunta em sala de aula, elas respondem sussurrando ou se inibem e não respondem. Elas não têm muitos amigos. Apresentam dificuldades motoras e uma incapacidade de se movimentar num espaço grande. O verdadeiro tímido é reconhecível durante uma aula de desenho: se o lápis quebrar, ele o esconde na gaveta e só se atreve a admitir que a ponta está quebrada depois de uma meia hora..."

Retrato de um tímido no século de Luís XIV

O moralista La Bruyère (1645-1696) é conhecido por sua obra *Les Caractères*, uma sucessão de máximas e também de retratos muitas vezes de grande refinamento psicológico. Um deles é o de Fédon:

Ele é inteligente com a aparência de um estúpido...

Esquece de dizer o que sabe, ou de falar de eventos que conhece; e se às vezes o faz, sai-se mal, crê ser um fardo para aqueles a quem fala... Anda com os olhos baixos, e não ousa dirigi-los aos que passam...

> *Retira-se quando olhado: não ocupa espaço, não permanece no lugar; caminha com os ombros encolhidos, o chapéu puxado para baixo sobre os olhos para não ser visto...*
> *Se o convidam a se sentar, mal se senta na borda de uma cadeira, fala baixo ao conversar e não se articula bem... Só abre a boca para responder...* (La Bruyère, 1688, p. 783).

Em contrapartida, os tímidos se comportam de forma perfeitamente normal num ambiente que lhes é familiar; assim, as crianças tímidas não são tímidas com os pais e amigos próximos (Stevenson-Hinde & Hinde, 1986). Aliás, constatam-se competências sociais bastante boas nas pessoas tímidas, exceto em situações estressantes. É por isso que alguns deles o são sem que as pessoas ao redor ou os colegas de trabalho o saibam: não porque queiram de alguma forma dissimular seus transtornos, mas estes desaparecem na presença de familiares, até o dia em que circunstâncias externas os levam a se revelar.

Por fim, na vida cotidiana, as pessoas tímidas passam por dificuldades em dois tipos principais de situações: todas as vezes em que precisam tomar uma iniciativa relacional e todas as vezes em que devem se envolver pessoalmente, em que devem falar de suas emoções. Amiel escreveu em seu *Journal intime*:

> Há em mim uma rigidez oculta que não deixa transparecer minha emoção verdadeira, que não permite dizer o que pode agradar o outro, me entregar ao momento presente, tola moderação que sempre observei com tristeza (Amiel, 1897, p. 152).

Como podemos ver, o tímido também é alguém que tem consciência de sua condição:

> O tímido é alguém que sabe, de fato, ou a quem um instinto obscuro avisa, que, em determinado caso, ele nunca encontrará a palavra certa para dizer, o gesto certo para

fazer, nem a maneira certa de se comportar; que será desajeitado, ou, se você não odeia a gíria de botequim, dará um fora (Sarcey, F. *Revue Bleue*, 20 de julho 1895).

2.4 As qualidades do tímido...

Há muitas qualidades associadas à timidez: é comum que o tímido se mostre capaz de escuta e de empatia. Sua tendência a permanecer em segundo plano muitas vezes o torna alguém particularmente observador e atento aos outros. Sua preocupação em detectar o menor sinal de irritação ou de tensão em seus interlocutores o torna um bom leitor do humor das outras pessoas.

No meio profissional, sua discrição e seu desejo de um trabalho bem-feito são frequentemente apreciados por seus superiores. Seu desejo de ser amado e apreciado o torna atento às necessidades de seus colegas, geralmente disponível para assumir um trabalho difícil ou para dar uma mãozinha no último minuto.

A esse respeito, deve-se observar que o desejo de ser apreciado é menos angustiante do que o medo permanente de ser rejeitado sentido pelo indivíduo com fobia social.

Em nossas sociedades, o tímido é objeto de uma benevolência condescendente: desde que permaneça em seu lugar, não incomodando os outros, ele é bem-visto. Sobretudo quando é uma mulher! Os traços que acompanham a timidez se sobrepõem aos que são tradicionalmente considerados como maneiras de ser femininas: gentileza, solicitude, pudor, reserva... Aliás, a timidez incomoda mais os homens do que as mulheres, e geralmente são os homens que procuram ajuda para esse problema: nossa sociedade encontra de bom grado encanto nas mulheres tímidas (especialmente se forem jovens e bonitas), mas não valoriza a timidez masculina.

O romancista Philippe Vilain, que consagrou um livro inteiro à timidez, inspirando-se em sua própria experiência pessoal, confirma o que ela pode ter de favorável:

> Dizem que a timidez é mais um infortúnio do que um defeito, mas nunca que é um maravilhoso infortúnio, uma riqueza essencial. Quando é aceita e compreendida, ou seja, em parte dominada, ela tem suas virtudes, suas alegrias e seus encantos. Em vez de uma barreira aos outros, torna-se abertura, pois aquele que fala sabe ouvir, sabe acolher, possui uma qualidade de compreensão, de empatia incomparável. Ele acolhe o outro como um hóspede: seu silêncio é hospitalidade (Vilain, 2010, p. 171).

2.5 ...e seus sofrimentos

Embora não seja uma doença, a timidez não deixa de ser uma dificuldade que pode causar um considerável desconforto. Das pessoas que se consultam por problemas psicológicos, 50% a 70% se dizem tímidas (Pilkonis et al., 1980). Assim como a fobia social, mas com uma frequência menor, a timidez parece estar correlacionada a maiores riscos de complicações psicológicas, como a depressão ou o consumo de álcool. Os tímidos às vezes se desvalorizam, pensando que sua dificuldade de se expressar viria de uma falta de inteligência ou de conhecimentos. Na verdade, trata-se evidentemente de um problema psicológico, e não cultural. Como observou La Rochefoucauld: "A confiança contribui mais para a conversa do que a inteligência".

Benjamin Constant pintou um quadro muito sombrio da timidez:

> Adquiri o hábito de nunca falar sobre o que me ocupava, de me submeter à conversa apenas como a uma

necessidade importuna... Não sabia ainda o que era a timidez, este sofrimento interior que nos acompanha até a velhice, que lança em nosso coração as impressões mais profundas, que gela nossas palavras, que desnatura em nossa boca tudo o que tentamos dizer e só nos permite expressar por palavras vagas ou por uma ironia mais ou menos amarga, como se quiséssemos nos vingar nos nossos próprios sentimentos, a dor que experimentamos por não sermos capazes de torná-los conhecidos.

O campo sentimental e, de uma forma mais prosaica, a vida social e profissional são marcados por essas ocasiões perdidas. Parece que os tímidos se casam mais tarde, têm filhos mais tarde, veem sua carreira profissional evoluir lentamente por causa da timidez; da mesma forma, para as mulheres, essa dificuldade parece confiná-las mais do que outros nos papéis de dona de casa ou de mulheres tradicionais, cuidando pouco de si mesmas em detrimento de seus lares (Caspi et al., 1988). O que também não impede os sucessos brilhantes. São muitas as personalidades políticas ou as do mundo dos negócios, bem como as estrelas do cinema e da televisão, que são tímidas e admitem isso. Por exemplo, o ator Jacques Villeret: "Em minha profissão, a timidez não é uma desvantagem: quando estou no palco, minha timidez não é mais um problema" (*Top Santé*, fevereiro de 1995, n. 53).

No entanto, a timidez geralmente leva à solidão (Jones et al., 1990). A dificuldade dos tímidos para construir uma rede relacional satisfatória os torna alvos perfeitos para certas práticas comerciais. Um estudo efetuado com prostitutas da cidade de São Francisco estimou em 60% o número de tímidos entre os clientes. Podemos imaginar que as agências de casamento certamente não conseguiriam sobreviver se as pessoas tímidas não constituíssem a maior parte de sua clientela. Portanto, existe um verdadeiro mercado para os comerciantes de bem-estar e de encontros de todos os tipos, e não é de surpreender que os aplicativos digitais tenham assumido um lugar tão proeminente nesse campo (Sheperd & Edelman, 2005).

2.6 Tímidos de todos os países, unam-se!

A timidez é um problema particularmente frequente: uma pesquisa revelou que quase 60% dos franceses se dizem tímidos: 51% um pouco, 7% muito (Pesquisa IFOP, abril de 1992, para *Top Santé*). Esse número é mais ou menos constante na maioria dos países ocidentais. Entre os americanos, 40% se descrevem como geralmente tímidos, 60% como ocasionalmente tímidos (Leitenberg, 1990). Aos 2 anos de idade, 15% das crianças ocidentais apresentam comportamentos que sugerem a timidez (Kagan, 1989). Cerca de 30% das crianças com idade entre 8 e 10 anos de idade são consideradas por seus pais como tímidas. Ainda que esses números associem provavelmente à timidez outras formas de ansiedade social, eles são indicativos da alta frequência desse problema.

De modo geral, pode-se dizer que o aparecimento da timidez é bastante precoce na infância ou até na primeira infância (ao passo que a fobia social começaria mais tarde, na adolescência). É comum que ela acabe se resolvendo espontaneamente, ou graças aos encontros, às experiências e aos momentos especiais. São inúmeros os relatos de pessoas que contam como adquiriram autoconfiança graças aos esportes, ao sucesso profissional etc. Essa alquimia das mudanças espontâneas, ou facilitadas pelo entorno e pelas circunstâncias, ainda não é bem conhecida dos terapeutas, e sem dúvida é um caminho de pesquisa que deve ser privilegiado.

Você é apenas tímido ou uma pessoa com forte fobia social?
Faça seu autodiagnóstico

Timidez	Fobia social
Medo de ser ignorado	Medo de ser humilhado ou agredido
Desejo de ser aceito	Desejo de ser esquecido
Inibição nas primeiras vezes, depois relativa facilidade no decorrer dos novos contatos	A repetição dos contatos nem sempre deixa mais à vontade, ao contrário (por causa do medo de ser desmascarado à medida que a intimidade aumenta)
Desconforto em situação social	Verdadeiro pânico em situação social
Sentimento de decepção depois dos compromissos sociais julgados insatisfatórios	Sentimento de vergonha depois dos compromissos sociais julgados insatisfatórios
O desejo de contato é superior ao temor do fracasso	O temor da humilhação é superior ao desejo de contato
Em caso de desconforto social, condutas de inibição, e observação dos outros	Em caso de desconforto social, condutas de dissimulação de seu mal-estar, e auto-observação
As atitudes sociais amigáveis e acolhedoras tranquilizam ("não tenho de dar o primeiro passo")	As atitudes sociais amigáveis e acolhedoras podem embaraçar ou angustiar ("é sincero?", "o que fazer?")

3
A fobia social

As pétalas de seu espírito estavam curvadas pelo medo.
Tennessee Williams

Anna tem 28 anos. Veio se consultar depois de uma depressão grave, durante a qual seu médico identificou uma fobia social.
Eu não sabia que era algo que podia ser tratado, diz ela. Sempre acreditei que era uma forma de timidez, que fazia parte do meu caráter.
Com exceção de duas ou três pessoas em seu trabalho, de alguns amigos e dos membros da família, ela se angustia com a ideia de qualquer encontro com novas pessoas. E mesmo com qualquer saída ou aproximação: ela frequenta exclusivamente os hipermercados e foge dos comércios pequenos, para evitar uma eventual conversa; evita sempre que possível se encontrar no elevador ao mesmo tempo que seus vizinhos, diminuindo o passo ou mergulhando na leitura de sua correspondência caso eles sinalizem que vão esperá-la; ela recusa os convites para grandes festas em que não conhece todo mundo etc.
Só de mencionar essas situações já fico doente. É ainda mais estranho porque eu não era uma criança tímida: era mais falante e extrovertida. No fundo, era uma garotinha sempre inquieta, que não ficava parada, mas sempre com um medo profundo de não agradar, de não ser aceita. Agora percebo isso...

Boa aluna e muito curiosa, Anna logo pula uma classe, encorajada por seus pais para o trabalho escolar.

Meus pais eram muito estressados, é uma característica da família. Minha mãe é como eu, muito tímida, poucas vezes eu a vi sair de casa para fazer algo que não fosse compras ou ir ao trabalho. Ela estava sempre em casa o resto do tempo, disponível para seu marido e seus filhos. Embora nunca expressasse seus sentimentos, ela nos amava muito, demais mesmo, ela nos sufocou um pouco, como dizem...

O pai de Anna era um homem duro, falava pouco e de maneira autoritária; suas intervenções eram temidas por toda a família. Jamais expressando suas emoções, fossem quais fossem, ele também não era pródigo em palavras encorajadoras.

Lembro-me de tê-lo visto numa situação difícil uma única vez: estávamos fazendo compras na cidade e cruzamos por acaso com seu diretor – ele era chefe de departamento numa grande loja. Eu o vi se tornar humilde e submisso, se curvando e dizendo 'sim, senhor, claro senhor' a todo momento. Quando o patrão se afastou, houve uma espécie de hesitação em toda a família, todos nós havíamos assistido à cena em silêncio. Ele ficou um ou dois segundos sem reação, o tempo de retomar seu personagem de páter-famílias. Mas tivemos tempo de ver a fraqueza; ou melhor, de adivinhá-la, pois eu havia esquecido essa história, só agora ao contar meu passado é que me lembro dela.

Quase à vontade na escola fundamental, Anna sentiu muita dificuldade ao entrar no ensino médio: a dispersão de seus amigos de sala, o contato com muitos professores aos quais não tinha tempo de se adaptar, tudo a desestabilizou profundamente. Ela começou a se ensimesmar, fazendo apenas alguns raros novos amigos. Na época, ela reclamava muito de dores de barriga e de cabeça, cuja origem os médicos nunca encontravam. Um deles, a quem ela confiou sua tristeza de aluna, aconselhou os pais a mudarem-na de estabelecimento; mas o pai se opôs.

Afinal, não tenho quase nenhuma lembrança desses anos, a não ser um sentimento profundo de tédio, e pouco a pouco o aparecimento de angústias absurdas, de medos estúpidos. Eu buscava sistematicamente passar despercebida, o olhar das pessoas me incomodava cada vez mais. Sentia-me mal na própria pele, não gostava de mim, como todos os adolescentes, mas acho que de um jeito mais violento. Então um dia, o que devia acontecer aconteceu. Durante uma aula, pouco depois da volta às aulas, fui chamada ao quadro por um professor de física particularmente sádico, que me ridicularizou diante de todos: não sabia mais onde me enfiar, nem o que dizer, e mais eu me sentia desconfortável, mais ele me atazanava. Minha impressão foi de que isso durou horas. Toda a classe ria; ele zombava, contente de mostrar seu humor. Não ousei mais olhar nos olhos de quem quer que fosse até o final do dia. À noite, em casa, chorei durante horas, minha mãe não sabia mais o que fazer, ela chamou um médico, ao qual eu não quis contar nada. Eles acharam que eu estava grávida, de tanto que eu estava devastada. No dia seguinte, não quis ir à escola, e fiquei em casa por 15 dias. Ao retornar, tudo tinha mudado, eu estava definitivamente marginalizada em minha própria classe, sentia-me uma estranha na escola. E, sobretudo, não me sentia mais em segurança em lugar algum quando não estava mais sozinha: tinha a impressão de que o perigo, ou seja, a gozação, poderia surgir a qualquer momento, de qualquer olhar... Creio que minha doença começou ali, naquele outono. Ali começou meu sofrimento, esse que ainda hoje carrego.

Esses transtornos foram se agravando progressivamente. Ela terminou o ensino médio sem dificuldades, apesar de um mutismo quase total, mas os anos de faculdade foram para ela um calvário, em que ela passou o tempo se fingindo de morta para não ser notada. Conseguiu esconder dos pais e dos familiares seus sofrimentos. E eles não se inquietaram o suficiente com a ausência de amigos ou de programas, com seus retornos sistemáticos dos finais de semanas ou das férias.

Do que tenho medo, nem eu mesma sei direito. Do olhar dos outros, isso sim, em quase todas as circunstâncias, ou pelo menos sempre que estou exposta, que devo me mostrar e sair do anonimato. Mesmo para coisas anódinas: assinar um cheque, pedir uma informação, falar para o cabeleireiro qual corte desejo... Desenvolvo truques inacreditáveis para viver com minha angústia: desvio, invento desculpas, tornei-me a rainha da fuga... Mas estou esgotada, sinto cada vez mais dificuldade de enfrentar a vida.

Foi muito difícil para ela ir à consulta: dez vezes ela ligou, dez vezes ela desligou ao primeiro toque; com o horário marcado, ela quase deu meia-volta diante da porta da sala de espera.

Tinha medo de fazê-lo perder tempo, que você me dissesse: seu caso não é interessante, cara senhora; além disso, não há nada a fazer com seus probleminhas...

3.1 A ansiedade social em seu ponto máximo

A fobia social é certamente a mais espetacular e a mais incapacitante das diferentes formas de ansiedade social. Os mecanismos subjacentes a ela não diferem tanto daqueles que habitam cada um de nós em certos momentos. O que faz a diferença então? O que faz da fobia social uma verdadeira doença?

Uma fobia é um medo intenso, irracional, incontrolável, suscitado por certas situações. Para o indivíduo com fobia social, o desprazer com a ideia de se ver confrontado com o objeto de seus medos é tanto que ele organiza sua vida de maneira a evitá-lo. Desse modo, a intensidade da reação ansiosa e as estratégias de evitação distinguem a simples apreensão da verdadeira fobia: você pode não gostar das aranhas e experimentar sentimentos desagradáveis se tiver de dormir numa casa antiga povoada por todo tipo de insetos rastejantes. Você verifica simplesmente se não há um ninho de aranhas escondido sob os lençóis e esmaga aquela que chegar perto demais de suas pantufas. Depois, vai deitar-se sem se preocupar com isso. Se você sofre de uma fobia de aranhas, terá uma síncope ou fugirá correndo diante da visão da primeira pata peluda que sair detrás de uma viga. Aliás, você nunca aceitará um convite para um fim de semana no campo na casa de amigos sem perguntar sobre a presença ou não de insetos, sem ter exigido um borrifo maciço de inseticida na casa, no celeiro e nos arredores...

Com as fobias sociais acontece a mesma coisa. A leve apreensão que você sente às vezes no momento de tomar a palavra em público ou o desconforto que se apodera de você quando é apresentado a um personagem importante são versões adocicadas dos violentos pânicos que dilaceram o indivíduo com fobia social assim que ele deve enfrentar o olhar, necessariamente crítico, do outro.

A fobia social é um transtorno extremamente comum. Uma análise completa das pesquisas conduzidas no mundo, com base em 28 estudos de grande envergadura, concluiu por uma prevalência de 4%, parte da população geral sofrendo de fobia social ou tendo sofrido no passado (Stein et al., 2017). Na França, de acordo com esse resultado, mostramos, num estudo dirigido pelo Professor Lépine, que 2% a 7% das pessoas adultas sofriam dessa afecção (segundo se retenha critérios mais ou menos severos para definir o transtorno) (Pelissolo et al., 2000). Uma pesquisa conduzida com médicos generalistas mostrava, por sua vez, que perto de 7% dos pacientes que iam consultá-los (por uma razão qualquer) apresentavam uma fobia social (Martin, Maurice-Tison, & Tignol, 1998). Outro estudo sugeria até mesmo que a fobia social, em suas formas completas e menos completas, ainda que incapacitantes, afetaria num momento ou outro da vida mais de 10% da população americana (Davidson et al., 1994). Essa doença representava então a terceira patologia mental, depois da depressão e do alcoolismo. No entanto, a fobia social foi por muito tempo desprezada. Ela só é repertoriada a partir de 1980 no manual de classificação mais utilizado no mundo, o célebre DSM [Manual Diagnóstico e Estatístico de Transtornos Mentais] da poderosa American Psychiatric Association (2014). É em grande parte, aliás, em consequência desse reconhecimento oficial que os trabalhos de pesquisa, em matéria de epidemiologia e de tratamento, se multiplicaram. Com efeito, ao contrário de outros modos de sofrimento psicológico, a fobia social permanece discreta. Ela não conduz a comportamentos misteriosos ou espetaculares, como a esquizofrenia ou o episódio maníaco. Ela não desorganiza, como a anorexia mental. Não acarreta comportamentos agressivos dirigidos ao outro, como na paranoia, ou a si mesmo, como na depressão. O principal problema da fobia social é passar despercebida, um pouco como crianças comportadas demais e discretas que acabamos nos dando conta de que não são comportadas, e sim deprimidas; que não são discretas, e sim inibidas.

3.2 As diferentes maneiras de ser um indivíduo com fobia social

O indivíduo fóbico tem um medo persistente de uma ou de várias situações nas quais está exposto à eventual observação atenta do outro e teme agir de maneira humilhante ou embaraçosa. Ele evita então essas situações ou experimenta uma ansiedade intensa quando se aproxima delas. Essa tendência à evitação interfere na vida profissional ou nas relações sociais habituais. A pessoa reconhece a natureza excessiva ou irracional de seus temores.

Podemos distinguir formas *específicas* de fobia social – em que se teme uma situação particular – e formas mais *generalizadas* – em que quase todos os contatos sociais fazem sofrer (Pelissolo, 2016a). Entre as formas ditas *específicas* de fobia social, conhecemos sobretudo aquelas que envolvem a ansiedade de desempenho em público, e em particular a tomada de palavra em grupo, que é de longe a mais comum. Já descrevemos como essa fobia ultrapassava em intensidade o simples medo de palco (capítulo 1). Suas consequências são igualmente mais graves: a pessoa recusará categoricamente uma promoção se tiver de falar diante de grupos, ela não poderá ser testemunha no casamento religioso de seus amigos, pois para isso precisaria ler textos na igreja ou no templo etc. As formas *generalizadas*, como aquela da Anna, implicam uma atitude global de retirada, de evitação, que tem consequências socioprofissionais importantes. Essas fobias sociais generalizadas são muito próximas de um transtorno da personalidade chamado "personalidade evitativa", que evocaremos no próximo capítulo (Cox et al., 2009).

Em certas formas extremas, que poderíamos chamar de "panfobias" (literalmente, o "medo de tudo"), todas as interações sociais são problemáticas, o que implica um modo de vida muito restritivo. Esses perfis de fobia social apresentam então um grau de incapacidade severo e podem ser mais difíceis de tratar (Brown et al., 1995). Isso pode parecer inconcebível, mas certas pessoas conseguem perfeitamente evitar todas as situações em que alguém as olha, dirige-lhes a palavra. Ao preço evidentemente de um grande sofrimento psicológico e de um empobrecimento considerável de sua vida relacional, restrita às interações com pessoas conhecidas de longa data e em contextos previsíveis. Um dia recebemos uma paciente de uns 50 anos que havia funcionado, durante toda a vida, nesse modo, consagrando-se principalmente aos filhos: ela veio se consultar no dia em que estes, já adultos, tinham deixado a casa familiar. Ela se viu então cruelmente sozinha.

Na verdade, o que caracteriza sobretudo a fobia social é a intensidade das emoções. À aproximação de uma situação temida, podem ocorrer verdadeiras crises de pânico.

Nesses casos, tudo oscila ao meu redor. Tenho a impressão de que o horizonte se desarranja, que estou de cabeça para baixo, com a sensação horrorosa de estar no fundo de um funil para o qual todos os olhares convergem. Meu coração esmurra como se quisesse escapar de meu peito, minhas têmporas doem. Ouço todos os barulhos como se fossem amplificados por um equipamento monstruoso. Minhas mãos tremem, meus joelhos falham."

3.3 Um cotidiano repleto de armadilhas

Trata-se aqui de uma verdadeira reação de alerta do organismo, de manifestações de terror idênticas às provocadas por uma situação de estresse importante: ser feito refém ou presenciar um terremoto. Mas é o olhar do dono da padaria que o desencadeia! Para o indivíduo com fobia social, uma comprinha qualquer, uma atitude qualquer representam uma provação. Eis, por exemplo, o que Adama escreveu no diário que ela mantinha durante sua terapia:

Em consequência de um acidente em junho de 2018, meu carro anterior teve a parte direita e o farol direito danificados, tornando-o assim impróprio para a circulação. Ainda que a cobertura do seguro fosse de 100%, inventei mil razões para não o consertar... Resultado: um ano depois, o carro parecia uma sucata. Uma primeira parada não me fez reagir em atos (simplesmente uma angústia crescente ao pensar que poderia ser parada novamente). Por duas vezes, as rodas foram roubadas. Isso jamais provocou qualquer reação (decidi renunciar aos meios de transporte em vez de comprar novas rodas).

Ainda assim, é muito difícil viver no subúrbio sem uma certa autonomia, por isso decidi comprar um carro usado. O projeto ficou na gaveta por vários meses, e aqui também foi preciso a pressão de meus amigos para passar ao ato. Diante do vendedor, fiz de tudo para fechar o negócio o mais rápido possível, só insistindo timidamente sobre meu antigo carro, não procurando nem mesmo obter algum dinheiro. O mecânico me prometeu encontrar uma pessoa que o retiraria.

Uma semana depois fui buscar meu carro, que, aliás, não estava pronto (em vez de fazer valer meus direitos, fui eu que quase pedi desculpas, e tive de esperar por uma hora). Quanto ao meu carro velho, o vendedor me disse que ele simplesmente esquecera, e mais uma vez fui eu que tive de me desculpar de lhe dar esse trabalho em vez de exigir meus direitos.

E mais uma semana, mas dessa vez por causa dos documentos, que, claro, não estavam prontos. O vendedor me disse novamente que havia esquecido, e eu respondi que não era urgente (o que não era verdade, pois acabara de receber uma notificação do síndico pedindo para que eu retirasse meu carro velho).

E para concluir, quando fui buscar os documentos, que dessa vez estavam prontos, o vendedor não estava e não consegui pedir notícias sobre a retirada do antigo carro. Hoje, depois de ter recebido uma multa por estacionamento abusivo de mais de 15 dias, ainda não consegui contatar a oficina para que ele realize a operação prometida. A situação ainda seria a mesma se eu não tivesse encontrado uma empresa que se encarrega de retirar gratuitamente as sucatas...

Essa mesma paciente um dia acabou declarando:

O tempo todo ouvimos que nossa sociedade não permite mais comunicar como antes. Isso é para lá de falso! Eu que passo meu tempo fugindo das situações de comunicação, posso afirmar que é muito complicado escapar ao desejo dos outros de falar com você, a menos que passe o tempo todo vigiando o entorno.

Toda situação social pode se revelar, aos olhos deles, como uma ocasião de ser julgado e negativamente avaliado pelos outros. E como esse julgamento não lhes é jamais indiferente, eles não têm nenhum momento de tranquilidade!

3.4 Elogio da fuga

Por isso, sempre que possível, o fóbico foge. Aquele que tem fobia dos pombos sai correndo do banco onde está descansando se os pombos da pracinha se aproximam, num turbilhão de penas, de arrulhos e de bater de asas, na direção da velhinha que se sentou ao lado com uma grande sacola de grãos; da mesma forma, o indivíduo com fobia social sempre bate em retirada assim que o olhar do outro pousa sobre ele. O caráter sistemático dessa atitude é precisamente o sinal que distingue a fobia social da ansiedade social "simples". Pouco a pouco, com efeito, perdem o hábito de enfrentar situações comuns para a maioria das pessoas. O fóbico até acaba acreditando que, se não tivesse evitado a situação, o pior certamente teria acontecido. Um pouco como na história do transeunte que passeia lançando um pó branco em torno dele. Um vizinho o para e pergunta: "Por que você joga esse pó no ar? – Para afastar os elefantes. – Mas nunca apareceu nenhum elefante aqui! – Claro que não, mas simplesmente porque eu jogo o pó antielefantes". Esse mecanismo absurdo desempenha o papel daquilo que é chamado de "reforço negativo": um comportamento é "reforçado" (tem mais chances de aparecer) toda vez que ele permite evitar sensações desagradáveis. É como se o indivíduo com fobia social, ao fugir dos outros, encontrasse ainda mais razões para fugir deles!

Certas escolhas de carreira se explicam pelo desejo de fugir das relações sociais. Médicos com fobia social optam então por uma especialidade que não os obriga a discutir com seus pacientes, como a anestesia ou a radiologia! Em outros casos, a história é mais dramática: por exemplo, o paciente professor de história que acaba renunciando à profissão para trabalhar como vigia noturno numa grande fábrica, único meio de não adoecer diariamente ao enfrentar alunos, pais e colegas.

A fuga nem sempre é possível, e mesmo em certos casos ela é impossível na vida do ser humano, que apesar de tudo deve fazer compras, trabalhar, se deslocar etc. Os indivíduos fóbicos usam então inúmeros estratagemas, mais ou menos conscientes e mais ou menos sutis, para não cruzar o olhar e sobretudo o julgamento do outro: estar ali sem estar realmente, não falar, não olhar os interlocutores, se fazer esquecer...

Mas essa tendência à fuga e às evitações é também variável de acordo com as pessoas e de acordo com os temperamentos. Alguns, apesar de uma fobia social muito intensa, se forçam a enfrentar as situações de encontro custe o que custar, como verdadeiros combatentes, com frequência ao preço de esforços exaustivos.

Alguns especialistas propuseram, aliás, que se evite usar sistematicamente o termo "fobia social", preferindo-lhe o mais geral de transtorno de ansiedade social (Liebowitz et al., 2000), como já é o caso nas classificações "oficiais", como o DSM-5. Com efeito, eles explicam, o termo fobia pode causar confusão nas pessoas que nem sempre fogem abertamente das situações sociais, mas que ainda assim as temem muito.

3.5 Cara de paisagem e mal-entendidos

Muitos dos indivíduos com fobia social dão a impressão de serem frios e distantes. Isso se explica pela tensão provocada pela ansiedade que sentem nas situações de interação e pelo desejo que têm de manter o outro a distância, a fim de não lhes revelar sua vulnerabilidade. O estresse intenso pode paralisar e impedir a expressão de qualquer emoção, dando a impressão de uma grande frieza ou de uma indiferença pelo outro, muito distante do sentimento real da pessoa! Da mesma forma, certo número de indivíduos com fobia social consegue dar uma falsa impressão, preferindo passar por esnobes antipáticos do que por tímidos doentios, segundo o lema: "Antes desagradável do que digno de pena". Uma de nossas pacientes, extremamente bonita, mas uma autêntica pessoa com fobia social, vivia como um verdadeiro pesadelo as múltiplas tentativas de aproximação e de sedução de que era objeto por parte dos homens de seu convívio. Temendo que eles descobrissem sua fobia e sentindo-se incapaz de aceitar os avanços de alguém, não sabendo nem os rejeitar nem ceder a eles, ela se mostrava desagradável com todos, o que, aliado à sua beleza, bastava para manter distante a maioria dos chatos. Aliás, ela acabou se casando com um companheiro insignificante e bem sem graça, mas que teve a inteligência e a perseverança de conquistá-la muito lentamente. Com ele, sentia-se "menos inferior"... O casamento não resistiu à sua cura. Assim que teve mais autoconfiança, ela deixou esse primeiro companheiro!

Muitos dos comportamentos agressivos são igualmente explicáveis por esse mecanismo. Melhor ser visto como um "ranzinza" ou até como um "grosseirão" do que como uma vítima! Muitos indivíduos com fobia social tentam assim mascarar seu transtorno, até para os mais próximos. Uma jovem estudante tinha uma irmã gêmea a quem nunca havia mencionado seu transtorno, por temer uma reação de incompreensão. Na verdade, sua irmã sofria das mesmas dificuldades... Uma mãe nunca confessara seu transtorno aos filhos. Antes de se casarem, eles quiseram organizar uma recepção que permitiria o encontro das famílias: como nunca participou de nenhuma refeição na presença de desconhecidos, essa mulher entrou num tal estado de pânico que acabou ousando vir se consultar, o que há meses ela hesitava em fazer. Sem falar do rapaz que se tornara *skinhead* de tanto que temia os olhares e o julgamento dos outros! Depois de ter adotado a aparência de briguento, sentia-se de alguma forma protegido pelo temor que seu aspecto inspirava na maioria dos transeuntes: "Ninguém ousa me olhar nos olhos, e isso é muito bom", dizia ele.

Para o indivíduo com fobia social, nenhuma interação é anódina. Cada frase, cada passo, cada olhar, cada aperto de mão é como uma prova oral diante de um júri impiedoso. Algumas crenças angustiantes, como "as pessoas julgam severamente os outros", "eles não deixarão de demonstrar agressividade, desprezo ou ironia se descobrirem minhas fraquezas" etc., estão profundamente enraizadas em sua mente. Podemos encontrar indivíduos com fobia social tão interpretativos do mínimo detalhe que acabam sendo vistos como paranoicos. Uma de nossas pacientes ilustrava muito bem esse fenômeno. Ao entrar, ela havia observado que tínhamos afastado sua poltrona. O paciente anterior havia preenchido alguns questionários no final da sessão; portanto, teve de aproximar sua cadeira da mesa. Sabendo que essa paciente sofria de fobia social, pensamos que, sentada desconfortavelmente durante a sessão, talvez não ousasse dizer ou fazer algo. Por isso, afastamos a poltrona, antes de convidá-la a se sentar. A sessão foi difícil, e depois de um momento, diante de seu nervosismo, procuramos compreender a razão. Era a cadeira afastada! Ela interpretara esse gesto como um desejo de mantê-la à distância, pois não a achávamos simpática ou porque ela cheirava mal... Toda sua vida era feita de tais instantes. Outro de nossos pacientes, cujas mãos estavam sempre úmidas, vivia os apertos de mão de um modo também patológico: se alguém viesse lhe apertar a mão, ele amaldiçoava interiormente seu interlocutor por lhe provocar esse mal-estar; se não lhe apertasse a mão, ele se perguntava se não seria um sinal de desgraça, de rejeição ou de desgosto...

3.6 Uma doença a ser tratada

A fobia social está muitas vezes na origem de complicações psicológicas (Lépine & Pelissolo, 1999). Certos estudos estimam em até 70% dos casos a porcentagem dos indivíduos com fobia social que sofrem de outros problemas (Lépine & Pelissolo, 2000). Muitas vezes eles têm outros transtornos de ansiedade, como a ansiedade generalizada ou a agorafobia, o medo de se distanciar de sua casa, cuja associação com a fobia social é bastante lógica: é tão mais simples, menos sofrido ficar em casa, longe do olhar dos outros! Em seguida vêm os transtornos ligados ao uso excessivo do álcool, em 20% a 40% dos casos. Muitos bebedores são com efeito ansiosos e os indivíduos com fobia social não fogem à regra (O'Grady et al., 2011). Os poderosos efeitos ansiolíticos do álcool explicam esse fenômeno. Ele ajuda a quebrar o gelo, a suprimir certas inibições. Mas para alguns é também um meio de enfrentar a realidade sem sentir uma ansiedade intensa demais. Um paciente não podia sair de casa sem antes ter consumido uma dúzia de latinhas de cerveja (Scholing & Emmelkamp, 1990). Também tratamos de um médico que teve de absorver vários copos de vodca para conseguir defender sua tese diante de um júri que, aliás, nada percebeu... estamos longe da timidez ou do medo de palco! Outro de nossos pacientes, que estava desempregado, só conseguia buscar os filhos na saída da escola depois de ter bebido uísque suficiente para suportar o olhar dos outros pais de alunos e dos professores. Como sentia vergonha, ele acabara aumentando as doses até que numa tarde foi incapaz de ir à escola. O diretor, inquieto, então alertou as autoridades e a vizinhança, o que provocou a intervenção dos bombeiros e a hospitalização do pobre pai em quase coma etílico. Muito felizmente, sua fobia social foi diagnosticada desde os primeiros dias no atendimento onde trabalhávamos. Os psiquiatras já identificaram o vínculo estreito entre fobia social e alcoolismo (Lépine & Pelissolo, 1998). Aliás, é possível que a proporção de indivíduos com fobia social consumindo álcool esteja subestimada, pois vários estudos estabelecem que eles, por vergonha, não confessam voluntariamente esse problema (Cox et al., 1994). E a grande ironia é que os estudos conduzidos em laboratório mostram que, em relação a um placebo, o álcool na verdade não tem efeito espetacular nem sobre a ansiedade social, nem sobre o desempenho oral ou intelectual: a autossugestão parece desempenhar um papel importante na pessoa fóbica que bebe (Himle et al., 1999). Entre as drogas socialmente aceitas, o álcool não é o único em questão: acompanhando por vários anos um grupo de mais de 3 mil indivíduos, uma equipe alemã pôde demonstrar que a presença da ansiedade social na adolescência é um importante fator de risco para o desenvolvimento de uma posterior dependência do tabaco (Sonntag et al., 2000). Muitos fumantes parecem recorrer ao cigarro para automedicar sua ansiedade social. Outras drogas, como a cocaína, também podem ser utilizadas pelos indivíduos com fobia social na incessante luta contra seus medos (Zimmermann et al., 2004).

As relações entre fobia social e consumo de álcool

Consumo de álcool antes e durante as situações sociais: com finalidade ansiolítica	Consumo de álcool durante e depois das situações sociais: com finalidade antidepressiva
Para tentar diminuir a ansiedade ("talvez me sinta menos mal")	Para tentar esquecer a vergonha ("fui patético")

Por fim, o fato de que a fobia social possa se agravar numa depressão nos 50% a 70% dos casos é bastante lógico (Kessler et al., 1999). O ensimesmamento, a dúvida permanente sobre suas capacidades, o desgaste nervoso suscitado pelo medo de certas situações comuns também são algumas das explicações. Um estudo de rastreamento sistemático conduzido com 243 pacientes deprimidos havia permitido mostrar que dois terços deles apresentavam fobia social ou personalidade evitativa; e que, nesses casos, suas depressões eram mais precoces e mais severas (Alpert et al., 1997). Quantas depressões procedem de uma incapacidade de atar boas relações com o outro, de uma tendência pronunciada a se representar qualquer evento de maneira negativa e finalmente a criar para si um universo empobrecido? (Légeron & André, 1995). Longe de ser o produto de um mal-estar vindo das profundezas do indivíduo, quantos traduzem de fato um déficit relacional? Em contrapartida, a depressão pode acabar atiçando dificuldades relacionais preexistentes, mas até então bem compensadas. Um de nossos correspondentes, médico generalista, um dia nos recomendou uma de suas pacientes cuja depressão se arrastava há tempos, apesar da pertinência do tratamento antidepressivo prescrito e de uma melhora muito nítida de vários sintomas, como o sono, o apetite, as capacidades antecipatórias. Depois de várias entrevistas, a paciente confessou que, por trás de suas reticências em sair de casa e em retomar as atividades sociais, ocultava-se na verdade uma profunda ansiedade ligada ao temor de ter de responder às perguntas dos vizinhos ou dos comerciantes, do tipo "Mas então, por onde você andava?", "Como vai, está em licença de trabalho? Mas você está com uma ótima aparência!" A pequena cidade nas montanhas onde ela vivia tornara-se de repente um espaço irrespirável e era difícil para ela dar um passo sem se sentir observada e sem que seus feitos e gestos, suas mínimas palavras lhe parecessem comentadas, julgadas. Como sempre nesses casos, ela não ousara se abrir para ninguém, de tanto que se sentia envergonhada e desorientada com a mudança que lhe ocorrera (André, 1995b). Quantas depressões persistentes ocultam assim uma dificuldade profunda em atar relações gratificantes com seu entorno? Diferentes estudos mostraram que, de todas as formas de ansiedade, a ansiedade social é a mais "depressogênica", isto é, capaz de induzir estados depressivos (Davies et al., 1995).

A fobia social é verdadeiramente a forma mais severa e a mais dolorosa também de ansiedade social. Hoje se conhece plenamente seu terrível impacto na qualidade de vida das pessoas que são afetadas por ela (Wong, Sarver & Beidel, 2012). Sabe-se também que todos os campos da vida da pessoa são afetados, privados ou profissionais (Schneier et al., 1994). Enquanto a fobia social se instala muito cedo na vida desses pacientes, em geral entre 14 e 24 anos (Wittchen et al., 1999), muitos deles demoram a procurar um tratamento, porque não sabem que os profissionais conhecem seu transtorno, porque ignoram que tratamentos existem. Infelizmente, ao contrário de formas mais benignas de ansiedade social, raramente a fobia social diminui com o tempo, ela é mesmo um transtorno particularmente estável e crônico (De Witt et al., 1999). Quantas vidas não foram desperdiçadas assim por essa doença?

Um questionário rápido para avaliar a fobia social

	Sim	Não
Certas situações sociais provocam um desconforto significativo?		
Esse desconforto lhe parece nitidamente mais forte do que aquele que outras pessoas poderiam sentir nas mesmas situações?		
A intensidade desse desconforto já atingiu o estágio de um ataque de pânico?		
Esse desconforto o força a evitar sistematicamente situações sociais importantes ou frequentes?		
Esse desconforto lhe causa muito sofrimento?		
Ele resulta numa incapacidade significativa numa ou mais áreas de sua vida?		

Fonte: André (1996).

Se você respondeu sim a 4 dessas 6 perguntas, é bem possível que você esteja sofrendo de fobia social; recomendamos que procure a orientação de um especialista desse transtorno.

4
A personalidade evitativa

O inferno são os outros.
Jean-Paul Sartre

Cédric tem 38 anos. Desde o começo da consulta, ele se expressa com uma voz abafada e mal colocada das pessoas que não falam com frequência, e menos ainda de si mesmas.

Marquei esta consulta porque tive um pequeno choque neste verão, por causa de minha filha de 4 anos. Ainda que adore jogar petanca, nunca conseguia me decidir a me juntar aos outros jogadores, na praça do vilarejo onde passávamos férias. Um dia, ao ver que eu os observava, ela se aproximou de mim e disse: 'Por que você tem medo, papai? As pessoas não são más'. Na mesma noite falei com minha mulher, que me aconselhou a vê-los.

Durantes nossos primeiros encontros, Cédric procurou minimizar suas dificuldades: "Não é tão grave, um pouco de timidez, é isso... não é preciso dramatizar, isso não me impede de viver". Mas claro que isso o impedia de viver bem... Cédric tinha sido uma criança discreta, reservada, que gostava dos momentos de solidão, ainda que fosse capaz de participar das brincadeiras infantis de sua idade. Muito próximo de sua mãe, ele fora profundamente marcado por ela; tratava-se de uma grande mulher um pouco distante e orgulhosa, apesar da condição modesta da família. Durante toda sua vida, ela sofrera de depressão e havia pintado para os filhos um quadro muito amargo e ácido da existência, que Cédric resumia numa frase: "Estamos aqui na terra para sofrer". O pai era um bom homem muito apagado, empregado da prefeitura, delegava totalmente à esposa as decisões sobre a educação dos filhos e o funcionamento da casa. O mais velho de três irmãos, Cédric jamais tivera laços profundos com seu irmão e sua irmã mais nova: eles tinham um bom relacionamento e se gostavam, mas nunca tiveram cumplicidade ou projetos em comum. O modo de vida da família era bem particular.

Não me lembro de ter visto meus pais receberem amigos em casa; na verdade, eles tinham muito poucos amigos. De tempos em tempos, alguns membros da família nos visitavam, era tudo. Nossa casa era como um mundinho fechado, hermeticamente isolado do exterior: nunca o carteiro ou os entregadores entravam na casa, mesmo sob forte chuva. Quando a campainha soava, isso desencadeava um verdadeiro preparativo para a guerra: todos deviam ficar em silêncio, enquanto um dos pais ia na ponta dos pés observar quem era o intruso e se era preciso abrir a porta. Quando penso nisso, era realmente absurdo, mas ainda hoje eu reajo um pouco dessa maneira: tenho sempre uma vaga inquietação diante das campainhas, da porta de entrada ou do telefone, como se um perigo pudesse acontecer e me pegar desprevenido...

A infância e a escolaridade de Cédric se desenrolaram sem problemas e sem lembranças marcantes. Apontado regularmente por seus professores como um bom aluno, mas reservado demais na parte oral, Cédric escolheu, depois de concluir o ensino médio, alguns cursos curtos num instituto universitário de tecnologia. Como não se divertia muito com os jovens de sua geração, ele desejava entrar o mais rápido possível na vida ativa. Pouco a pouco, sua falta de interesse pelos rolés e contatos foi aumentando. Começou a recusar a maior parte dos convites que lhe faziam e gradualmente se distanciou do pequeno círculo de colegas, mantendo apenas dois amigos muito próximos, que ele via raramente. Falta de tempo, explicava quando lhe perguntavam.

Assim que encontrou um trabalho, entregou-se a ele com todas suas forças. Conheceu a esposa na grande empresa onde ele tinha uma colocação num departamento técnico. Ela era discreta e trabalhadora, como ele. "Gostamos um do outro imediatamente", observou. Como ele considerava as moças de sua geração frívolas, superficiais, interesseiras, não tivera praticamente vida sentimental antes dela. Levava uma vida tranquila e retirada, sem muita vida social.

Ele confessou, depois de vários encontros, que em seu trabalho vivia muito isolado: fugindo das cervejas entre colegas, evitando as conversas em volta da máquina de café, não vagando pelos corredores para escutar as últimas fofocas, ele foi pouco a pouco se marginalizando, principalmente porque não tinha muito talento para as palavrinhas gentis usadas a fim de ser aceito por um grupo. Era considerado um homem duro e frio, muito trabalhador e um pouco entediante, bastante solitário... Nunca ia se sentar ao lado dos colegas no restaurante da empresa, escolhendo sempre as mesas onde podia ficar sozinho.

Também não alimentava relações com a vizinhança, "fonte de confusões", segundo ele.

Se você se torna muito amiguinho, as pessoas abusam, vão sempre à sua casa para pedir o cortador de grama, a furadeira, para ser convidado etc. A gente não ousa falar alguma coisa, deixa rolar, e um dia a gente se cansa, acaba discutindo. De todo modo, estou cansado à noite e no fim de semana quero descansar tranquilamente em família, não ver pessoas.

Cédric encontrava sempre uma boa razão para explicar sua maneira de se afastar dos contatos sociais. Ele podia ser considerado um misantropo e pouco a pouco acabou se tornando um. Confessou ter passado por duas depressões muito dolorosas, durante as quais teve de recorrer aos antidepressivos. E se envergonhava de beber.

Bebo para relaxar, antes de enfrentar uma festa ou uma reunião. Mas ao contrário do que acontece com os outros, o álcool não me deixa mais extrovertido nem mais à vontade; simplesmente ele atenua um pouco minha angústia e evita que eu me sinta demasiado desconfortável. Depois de ter bebido, fico sempre no meu canto, mas me sinto menos vigilante, consigo trocar alguns olhares e algumas palavras...

Ele parecia quase decepcionado pelo álcool não lhe permitir, como às outras pessoas, alcançar mais desembaraço e descontração, mais desinibição.

Gostaria de ser mais popular, mais sociável, mais brilhante; sofro por ser sozinho, por ninguém se aproximar de mim, ou pensar em mim... Mas não se vai contra sua natureza: as pessoas me decepcionaram demais, de todo modo tive essa impressão. Tenho medo de me expor: qualquer gesto para ir na direção dos outros me causa medo, porque tenho a impressão de ficar nu, e porque sei que se isso não funcionasse, se me rejeitassem, se zombassem de mim, mesmo de maneira anódina, eu desabaria... Mas tenho agora 38 anos, meus filhos começam a crescer e a compreender melhor meus comportamentos; não quero que eles se tornem como eu...

4.1 Uma patologia completa

Também aqui estamos realmente na presença de uma forma patológica de ansiedade social, que é descrita nos manuais de psiquiatria, além da fobia social. Cédric, como as outras *personalidades evitativas* (Pelissolo, 2021), sente um forte desconforto em situação social, ele tem medo de ser julgado desfavoravelmente pelos outros e é facilmente ferido pela crítica ou pela desaprovação do outro. Não tem nenhum amigo próximo ou confidente fora de seus parentes de primeiro grau. Reticente a se envolver com outros, a menos que esteja certo de ser amado, ele evita as atividades sociais ou profissionais que necessitam de contatos significativos. Reservado em sociedade, ele muitas vezes tem medo de dizer coisas inadequadas ou estúpidas, ou de ser incapaz de responder a uma pergunta; ele teme igualmente ficar ruborizado, chorar, ou mostrar sinais de desconforto diante de outras pessoas. Por outro lado, ele exagera as dificuldades potenciais, os perigos físicos ou os riscos que uma atividade comum, mas que não faz parte de seus hábitos, pode acarretar.

Como bem demonstra o caso de Cédric, é a personalidade inteira (Weinbrecht et al., 2016), a maneira de ser, de pensar e de agir, que é afetada por esse medo dos outros. Ele constrói para si uma vida que lhe permite evitar as situações que o angustiam. E funciona. Mas a que preço!

4.2 Uma vida sob controle

É algo que exige sobretudo muitos esforços de antecipação: nada pode ser espontâneo, e qualquer resposta a um pedido implica ter antes estudado atentamente se a situação não escondia perigos ocultos. A engenhosidade das pessoas como Cédric é sem limites quando se trata de se esquivar de um perigo presumido, para recusar um convite para uma festa ou para uma viagem de negócios proposta por um superior. Uma de nossas pacientes, a cada convite que recebia, fazia uma pesquisa aprofundada a fim de saber quem seria convidado. Até pedia um desenho preciso da distribuição dos convidados à mesa, a fim de ter certeza de que não se sentaria ao lado ou em frente de um desconhecido... Se fosse esse o caso, ela renunciava ao convite dando pretextos diversos e variados. Foi assim que só aceitou ir ao casamento de um de seus primos, porque ela conhecia uma grande parte dos convidados. No momento de passar à mesa, ela descobriu que o tio encarregado da organização havia distribuído os convidados de forma que ninguém se encontrasse ao lado de alguém já conhecido. Ele queria evitar as conversas particulares e favorecer os contatos. Felizmente para nossa jovem, que já estava pensando numa boa desculpa para escapar da cerimônia, ninguém respeitou o belo arranjo do tio: a maioria dos convivas preferiu se sentar perto de amigos ou de parentes! As justificativas perpétuas são o preço pago pelas personalidades evitativas para poder escapar das situações angustiantes. Outro paciente havia várias vezes recusado promoções profissionais envolvendo mudar e viajar muito a negócios: todas as vezes ele apresentara como desculpa a recusa de sua mulher, que não tinha nada a ver com isso. Com esse jogo, essas pessoas perdem rapidamente qualquer espontaneidade, e qualquer situação que sai um pouco do comum torna-se rapidamente uma terrível provação. Pior, privam-se por reflexo de atividades ou de contatos sociais dos quais no fundo têm vontade e necessidade. O que constatava tristemente o escritor suíço Amiel em seu *Journal intime*: "Na verdade, sempre evitei o que me atraía e dei as costas para onde eu secretamente teria desejado ir".

4.3 Um mundo cruel e injusto?

Não só as personalidades evitativas viraram mestras na arte de encontrar justificativas para permanecer em seu mundinho rotineiro e protegido como também procuram racionalizar essa atitude. Em vez de lançarem um olhar crítico sobre elas mesmas, preferem elaborar permanentemente explicações que provem o fundamento "objetivo" de sua atitude: invocam o cansaço ("estou cansado demais para sair"), a ausência de interesse ("esse tipo de festa é ridículo") ou muito simplesmente os outros ("as pessoas não se esforçam para acolher os novatos")... Stendhal mencionava em seu diário "essa péssima disposição para extrair razões para ser tímido de qualquer coisa", e Amiel destacava seu "desenvolvimento excessivo da reflexão, que reduziu a quase nada a espontaneidade, o entusiasmo, o instinto e, com isso, a audácia e a confiança. Quando é preciso agir, só vejo ao redor causas de erro e de arrependimento, ameaças ocultas e tristezas disfarçadas", escrevia ele.

Em suma, preferem se dizer "não tenho vontade", "não posso" ou "não vale a pena" em vez de "isso me assusta". É nitidamente mais confortável! Todo o risco está aí, justamente: o verdadeiro problema acaba sendo "esquecido" e sendo atribuído a outras razões, mais gerais. De onde às vezes uma visão do mundo cheia de rancor, amargura e misantropia. Por medo de ir em direção aos outros, de sacudir sua pequena ordem tranquilizadora, acabam por se dizer que os outros são decepcionantes. Talvez não seja particularmente agradável, mas isso evita todo questionamento, toda tomada de consciência. Por que mudar, uma vez que isso não vale a pena? Acabam achando o mundo aborrecido e os outros desinteressantes para melhor se ensimesmar. Mas, infelizmente, esse estratagema nem por isso traz bem-estar, pois esse isolamento não é verdadeiramente escolhido, como observava Amiel: "Não sou capaz nem de solidão, nem de sociedade".

Tudo desmorona evidentemente quando o sistema protetor que pouco a pouco se estabeleceu apresenta uma fissura ou quando não funciona mais. Em caso de divórcio ou quando os filhos deixam a casa, o ensimesmamento operado no casal, na família não é mais possível. Da mesma forma quando uma circunstância externa ocorre: nem sempre têm a possibilidade de recusar uma transformação profissional, por exemplo.

Particularmente discretas, até secretas, as personalidades evitativas são provavelmente muito mais comuns do que se pensa (Jansen et al., 1994). Sua frequência não é muito bem conhecida, avalia-se em cerca de 2% da população (Lampe & Malhi, 2018). Em muitos casos, a personalidade evitativa está associada a uma fobia social (Faravelli et al., 2000). Hoje até se admite correntemente que esse tipo de personalidade é, na verdade, na grande maioria dos casos, uma manifestação de fobia social generalizada, isto é, uma forma na qual quase todas as situações sociais são temidas (as relações individuais, as *performances* em público, as interações no interior de um grupo etc.). Esse tipo de fobia social, sobre a qual se sabe que ocorre mais cedo na vida e é marcada por uma maior severidade, pode conduzir a evitações sociais cada vez mais numerosas (Chambless, Fydrich, & Rodebaugh, 2008). Depois de certo número de anos de evolução, não é mais a ansiedade, mas as evitações que estão no topo do quadro. Essa evolução ilustra infelizmente bem demais como o medo dos outros pode se transformar em desconfiança dolorosa e rejeição inquieta de seus semelhantes.

Você tem fobia social ou sofre também de uma personalidade evitativa?
Faça seu autodiagnóstico

Personalidade evitativa	Fobia social
Evitações racionalizadas: "Evito porque não tenho vontade, não vale a pena, estou demasiado cansado etc."	Evitações por culpa: "Evito e não deveria, mas não me sinto capaz, não sou forte o suficiente, tenho vergonha etc."
Atribuição de responsabilidade externa: "A culpa é das outras pessoas, elas não são suficientemente acolhedoras, abertas, indulgentes etc."	Atribuição de responsabilidade interna: "A culpa é minha, não me esforço o suficiente, sou muito emotivo, escuto demais a mim mesmo etc."
Não procura muita ajuda para sua ansiedade social	Se informado, procura ajuda para sua ansiedade social
Consciência turva de sua ansiedade social	Consciência clara do sofrimento devido à sua ansiedade social
Ansiedade social egossintônica: "Eu sou assim mesmo"	Ansiedade social egodistônica: "Eu gostaria de não ser assim"
Poucos amigos e saídas não impostas	Alguns amigos e a capacidade de saídas não impostas

5
Nas fronteiras da ansiedade social

> *A timidez é uma sentinela avançada do pudor, o pudor é o guardião não apenas da honra, mas também do encanto.*
> Alphonse Karr

A ansiedade social pode tomar diferentes faces, como acabamos de ver com a timidez, a fobia social e a personalidade evitativa, mas, por outro lado, suas fronteiras com outros fenômenos psicológicos são às vezes incertas. Não há nada de surpreendente nisso, a classificação dos traços de personalidade ou dos comportamentos em casas bem definidas tem a vantagem da simplicidade, mas muitas vezes reflete mal a complexidade que faz a riqueza da mente humana. "Tudo o que é simples é falso, mas é inutilizável tudo o que não é", teria dito Paul Valéry. Parece-nos, no entanto, interessante dizer uma palavra sobre esses transtornos ou sobre esses temperamentos, sobre os quais você provavelmente ouviu falar e sobre os quais podemos nos interrogar sobre sua proximidade ou suas diferenças com a ansiedade social: a introversão, a dismorfofobia, a fobia escolar e até os transtornos do espectro do autismo.

5.1 A introversão: discrição natural ou timidez?

Na escola, todos os anos, meu boletim continha boas notas na maioria das matérias, mas invariavelmente eu tinha direito a comentários como: 'Não participa o suficiente', 'Muito discreto', 'Deveria sair de sua concha' etc. Com efeito, eu era certamente o menos falante, tanto na aula quanto com meus camaradas no pátio de recreação. E sem dúvida isso acontece ainda hoje, com 24 anos. Mas eu não chamaria isso de timidez nem de medo, e sim de reserva. Quando desejo me expressar, eu o faço diretamente e me faço ouvir. Não temo falar, mas prefiro continuar discreto, não falar para nada dizer, e passar algum tempo um pouco sozinho para refletir ou me distrair como bem entendo.

Esse testemunho de Hugo, que se consultava por causa de uma depressão, permite abordar a questão da introversão e de seus vínculos eventuais com a ansiedade social.

A introversão e seu oposto, a extroversão, estão entre os traços de personalidade mais estudados na psicologia há mais de um século, sob todos os seus aspectos: comportamentos, emocionalidade, modos de pensamento, funcionamento cerebral associado etc. Foi Carl Gustav Jung que estabeleceu as bases, em 1921, na obra *Tipos psicológicos*, desse componente essencial da personalidade, que em seguida foi retomado em todos os modelos e questionários de temperamento, como o de Eysenk, depois o "modelo de cinco fatores" (Widiger & Crego, 2019). Uma pessoa tipicamente introvertida é considerada como calma, reservada, mais atraída pela vida interior e pelas ideias do que pela vida social e as atividades, algo mais característico das pessoas extrovertidas. Ainda que o contexto e os momentos da vida possam fazer flutuar essa tendência e sua expressão, é possível avaliar o nível médio de introversão/extroversão de uma pessoa, por exemplo, num eixo de -10 a +10.

O caráter introvertido foi objeto de uma forte midiatização nos Estados Unidos nos anos 2010 depois da publicação do livro *Quiet*, de Susan Cain (2019), *best-seller* traduzido em francês com o título *La Force des discrets. Le pouvoir des introvertis dans um monde trop bavard*. Baseando-se em sua experiência pessoal, essa palestrante explica que nossa sociedade dá espaço demais e dominação às personalidades "barulhentas", aos líderes carismáticos, mas quase sempre desprovidos de competências, à comunicação aberta e ao trabalho em grupo exageradamente superficiais. Ela considera que os introvertidos contribuem muito com a sociedade e principalmente com as empresas, por causa da calma, da concentração e das reflexões aprofundadas, e que a dominação do mundo pelos extrovertidos é, na verdade, um problema. Ela estima que 30% a 50% da população podem ser classificados como introvertidos (na realidade, tudo depende do modo de medição e sobretudo do limite fixado) e cita exemplos de sucesso em todos os campos: Frederic Chopin, Charles Darwin, Mahatma Gandhi, Bill Gates etc. Na França, podemos citar Marcel Proust, Stendhal, Georges Brassens, François Mitterrand, Jean-Paul Sartre, Charlotte Gainsbourg etc. Para ilustrar essa teoria, um estudo publicado na *Harvard Business Review* tende a mostrar que as personalidades introvertidas são as mais dispostas a reunir as melhores capacidades para ser um "bom patrão" de empresa (Périnel, 2017).

Na realidade, devemos desconfiar, como sempre acontece na psicologia, das simplificações excessivas. É muito provável que ter um temperamento introvertido proporcione muitas vantagens que os extrovertidos não têm e vice-versa. O que depende sobretudo do contexto e das necessidades da pessoa e de seu entorno num determinado momento. A introversão não tem, por si só, ligação com a inteligência, a empatia ou mesmo a capacidade de concentração. Na verdade, tudo depende das demais características da pessoa e, sobretudo, do seu comportamento real.

A maioria das definições da introversão não incluem a timidez ou a ansiedade social em seus componentes principais; esses traços são em geral avaliados separadamente ou reagrupados numa dimensão mais global de emocionalidade negativa ou de tendência à ansiedade (Matthews, Deary, & Whiteman, 2003).

Alguns autores falam de "sensibilidade emocional" em relação aos introvertidos, mas trata-se de um conceito um tanto vago, que pode ser explicado por uma atenção mais voltada para o mundo interior e para um distanciamento dos outros.

Na verdade, a aproximação entre introversão e timidez pode ser explicada por pelo menos duas razões. A primeira é uma espécie de viés de medição, isto é, um erro parcial na maneira de avaliar a introversão e a timidez. Uma atitude reservada com os outros, uma preferência pela solidão ou por interações com poucas pessoas e o fato de não se expressar muito verbalmente são comportamentos comuns a esses dois perfis de personalidade. Na maioria dos questionários que servem para mensurá-los, nem sempre é simples distingui-los porque seria necessário a cada vez esclarecer se a atitude descrita corresponde a uma real preferência pela solidão (introversão) ou a um comportamento ditado pelo desconforto ou pela timidez. O resultado é que uma pessoa introvertida pode ter, de maneira um pouco artificial, uma "pontuação" de timidez igualmente elevada. A segunda razão se deve ao fato de que a introversão pode, em alguns casos, conduzir a certo mal-estar nas situações sociais que beira a timidez, e até a ansiedade social. Isso pode ser explicado pela falta de experiência de certas relações ou situações, criando uma apreensão e um desajeito ao menos durante as "primeiras vezes". Também é possível imaginar que a atitude dos outros favoreça às vezes certa ansiedade nos introvertidos, principalmente na infância ou na adolescência, pois sua discrição e o fato de não partilharem os mesmos entusiasmos que a maioria do grupo podem às vezes ser alvo de deboche. Eles podem então sentir expectativas e um olhar mais exigente e até excludente. Concluindo, ainda que a introversão e a timidez sejam duas dimensões distintas e *a priori* independentes uma da outra, elas são encontradas associadas, ou "correlatas", num número não negligenciável de pessoas.

5.2 Dismorfofobia, visão deformada de si mesmo

A palavra "dismorfofobia" é um pouco complicada e oculta uma problemática que não é incomum: trata-se de uma preocupação exagerada com um suposto defeito físico, que a pessoa considera como insuportável (Tignol, 2006). Esse transtorno pode estar na origem de um sofrimento significativo, com sintomas de ansiedade, pensamentos obsessivos envolvendo o defeito físico, repercussões na vida cotidiana (transtornos da concentração, tentativas de dissimulação, evitação do olhar dos outros etc.). Existem diferentes formas de dismorfofobia e graus variados de severidade. O suposto defeito estético pode ser em parte real, mas nesse caso a preocupação vai muito além do desconforto que a maioria de nós considera como "normal", com consequências desmedidas sobre o bem-estar, a autoestima e o comportamento na vida cotidiana. Em outros casos, ou em certos momentos, a ansiedade não se apoia em nada de objetivável, uma vez que a pessoa tem uma visão deformada de si mesma a ponto de perceber uma parte de sua anatomia como muito desgraciosa ou anormal, ao passo que não é nada disso para as outras pessoas. Os motivos de preocupação mais frequentes são a aparência do rosto (aspecto da pele, forma do nariz ou das orelhas, penteado etc.) e a silhueta em geral ou certas partes do corpo, consideradas como gordas demais ou, às vezes, magras demais. Entre as inúmeras consequências dessa patologia, podemos citar os repetidos regimes, o excesso de atividade física para tentar modificar a aparência (o termo "vigorexia" agora é utilizado a esse respeito, mesmo que não se trate de uma denominação médica) e sobretudo o recurso à medicina ou à cirurgia estética.

Em certos casos, a dismorfofobia é uma manifestação entre outras de uma afecção como a depressão, a esquizofrenia ou a anorexia mental. Mas também pode ser um transtorno completo, independentemente de qualquer outro diagnóstico. Hoje, essa patologia está classificada na família dos transtornos obsessivos, dos quais fazem parte os TOC, pois com efeito neles encontramos essa noção de ideia fixa obsessiva e muitas vezes verificações compulsivas (vigiar sua aparência num espelho ou diretamente, e fazer comparações com o físico de outras pessoas) (Phillips et al., 2010).

A dismorfofobia se aproxima necessariamente um pouco da ansiedade social, pois os supostos defeitos físicos são em geral visíveis pelos outros, e isso pode ser uma causa importante de sofrimento. Na verdade, essa dimensão varia muito de uma pessoa para outra (Kelly et al., 2013). Nós encontramos, por exemplo, uma paciente muito angustiada com o aspecto de sua pele, principalmente a do rosto, que ela considerava feia e salpicada de espinhas (mas que objetivamente nada justificava). Ela estava verdadeiramente obcecada com essa ideia e passava muito tempo examinando a pele e se maquiando o tempo todo, mas sua angústia não estava absolutamente ligada ao olhar dos outros: sozinha ou em público, ela sentia o mesmo mal-estar profundo, devido à percepção de uma anomalia insuportável em si mesma. Em contrapartida, para outras pessoas, o olhar dos outros é a fonte principal da ansiedade, com um temor muito forte de ser desconsiderada ou rejeitada por causa de seu físico. As duas patologias, dismorfofobia e fobia social, podem então coexistir e uma reforçar a outra na mesma pessoa. Durante um atendimento, é de todo modo importante identificar bem essas duas dimensões para tratá-las de forma eficaz quando isso é necessário.

5.3 As crianças e os adolescentes também podem ser afetados

Segundo os pais, Léo parecia sempre bem consigo mesmo e apaixonado por muitas coisas. Eles começaram a se questionar quando ele começou, por volta dos 9 anos, a recusar certas atividades externas, pretextando que isso não o interessava, chegando a chorar, e até a ter grandes acessos de raiva quando insistiam, por exemplo, para que ele fosse ao clube uma vez por semana ou durante as férias. As coisas se agravaram quando ele entrou no segundo ciclo do ensino fundamental:

> Ele não quis renovar sua inscrição no judô e não escolheu outro esporte, embora antes sempre gostara. Além do mais, ele começou a se queixar de dor de barriga ou de outros sintomas que o impediam de ir às aulas em determinados dias, sem reais doenças identificadas. Por causa das repetições e comparando as informações, nós percebemos que essas queixas correspondiam aos dias em que Léo devia fazer uma apresentação ou tinha provas orais de certas disciplinas, em inglês ou francês principalmente.

Em algumas consultas que permitiram estabelecer uma relação de confiança, o psicólogo de Léo confirmou o diagnóstico de fobia social: ele temia intensamente ter de falar ou agir diante dos outros, principalmente das crianças de sua idade, por medo de não estar à altura e de fazer ou dizer coisas "ridículas". Ele imaginava o pior, começando a se angustiar vários dias antes das datas fatídicas, e preferia fazer de tudo para não ter de enfrentar essas situações. O que mais surpreendeu os pais de Léo, quando souberam desses medos já antigos, era que tudo ocorria bem em família: seu filho parecia sempre relaxado, muito à vontade diante dos pais, dos irmãos e até dos primos durante as reuniões de família.

Quando perguntamos aos adultos que sofrem de fobia social em que idade o problema apareceu, muitos respondem que sempre foram assim, de todo modo desde a tenra infância, ou então a partir da adolescência. Eles se lembram, como no caso de Léo, de momentos de grande ansiedade na escola ou durante atividades em grupo no esporte ou em outros lazeres. E, efetivamente, os estudos "epidemiológicos" confirmam que a maioria das fobias sociais começam antes dos 20 anos, com dois momentos particularmente propícios: ou em torno dos 8 anos, ou em tono dos 13-16 anos (Kessler et al., 2005). O que leva naturalmente a pensar que a ansiedade social patológica afeta muitas crianças e adolescentes. Dispomos de poucos dados precisos nesse campo, uma vez que os estudos são muito raros, mas foi demonstrado que 11% dos jovens entre 14 e 24 anos podiam apresentar as manifestações de uma fobia social (Beesdo et al., 2007).

No entanto, ainda mais do que na idade adulta, esse transtorno é ignorado e negligenciado. São várias as razões: principalmente a insuficiência de informação dos pais e de formação dos profissionais, e a tendência a banalizar e a minimizar certos transtornos emocionais e comportamentais sob o pretexto, por exemplo, de uma "timidez" banal. E, aliás, é verdade que, em muitas crianças e adolescentes, os sinais de inibição ou de ansiedade fazem parte das etapas normais do desenvolvimento e nada têm de patológico, desaparecendo então sozinhos em alguns meses. Mas, para outros, o transtorno é bem real e pode se instalar ao longo do tempo com todas as consequências que imaginamos em idades em que é preciso construir sua vida social, escolar e depois universitária, e afetiva. E sabemos que as formas de fobia social que começam cedo na vida, principalmente antes dos 10 anos, são muitas vezes as mais severas, extensas e incapacitantes (Nagata, Suzuki & Teo, 2015).

Mas o principal obstáculo ao diagnóstico e depois ao tratamento da fobia social nas crianças e nos adolescentes é... a própria fobia social. Lina, 17 anos, nos confiava ter levado anos para conseguir abordar o assunto primeiramente com os pais:

Desde o ensino fundamental, eu temia ir à lousa ou ter de falar com adultos, mesmo os pais de minhas amigas. Na aula, eu fazia de tudo para não ser notada, a ponto de nunca mudar de penteado ou de estilo de roupas, pois sabia que invariavelmente era um assunto (mesmo muito passageiro) de interesse e de discussão dos alunos da minha sala. No entanto, eu tinha tanta vergonha dessa timidez extrema que era incapaz de dar explicações aos meus pais, e claro que seria bem mais difícil falar sobre isso à nossa médica de família, ainda que ela fosse muito gentil.

> *Foi lendo um artigo sobre a fobia social numa revista para adolescentes que compreendi que não era a única a sentir isso; tomei então coragem (depois de noites de reflexão!) e mostrei o artigo para minha mãe...*

E, como sempre, os pais de Lina não tinham percebido nada, ou pensavam numa simples timidez. Porque, embora isso pareça surpreendente, as crianças sabem muito bem dissimular seus medos, e os sintomas nem sempre são visíveis do exterior.

Assim, a banalização de um lado e a experiência da vergonha de outro resultam muitas vezes no fato de a ansiedade social passar despercebida nos jovens, e o diagnóstico é então, na melhor das hipóteses, feito, retrospectivamente, na idade adulta. No entanto, esse transtorno pode perfeitamente ser tratado, e quanto mais cedo isso acontecer, melhor.

Como se manifesta então a ansiedade social na criança e no adolescente? O coração dessa síndrome é, como no adulto, o medo de um julgamento negativo sobre si mesmo. Mas todas as variantes são possíveis: medo de um julgamento das outras crianças e/ou dos adultos, medo de um julgamento sobre sua aparência física e/ou seu comportamento ou seu discurso. Assim, certas crianças se sentem desconfortáveis unicamente diante de seus coleguinhas ao passo que outras unicamente diante dos adultos que elas não conhecem bem, ou dos quais temem a avaliação (professores, educadores etc.). O temor mais frequente é de ter de se expressar oralmente, mas pode também ser o de realizar qualquer outra forma de desempenho: sequência de dança, trabalho manual ou desenho, ato esportivo etc. E as consequências temidas podem também variar segundo os indivíduos e segundo a idade, ainda que dois roteiros sejam majoritários (e possam coexistir!): o medo das zombarias e da agressividade dos outros, e o medo de não ser apreciado ou amado, e portanto de se ver isolado do grupo ou das pessoas que são mais importantes. Esses temores e antecipações são puramente mentais, mais ou menos conscientes aliás, e muito raramente expressos espontaneamente. Em contrapartida, eles estão na origem de sintomas que podem ser mais visíveis: a inibição nas interações sociais, sinais de estresse ou de angústia (rubores, tremores, choros, gaguejos, queixas físicas diversas etc.), e sobretudo evitações mais ou menos completas como indicado anteriormente. Ter poucos amigos, na escola e fora dela, é naturalmente um sinal de alerta, mas é com frequência banalizado porque as fobias sociais ocorrem na maioria das vezes nas crianças ou nos adolescentes conhecidos como tímidos, principalmente nas meninas (Tsui, Lahat, & Schmidt, 2017). Outro sinal comportamental que pode ser sugestivo de ansiedade social é o fato de a criança ou o adolescente ter tendência a se submeter de maneira excessiva às vontades dos colegas para conquistar a amizade deles, evitar qualquer conflito, ser apoiado etc.

Pesquisadores americanos compararam os grandes medos de crianças (de 7 a 12 anos) e de adolescentes (de 13 a 17 anos) sofrendo de fobia social confirmada (Rao et al., 2007). Os mais frequentes, não importando as idades, são sobre iniciar ou participar de uma conversa, fazer uma apresentação ou uma leitura em público, ou ainda falar com adultos ou com pessoas não familiares (esses medos envolvem pelo menos 80% das crianças e adolescentes). Mas outras situações envolvem mais especialmente os adolescentes, duas ou três vezes mais do que as crianças: sair ou ir a uma festa, participar de uma aula de esporte, andar num corredor sendo observado, comer em público, ou ainda falar ao telefone. Mas a principal, claro, envolve as situações de sedução amorosa, temidas por 47% dos adolescentes ansiosos contra somente 8% das crianças.

A ansiedade social que começa cedo na vida pode se eternizar no longo prazo; ela cria então um mal-estar duradouro e influencia negativamente certas escolhas pessoais e realizações importantes para a vida profissional e familiar. Os estudos de acompanhamento confirmam que o risco de um adolescente que sofre de fobia social continuar a sofrer dez anos mais tarde é de 50% (Beesdo-Baum et al., 2012). As outras consequências da ansiedade social nos jovens são sobretudo a depressão e, num grau menor, as adicções. Uma criança ou um adolescente que parece cada vez mais retraído, que não brinca mais com os outros, mas que também não brinca sozinho, que dorme mal ou demais, perde o apetite e se desinteressa de seus lazeres ou paixões habituais talvez atravesse um episódio depressivo, que pode se expressar igualmente por um humor triste, ou por uma irritabilidade ou outras mudanças de caráter. A fobia social aumenta, no adolescente, pelo menos em 50% o risco de sofrer de um estado depressivo (Beesdo et al., 2007). Então é importante propor a ele uma ajuda psicológica e/ou médica, ao mesmo tempo para a fobia social e para a depressão. Há até casos de consumo excessivo de tabaco, de álcool ou de outras drogas como a *cannabis*.

5.4 Do medo dos outros ao medo da escola?

O transtorno "fobia escolar", que os profissionais preferem chamar de "recusa escolar", é mais bem conhecido e sobretudo evocado com mais frequência do que anos atrás. É preciso dizer que ela afeta inúmeros jovens, e provavelmente ainda mais depois da crise sanitária de 2020-2021, a ponto de se tratar para alguns de um verdadeiro fenômeno social. As crianças e os adolescentes envolvidos se recusam a ir para a escola, sem razão racional, e manifestam uma forte ansiedade quando são forçados a ir. Isso pode ocorrer de forma bastante brutal, por exemplo, durante a volta à escola ou depois de um evento doloroso (maus resultados escolares, punição, assédio etc.), ou então de maneira mais insidiosa, progressiva e inicialmente dissimulada, sobretudo nos adolescentes. Os sinais que acompanham essa oposição, na hora de ir para a escola ou em antecipação, são os mesmos conhecidos na ansiedade habitual: dores ou outras queixas físicas, sobretudo distúrbios digestivos, agitação, raivas, choros, dificuldades de concentração, pesadelos e outros transtornos do sono etc. O absenteísmo se instala em geral de forma gradual, e podemos considerar que o transtorno se torna significativo a partir de cerca de 20 dias de ausência ligada à ansiedade ou às suas manifestações.

Não existe um dado preciso sobre o número de jovens afetados pela recusa escolar, na França em particular. Os dados internacionais estimam que 1% a 5% das crianças e dos adolescentes podem estar afetadas (Sewell, 2008); é uma faixa bastante ampla, mas que mostra que essa frequência não é desprezível. Na maioria das vezes, a patologia inicia entre 7 e 11 anos, mas isso não exclui idades mais tardias de início.

Laurence explica que sua filha Adèle, 10 anos, havia começado a se queixar de dor de barriga no quinto ano do ensino fundamental, com diarreias persistentes e perda de apetite. Esses sintomas ocorriam de maneira aleatória, e a impediam de ir à escola ao menos uma vez por semana.

Consultamos vários médicos e especialistas, e Adèle fez vários exames que não mostraram nada. Os tratamentos acalmavam os sintomas temporariamente, mas estes regressavam muito bruscamente, com espasmos muito dolorosos e, por vezes, vômitos. As ausências tornaram-se mais longas e frequentes, pois nossa filha recusava-se a ir à escola por medo de ter diarreia ou outros problemas digestivos. Depois de seis meses, foi minha irmã – que é médica de família – que conseguiu conversar com Adèle e fazê-la dizer que, na verdade, estava com muito medo de ir à escola desde o início do novo ano letivo, principalmente porque seus amigos estavam zombando dela por estar acima do peso.

Essa criança sofria com efeito de recusa escolar que se manifestava principalmente por sintomas físicos digestivos, repercussão clássica do estresse tanto em crianças quanto em adultos.

A ansiedade social é uma das possíveis causas da recusa escolar, mas não é a única. Ela afeta sobretudo os adolescentes, que podem ter um medo muito específico do olhar dos outros (colegas e/ou professores) sobretudo na escola. Esta é de fato o principal local de sociabilização dos jovens e é palco de desafios essenciais de aceitação pelos colegas e de sucesso. Sem necessariamente falar de assédio, na escola ou nas redes sociais, na base desses temores existem muitas vezes formas de maus-tratos, intencionais ou não, que só podem agravar o medo dos outros nas crianças ou nos adolescentes que já são propensos à timidez ou à ansiedade. Há a presença muitas vezes de alguns círculos viciosos: as crianças mais frágeis, que se defendem menos, são com frequência escolhidas como bodes expiatórios das outras crianças, e quando começam a faltar à escola, por um fenômeno de evitação, o medo se reforça e para elas torna-se cada vez mais difícil voltar.

Esse fenômeno é provavelmente uma das causas do aumento das recusas escolares desde a pandemia da covid-19: os períodos de confinamento e de suspensão das aulas "presenciais" foram relativamente bem recebidos pelos alunos e estudantes ansiosos, mas a retomada das aulas foi muito dolorosa, e alguns levaram muito tempo para voltar ao ritmo anterior. Agravados por outros elementos angustiantes do contexto e da atualidade, esses transtornos acabaram conduzindo a verdadeiros abandonos escolares ou universitários prolongados, e mesmo definitivos.

Outras causas de recusa escolar, que podem se somar, são:
- a ansiedade de separação, que afeta sobretudo as crianças e que se manifesta por angústias ligadas ao afastamento das pessoas de confiança, especialmente os pais;
- a agorafobia e os ataques de pânico, que ocorrem a partir da adolescência, com um medo de se afastar de zonas de segurança (a casa essencialmente) e que se traduzem em fortes crises de angústia que se tornam um motivo de medo por si só;
- a ansiedade generalizada e a ansiedade de desempenho, que podem afetar todas as idades e que são dominadas pelo

temor de eventos graves que podem acontecer a si mesmo ou às pessoas queridas e pelo medo de não ter um bom resultado escolar; esses sintomas são particularmente observáveis em crianças ou em jovens que vivem em famílias também ansiosas e que sofrem ou colocam muita "pressão" sobre si mesmos quanto aos resultados escolares. Como para as fobias escolares, vimos também essas situações muito agravadas pela crise sanitária e suas consequências.

E em todos esses casos, a noção de assédio ou de maus-tratos pode ser um fator que desencadeia ou agrava o medo da escola, mas ela é geralmente escondida pelas crianças por temor, vergonha ou culpa. Mais uma razão para estarmos particularmente atentos a qualquer situação de recusa escolar, para incentivar a confiança e o diálogo a fim de encontrar as causas, e não hesitar em consultar um profissional (médico, pediatra, psicólogo etc.) diante da menor dúvida.

5.5 A ansiedade social não é um transtorno do espectro autista

Outro transtorno que afeta as crianças e depois os adultos e do qual se fala cada vez mais é o autismo, ou mais exatamente os transtornos do espectro autista, pois existem vários diferentes tipos. Considerados antes como afecções extremamente raras, esses transtornos são hoje conhecidos como nitidamente mais frequentes, ao mesmo tempo porque alargou-se e definiu-se melhor seu contexto e porque se tenta diagnosticá-los cedo e da maneira mais exaustiva possível. Certos elementos levam também a considerar um aumento real do número de casos na população, mas ainda faltam dados de comparação para afirmá-lo e ainda é muito difícil fixar a frequência exata atual desses transtornos, que varia fortemente de um estudo para outro (em torno de 1%, com uma frequência mais alta nos meninos do que nas meninas).

Os transtornos do espectro autista têm em comum dificuldades graves de comunicação e interação com os outros, associadas a um modo restrito e repetitivo de comportamentos, interesses e atividades. Os transtornos da comunicação e os déficits de comunicação são subtendidos por problemas de compreensão das intenções e das emoções do outro (dificuldade de se "colocar no lugar" do outro, de captar as mensagens não verbais e implícitas etc.), e hoje se sabe que se explicam, pelo menos em parte, por anomalias que afetam determinadas regiões cerebrais implicadas nas interações sociais. Além desses transtornos, o autismo pode ser acompanhado de outras anomalias do neurodesenvolvimento, com maior ou menor déficit cognitivo, de certos transtornos da aprendizagem ou de outros transtornos neurológicos (epilepsia, por exemplo). A gravidade do transtorno e sua repercussão são, portanto, variáveis de uma pessoa para outra, de relativamente leves a muito severas.

Ao contrário da ansiedade social, os transtornos do espectro autista não se baseiam, pois, no medo ou na ansiedade, ainda que certos comportamentos possam se assemelhar: o fato de ter dificuldade de se comunicar, de ter tendência a se distanciar dos outros e até de evitar olhar o interlocutor nos olhos. Simplificando, poderíamos dizer que um indivíduo com transtorno do espectro autista não percebe bem os outros, ao passo que o indivíduo com transtorno de ansiedade social é hipersensível aos sinais de aprovação e sobretudo de desaprovação potencial. O rosto e o olhar do outro representam um enigma para uns, ou se tornam pesados e temidos para outros. Para diferenciar os dois tipos de transtorno podemos observar o comportamento da pessoa em questão, criança ou adulto, levando em conta eventuais transtornos associados, mas é preciso sobretudo (como sempre!) ouvi-la e, se possível, questioná-la sobre sua experiência íntima nas relações sociais.

Como nada nunca é simples, pode ser, é claro, que as duas patologias se somem e, em todo caso, muitas pessoas que vivem com um transtorno do espectro autista desenvolvem certa ansiedade das relações sociais, pois têm dificuldades diante dos outros e dominam mal os "códigos" das interações. Em razão de eventuais experiências dolorosas, do contexto por vezes difícil, e de um temperamento ansioso por outro lado, elas podem então desenvolver uma verdadeira ansiedade social que poderá justificar uma ajuda específica, além daquelas adaptadas ao próprio transtorno do espectro autista (Bejerot, Eriksson & Mortberg, 2014).

A esquizofrenia é outra patologia que é preciso também distinguir da ansiedade social, ainda que ela possa, em certos casos, produzir comportamentos ou experiências que se lhe assemelham parcialmente. Trata-se de uma patologia complexa, que afeta cerca de 1% da população e que se manifesta em grande medida, entre 15 e 25 anos, por transtornos do pensamento e das percepções (ideias delirantes de perseguição, alucinações, problemas de coerência do discurso e da identidade, perturbações das emoções e principalmente angústias significativas etc.) e por transtornos do comportamento (ensimesmamento, desconfiança e/ou desinteresse pelos outros, atividades desorganizadas e estranhas etc.). Os poucos pontos em comum podem ser então um "medo dos outros", subentendido pela ideia de que certas pessoas são realmente maldosas e perigosas, que é algo em que os indivíduos com transtorno de ansiedade social não pensam, pois tendem mais a se acusar (erroneamente) de fraqueza e de incompetência, e além disso um ensimesmamento ligado sobretudo a uma ausência de entusiasmo e de desejos e não à ansiedade. As duas patologias são, portanto, bem diferentes e – é sempre bom dizê-lo, pois vemos regularmente pacientes que se colocam a questão quando estão muito angustiados – não "passamos" da ansiedade social à esquizofrenia, mesmo quando os sintomas são muito severos. Em contrapartida, como no caso do autismo, certas pessoas que sofrem de esquizofrenia podem ter, no entanto, uma forte ansiedade social e devem então ser ajudadas para enfrentá-la (Roy, Demers, & Achim, 2018).

Por fim, entre os comportamentos de retraimento social às vezes estranhos, que afetam principalmente adolescentes e jovens adultos, há a famosa Síndrome de Hikikomori. É um comportamento identificado no Japão, sobretudo desde os anos de 1990, em jovens (especialmente do sexo masculino) que deixam de frequentar a escola suas atividades cotidianas, passando a maior parte ou a totalidade do tempo dentro de casa e especialmente no quarto. Tipicamente, trata-se de um enclausuramento de pelo menos seis meses, e às vezes de vários anos, durante o qual a pessoa é alimentada pela família e se limita a atividades sedentárias no mesmo cômodo, principalmente jogar *videogames*, ver filmes e séries, ou fazendo uso da internet e do computador. Esse tipo de comportamento extremo foi descrito sobretudo no Japão, em que se referia a cerca de 1% dos jovens, supostamente favorecido pela rigidez da cultura local que se tornaria insuportável para alguns. Mas numerosos casos foram em seguida descritos em todos os países, principalmente ocidentais, e claro que também na França, sem grande diferença com as observações feitas no Japão (Hamasaki et al., 2022; Rooksby, Furuhashi, & McLeod, 2020). Os serviços de psiquiatria ou de pedopsiquiatria são de tempos em tempos procurados por famílias às voltas com esse tipo de situação, sobretudo problemática, quando esse jovem não reconhece mais seu caráter anormal e não deseja, portanto, ser ajudado. Parece, talvez por um efeito de "contágio" e em razão de um contexto social favorável (crise econômica, angústias sobre o futuro ligadas, por exemplo, às mudanças climáticas etc.), que essas situações são cada vez mais frequentes. Elas também foram descritas, particularmente durante a crise sanitária da covid-19, sob o nome de "Síndrome da Cabana", que foi muito veiculada pelas mídias, mas que não corresponde a uma terminologia médica referenciada.

A Síndrome de Hikikomori, como aliás a Síndrome de Diógenes nos indivíduos mais idosos (que acumulam objetos em casa a ponto de praticamente não terem mais espaços de vida suficiente), na realidade também não é um diagnóstico completo, pois pode resultar de vários tipos de patologias: depressão, luto prolongado, esquizofrenia, adicções, eventualmente agorafobia muito severa etc. Uma ansiedade social muito grave pode participar, em parte, do desenvolvimento dessa conduta, mas é algo excepcional. Foi assim que acabamos encontrando o jovem Alexandre, 16 anos, levado ao pronto-socorro por seus pais depois de uma crise em sua casa. O adolescente sofria visivelmente de uma ansiedade social severa desde mais ou menos os 12 anos, que evoluiu então para uma recusa de ir à escola e para um enclausuramento total após um ano. Os pais, depois de terem tentado diferentes soluções de ajuda (consultas de psicólogo por telefone, opinião do médico responsável, proposição de ensino por correspondência etc.), tinham desistido a partir do confinamento, e Alexandre não saía mais de seu quarto ou do banheiro. Uma crise de raiva e de violência ocorrera quando, exausto, seu pai decidira retirar o computador e a conexão de internet de seu quarto. No decorrer das avaliações psiquiátricas efetuadas no pronto-socorro e depois na consulta, ficou claro que Alexandre sofria realmente de uma fobia social generalizada: qualquer situação de troca verbal era um verdadeiro calvário para ele, com o medo de não ser interessante e de ser considerado como alguém "estranho". Ele apresentava também os sinais de um estado de estresse pós-traumático ligado a uma agressão na rua, por volta dos 14 anos, sobre a qual não falara aos pais, e enfim de uma síndrome depressiva severa (com ideias suicidas) evoluindo há pelo menos um ano. A Síndrome de Hikikomori era nesse rapaz a resultante, entre outros fatores provavelmente, desses três tipos de patologia.

Parte III

Mas, afinal, por que temos medo dos outros?

1
A mecânica do psiquismo

Se pudéssemos nos ver
com os olhos dos outros,
desapareceríamos imediatamente.
E.M. Cioran

Todos os indivíduos com transtorno de ansiedade social nos dizem: eles não compreendem o que lhes acontece, por que eles entram nesse estado diante dos outros. Seu funcionamento mental parece perder toda lógica. O que acontece então em sua cabeça?

1.1 O cérebro é um computador

A primeira função de nosso cérebro é receber informações. Toda vez que nos encontramos numa situação, por mais banal que seja, somos na verdade assaltados por inúmeras informações recolhidas por nossos olhos, nossos ouvidos, nossa pele e todos os órgãos sensoriais.

Entramos, por exemplo, numa noite de inverno, em um restaurante para jantar com amigos. Quase instantaneamente, centenas de sensações chegam até nós. Vemos a sala cheia de gente, os pratos servidos sobre as mesas, a decoração das paredes e as flores, os garçons atarefados, o ar de preocupação do *maître* e o casal de namorados num canto que se olham nos olhos. Ouvimos o burburinho das conversas, a música ambiente, talvez Vivaldi, o barulho dos talheres. Sentimos o calor um pouco úmido do lugar. Percebemos um odor agradável de *rôtisserie*, também o perfume da senhora elegante que está sentada bem perto da entrada.

Inundados por tantas informações, não damos a cada uma a mesma atenção. Nosso cérebro não se contenta em captar os sinais que recebe: ele faz uma triagem. Não temos consciência de certo número de informações que nossos sentidos, no entanto, registraram. Quando um de nossos amigos nos fala da magnífica árvore que se destaca perto do bar, precisamos então admitir que não reparamos, ainda que ela estivesse várias vezes dentro de nosso campo de visão. É verdade que esse amigo se entristece ao ver pouco a pouco morrer as duas plantas que ele tem em casa. Quanto a nós, notamos sobretudo o ar pouco amigável dos funcionários que nos receberam. A seleção das informações que nosso cérebro opera se efetua de maneira extremamente complexa. Ela depende de nossa personalidade, de nossos valores, de nossas experiências passadas. Mas também de nossas preocupações imediatas, de nosso estado emocional naquele instante, de nossas motivações. Assim, se estamos inquietos com não conseguir uma mesa nesse restaurante tão recomendado, é claro que o ar aborrecido do *maître* com nossa chegada e o fato de a maioria das mesas estar ocupada são as informações que nosso cérebro coloca em primeira posição e das quais temos mais consciência do que da árvore ou da música de Vivaldi. Às vezes, no entanto, uma informação sem relação com nosso estado de espírito presente pode se impor com força. É aí que entram em cena as lembranças escondidas na memória de nosso cérebro, despertadas por uma estimulação presente, como talvez o perfume da senhora, que nos relembra um encontro passado.

1.2 Uma cabeça repleta de cognições

Mas o trabalho de nosso cérebro não para por aí. Ele dá às informações que arbitrariamente selecionou um sentido ou então desencadeia em nós uma significação. Ao ver o arbusto numa provocante boa saúde, nosso amigo com certeza se pergunta por que o seu não está tão belo assim. Diz a si mesmo que a florista o enganou, por causa do preço que ela cobrou por essa planta, ou ainda que deverá perguntar ao dono do restaurante como ele cuida dessa árvore... E nós, tão desejosos de jantar nesse restaurante, diante do ar sombrio do *maître*, começamos a lamentar não ter reservado etc. Os psicólogos deram o nome de cognições a esses pensamentos automáticos que surgem espontaneamente em nossa mente, uma vez que esta é estimulada por uma informação percebida. Trata-se de um verdadeiro discurso interior que temos com nós mesmos, insignificante ("nossa, como é engraçado o bigode do garçom") ou sério ("meus amigos vão se decepcionar"), otimista ("vamos achar outro restaurante no bairro") ou negativo ("o programa dançou"). Como estamos sempre num entorno rico de informações, essas cognições atravessam sem parar nossa mente. Não temos controle algum sobre esses pensamentos que se impõem à nossa consciência com maior ou menor força. Alguns deles nos são praticamente gritados, como quando alguém passa na nossa frente numa fila de espera e nós dizemos que ele exagera, que é um escândalo... Outros são muito fracos, nos são praticamente murmurados; precisamos de alguma forma estender o ouvido para tomar consciência deles.

A psicologia cognitiva demonstrou que esses pensamentos automáticos eram extremamente variáveis de um indivíduo a outro e sobretudo que alguns deles estavam muito ligados à ansiedade. Numa mesma situação, pessoas diferentes (mas também a mesma pessoa em momentos diferentes) podem ter cognições diferentes. Imaginemos então um conferencista que, ao fim da exposição, tem de responder a uma questão difícil. Pensamentos muito variados podem surgir em sua mente: "Puxa, ele se interessa pelo que acabo de dizer", ou: "Que idiota de me fazer uma pergunta dessas", ou ainda: "Não vou ser capaz de responder".

Esse pensamento que invadiu nosso conferencista, é claro que ele não o escolheu... Ele o sofre, mas sofre sobretudo as consequências desse pensamento. Pois o estado emocional no qual ele se encontra é muito diferente de acordo com os pensamentos. Se ele se sente calmo e satisfeito com o primeiro pensamento, ele sente raiva e agressividade com o segundo e é a ansiedade e o desconforto que acompanham o último. Claro, esse último tipo de pensamento terá a preferência do nosso conferencista se ele apresentar uma ansiedade social.

Quando perguntamos a um indivíduo com transtorno de ansiedade social quais são seus pensamentos automáticos quando ele se vê confrontado com os outros, percebemos com efeito que eles são bem particulares. "Devo parecer um idiota", era isso que vinha à mente de um de nossos pacientes toda vez que ele começava a se relacionar com uma moça. "Devem achar que sou avarenta", pensava uma paciente quando pedia o dinheiro que lhe deviam. "Não interesso a ninguém", dizia-se outro paciente quando tomava a palavra numa reunião. A curiosidade dos pesquisadores em psicologia aumentou quando perceberam que todos esses pensamentos dolorosos não eram consequência da ansiedade social, como acreditaram por muito tempo, mas que eles podiam ser sua causa principal, da qual decorrem todas as outras manifestações. Em outras palavras, se alguém sente ansiedade é principalmente porque tem pensamentos particulares numa situação social.

A abordagem cognitiva nos dá, portanto, uma explicação muito precisa de nossos estados emocionais (Beck & Emery, 1985). Ficamos com raiva não porque ouvimos tarde da noite a televisão de nosso vizinho, mas porque nós nos dizemos que esse vizinho não tem nenhuma educação. Da mesma forma, sentimos tristeza e decepção com a ausência de notícias de um ser querido porque temos pensamentos do tipo: "Ele não se interessa mais por mim, ele me esqueceu". Se o indivíduo com transtorno de ansiedade social sente incômodo ou desconforto quando alguém, por exemplo, o olha nos olhos, é porque sua mente é logo invadida por pensamentos do tipo: "Ele vai notar que ruborizei". Não era o que alguns filósofos diziam, no século I d.C., quando afirmavam: "Se um evento exterior o entristece, não é ele, é o julgamento que você tem sobre ele que o perturba"? (Marco Aurélio, 1953). A partir dessa base teórica, a abordagem cognitiva propõe um conjunto de modelos de compreensão da ansiedade social que agora vamos percorrer juntos.

1.3 A dupla avaliação

Já demos uma ampla explicação de como a ansiedade social era essencialmente uma ansiedade de avaliação, em que a tendência da pessoa será a de se sentir julgada pelo outro no mínimo gesto de sua vida cotidiana. Mas essa avaliação se mostra na verdade um fenômeno de fundo duplo.

Muito utilizado para compreender as reações de estresse, o modelo da dupla avaliação oferece um esclarecimento interessante sobre a ansiedade social (Lazarus, 1999). Confrontado com uma situação delicada para ele, o indivíduo com transtorno de ansiedade social procede imediatamente, de maneira mais ou menos inconsciente, a uma dupla avaliação da ameaça que se apresenta e dos recursos de que dispõe para enfrentá-la. É um pouco como se seu cérebro escaneasse, naquele instante, esses dois aspectos da situação. Se, por exemplo, ele deve tomar a palavra diante de uma assembleia, num grupo de trabalho, no decorrer de uma reunião, busca primeiro avaliar os riscos inerentes a essa situação: O público é crítico? É composto de especialistas ou de leigos? Está motivado para ouvi-lo ou será preciso conquistá-lo? É mais ou menos hostil? O indivíduo ansioso se questiona em seguida sobre suas próprias capacidades: Ele tem experiência suficiente para esse tipo de situação? Domina o assunto? Já enfrentou esse público, como se saiu? Sente-se bem?

Em relação à média dos indivíduos, o "escâner cerebral" de um indivíduo com transtorno de ansiedade social terá uma tendência natural a responder de maneira desfavorável a essas questões. Não apenas o fato de ruminar essas questões aumenta sua ansiedade, mas ele tende igualmente a sobreavaliar os riscos que corre, exagerando a indiferença ou mesmo a hostilidade de seu auditório, imaginando uma quantidade de questões desestabilizantes às quais não poderá responder de maneira correta, ao mesmo tempo que subavalia suas próprias capacidades. "Vou parecer ridículo, vou gaguejar e misturar as ideias, vão me achar incompetente." Todas essas apreensões não traduzem uma observação imparcial e objetiva da realidade ambiente, mas dúvidas características ao indivíduo ansioso. Todos os indivíduos com transtorno de ansiedade social, quando buscam explicar suas dificuldades, invocam a falta de confiança em si mesmos. Na verdade, esta não é senão a tendência a se subestimar e a sobreavaliar o adversário.

1.4 Os erros da lógica

"Eu estava com colegas do escritório em torno da máquina de café... o tipo de situação de que não gosto muito", contava Yacine, empregado num grande banco. "Eles falavam de tudo e de nada como sempre, e eu me dizia que devia participar, quando uma colega falou de um filme que acabara de estrear no cinema e que justamente eu tinha visto no fim de semana anterior. Fiz um comentário sem grandes dificuldades. Mas quando um dos colegas olhou o relógio, comecei a me sentir desconfortável; a dificuldade de reunir minhas ideias foi aumentando cada vez mais, comecei a fugir do olhar dos outros, não sabendo como sair dessa situação." Um pensamento automático tinha surgido quando Yacine observou seu colega olhar a hora: "Eu aborreço todo mundo". Qualquer tipo de pensamento poderia ter surgido naquele momento: "Ele deve ter trabalho para terminar" ou "Esse Durand é sempre indelicado" ou mesmo nenhum. Mas não. Por que então Yacine tinha pensado aquilo, que só serviu para alimentar sua ansiedade social?

A comparação com o computador se impõe mais uma vez. Entre a percepção daquilo que acontece no nosso entorno (alguém olha o relógio) e a emergência de uma cognição ("eu aborreço todo mundo"), nosso cérebro tratou os dados que recebeu. Como não é uma máquina perfeita (e muitas vezes é melhor assim!), ele acabou cometendo erros de tratamento das informações. Já citamos um deles: só reter certas informações e negligenciar outras. Assim, a *seleção* de Yacine foi feita a partir do gesto do colega olhando o relógio, ao passo que outro colega talvez desse nesse momento todos os sinais de uma escuta atenta. "Quando você dirige na cidade, só presta atenção nos semáforos vermelhos e nos engarrafamentos, esquece rápido os semáforos verdes e as ruas com bom fluxo, é o melhor meio de ficar rapidamente com raiva do trânsito", recomendava com humor um célebre psicoterapeuta (Watzlawick, 1984). O indivíduo com transtorno de ansiedade social procede da mesma maneira: ele só presta atenção nas pessoas que bocejam, que olham para outro lugar, que fazem perguntas difíceis ou nenhuma pergunta, que o ignoram ou criticam.

Um segundo tipo de erro consiste em tirar *conclusões sem provas*. Em geral, um evento pode ser interpretado de múltiplas maneiras, sobretudo quando não temos elementos suficientes para compreendê-lo em sua totalidade. Se uma pessoa o olha com atenção enquanto você fala com ela, tem certeza de que é para verificar se você está ruborizando? Se um vizinho não o cumprimenta na rua, a única explicação é que ele o despreza? Se alguém critica seu trabalho, deve então concluir certamente que essa pessoa não gosta mais de você? Claro que não, pois há muitas outras explicações plausíveis, mas elas não são retidas espontaneamente pelo indivíduo com transtorno de ansiedade social. "Acho que estou ficando paranoico", nos dizia um dia um paciente. "Tudo tem um sentido e esse só pode ser contra mim."

Os indivíduos com transtorno de ansiedade social também personalizam muito os eventos que encontram. Atribuem a si exageradamente a responsabilidade de muitas coisas. "No restaurante, outro dia, o garçom estava de mau humor. Logo pensei que ele me detestava porque pedi para me trazer mais rapidamente a conta", nos contava um de nossos pacientes. "Quando, na reunião semanal dos comerciantes, exponho os resultados das vendas setor por setor e vejo sinais de desatenção na sala, digo a mim mesmo e sempre com angústia que sou um mau orador, ao passo que evidentemente essa avalanche de números por si só é enfadonha", reconhecia um funcionário da empresa que temia tomar a palavra diante de seus colaboradores.

A tendência a *amplificar* os eventos negativos e a subestimar aqueles que são positivos caracteriza também o funcionamento psicológico dos indivíduos com transtorno de ansiedade social. Uma secretária nos confessava que conseguiu trocar um artigo numa loja, mas acrescentava: "Não foi realmente difícil, a vendedora era simpática e não tive mérito algum". Ao passo que em outra ocasião, em seu trabalho, quando não conseguira modificar as datas de suas férias, ela se disse: "Sou incapaz de me defender na vida". Dois pesos e duas medidas! Essa maneira de raciocinar de forma diferente dependendo do sucesso ou do fracasso é bem conhecida dos psicólogos. A maximização do negativo e minimização do positivo são erros frequentemente evidenciados pelos indivíduos com transtorno de ansiedade social.

"Eu aborreço *todo mundo*", pensava Yacine diante da máquina de café. "Eu não sei *nunca* me defender", concluía para si mesma a secretária. A *generalização* é outra maneira de raciocinar, que também é encontrada nos indivíduos com transtorno de ansiedade social. As cognições que surgem na mente deles estão repletas de "sempre" e de "nunca", de "ninguém" e de "todo mundo".

Essa ausência de nuances também se encontra num outro tipo de erro que consiste em apreender a realidade de maneira *dicotômica*, em bem e em mal, em bom e em ruim, em sucesso e em fracasso. Um artista de teatro particularmente ansioso no fim de cada uma de suas apresentações, no momento dos aplausos do público, raciocinava desta maneira: "Se o público não aplaude demais é porque se entediou extremamente durante toda a noite". Uma moça nos explicava como ela reagia durante uma observação negativa de uma de suas amigas: "Se ela não gosta de mim como sou, é porque ela me detesta". Ver tudo em branco e preto, ignorando todos os degradês de cinza, caracteriza certos indivíduos com transtorno de ansiedade social. Eles não são capazes, ao contrário do poeta que desfolha uma margarida, de levar em consideração os pouco, os muito, os apaixonadamente e os de forma alguma...

Porque nosso cérebro não funciona segundo uma lógica perfeita, todo indivíduo pode ser objeto de tais erros cognitivos. Cada um de nós seleciona de maneira arbitrária, tira conclusões sem provas, personaliza, generaliza, exagera ou minimiza os eventos e raciocina de maneira dicotômica. Trata-se, na verdade, dos famosos "vieses cognitivos" de que se fala cada vez mais para explicar certos erros comuns ou certos pequenos transtornos do raciocínio (Moukheiber, 2019). São atalhos, muitas vezes bem úteis para ganhar tempo, economizar energia mental e priorizar também as necessidades imediatas, principalmente em termos de segurança. Na vida do dia a dia e no mundo atual, esses vieses são ou eficazes ou pouco desconfortáveis quando não são pertinentes. Mas o indivíduo com transtorno de ansiedade social está submetido a eles de maneira muito mais sistemática e intensa; o que não significa que um tipo de funcionamento ocasional na maioria de nós torne-se seu modo de raciocínio predominante. O destaque desses erros permanentes de lógica é largamente usado nas psicoterapias cognitivas da ansiedade social, como veremos mais adiante (Beck, 2017).

Inúmeros trabalhos de psicologia experimental confirmaram, aliás, a maior parte das observações efetuadas em terapia: demonstramos, por exemplo, que os indivíduos com fobia social interpretavam todas as situações sociais incertas de maneira negativa ("sorriem para mim, sem dúvida é ironia") e todas as situações sociais negativas de maneira catastrófica ("eles me criticam, é o fim do mundo") (Stopa & Clark, 2000).

Outras pesquisas também mostraram que os vieses cognitivos não se limitavam a atalhos ou a erros de julgamento sob forma de pensamentos, mas se expressavam igualmente sob forma de vieses atencionais ainda mais automáticos e insidiosos. Como já evocamos, o cérebro de uma pessoa ansiosa "escaneia" permanentemente os sinais de ameaça e de desaprovação potencial no rosto dos interlocutores, sem realmente se dar conta disso. Essa hiperatenção, muito seletiva e enganadora, produz não apenas emoções dolorosas de estresse e ansiedade, mas tem a lastimável tendência a se autoalimentar. Com efeito, sabemos que uma tensão de ansiedade importante leva a mente a perder sua fluidez e flexibilidade, todos nós a experimentamos nas situações de estresse em que temos dificuldade de controlar a concentração. Durante um confronto social, a pessoa ansiosa terá assim ainda mais dificuldade de lutar contra sua tendência natural a focar os elementos angustiantes da situação, sua atenção estando como imantada por rostos suspeitos, críticos, ou muito simplesmente impassíveis, ou igualmente por seus próprios sinais internos de fragilidade (palpitações, gaguejos, rubores etc.). Foi claramente estabelecido que essa focalização atencional negativa aumenta a intensidade da ansiedade social e facilita sua perenização (Bantin et al., 2016). E a tal ponto que pesquisadores criaram métodos para ensinar os pacientes a reorientar sua atenção para outros alvos, como veremos para a ereutofobia, por exemplo, com resultados favoráveis (Drummond, 2020).

E mais, alguns desenvolveram métodos que se assemelham a jogos ou a testes atencionais no computador para ensinar o cérebro, sem que a pessoa o faça voluntariamente, a se descondicionar desses vieses cognitivos e a redirecionar sua atenção para sinais mais favoráveis. E vários estudos mostraram que esse tipo de treinamento, ao qual se dá o nome de "remediação cognitiva", pode levar em seguida a uma queda significativa da ansiedade social nas situações reais (Kuckertz et al., 2019). Contudo, esse procedimento ainda não está completamente aprimorado e não é proposto hoje nos programas terapêuticos.

1.5 As imposições silenciosas

Os psicólogos cognitivistas se aperceberam rapidamente que os pensamentos automáticos, por mais importantes que sejam, uma vez que são responsáveis por nosso desconforto ou por nosso bem-estar durante uma situação social, eram apenas a parte visível de um *iceberg*. No fundo de nosso psiquismo, escondem-se crenças e valores que construímos sobre nós mesmos e sobre os outros. Os mais frequentes no indivíduo com transtorno de ansiedade social são: "Não devo contrariar ou perturbar, senão serei rejeitado", "Devo ser amado e apreciado por todos", "É preciso ter êxito em tudo que empreendemos para ser crível aos olhos dos outros" etc. Vemos que se trata de regras pessoais que nós nos demos e que adquirem a forma de mensagens imperativas como "é preciso" ou "eu devo". Esses esquemas cognitivos, como são chamados pelos psicólogos, são inconscientes na maioria dos casos, pelo menos sob essa forma um pouco brutal (Ellis & Harper,

2007). Eles representam o esqueleto de nossa organização psíquica porque são particularmente rígidos e estáveis. Durante as psicoterapias, são muitas vezes difíceis de identificar e modificar.

Podemos considerar que essas regras cochilam, silenciosas, e que só operam em determinadas situações. Assim, o esquema "eu tenho de ser aprovado por todos" é brutalmente ativado se, por exemplo, alguém nos critica.

Esses esquemas se construíram a partir da história e das experiências pessoais. Nem por isso deixam de veicular um determinado número de valores de sua época, do ambiente social. Os provérbios fornecem a esse respeito um bom repertório das crenças coletivas de uma determinada cultura, embora alguns sejam universais e caracterizem então a espécie humana. Citemos, é claro, o célebre "o homem é o lobo do homem", que evoca tão fortemente os esquemas de perigo presentes na ansiedade social.

Mas então como explicar que essas crenças não mudam apesar dos desmentidos que a realidade pode trazer? Uma parte da resposta nos é fornecida pelos trabalhos de Jean Piaget (1964). Como explica o conhecido psicólogo, toda vez que somos confrontados com uma situação que entra em contradição com nossas convicções (crenças profundas), nossa tendência será a da *assimilação*: vamos preferir sacrificar os fatos para preservar nossas convicções. Por exemplo, se alguém que encontro numa festa se mostra amigável comigo, posso dizer a mim mesmo – se sou uma pessoa com fobia social um pouco deprimida – que é apenas por piedade, para que eu não fique sozinho no meu canto; raciocinando assim, não questiono minha convicção profunda de ser desinteressante aos olhos de todos. Se, por outro lado, digo a mim mesmo que, finalmente, posso me mostrar atraente para o outro, contrariando o que muitas vezes tendo a me repetir, eu funciono então no registro da *acomodação*, tendência inversa da assimilação, que consiste em levar em consideração os fatos, ainda que eles devam resultar num questionamento relativo das crenças de base. Simplificando, podemos dizer que os processos de assimilação são aqueles que predominam no indivíduo com transtorno de ansiedade social e que alimentam seu problema, ao passo que a acomodação é a atitude que é privilegiada durante um trabalho de psicoterapia, pois é a única capaz de fazer com que o paciente evolua. Para além de certa intensidade na ansiedade social, uma ajuda psicológica exterior é muitas vezes necessária por uma razão bem simples: os indivíduos com transtorno de ansiedade social tornam-se de uma total subjetividade em relação a si mesmos! Muitos trabalhos mostraram assim que eles têm uma irreprimível tendência a ter uma memória muito seletiva, lembrando-se, a respeito das situações sociais, apenas dos detalhes mais negativos (Romano, Tran & Moscovitch, 2020).

1.6 Autoimagem e desejo de agradar

A ansiedade social ocorre particularmente quando um indivíduo deseja produzir uma impressão favorável no outro, mas teme não conseguir (Hofmann, 2007). É o caso do candidato a um cargo que deseja passar uma imagem de grande competência profissional, do convidado a uma festa que deseja mostrar o quanto ele é culto e interessante, do apaixonado que deseja mostrar à amada o quanto ele é um ser sensível e profundo etc. Em outras palavras, as dificuldades surgem se a situação apresenta um desafio, se existe uma "missão a cumprir", como dizia um de nossos pacientes. A reunião de trabalho durante a qual toda a equipe falava sem parar torna-se de repente silenciosa e lenta no dia em que o diretor decide participar dela...

Autoimagem e ansiedade social

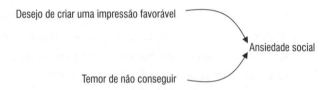

Mas a implicação nem sempre é tão evidente. Qual é o receio da mãe de família travada quando se trata de tomar a palavra no conselho de classe ou do jovem que gagueja na hora de comprar um pãozinho? Nenhum. A não ser o julgamento dos outros. É que o desejo de provocar uma impressão favorável se origina na necessidade de reconhecimento e de aprovação pelo outro. O temor de não conseguir obter ou mesmo simplesmente merecer a estima do outro está na base da ansiedade social. Na maioria das vezes ela revela uma visão muito (demasiado) elevada dos critérios a serem alcançados para poder se considerar como alguém eficiente. Na maioria dos casos, os indivíduos com transtorno de ansiedade social colocam a barra muito alta. Razão pela qual, nas situações ou com pessoas que importam, eles correm o risco de perder a cabeça.

O filtro deformante induzido pela ansiedade pode dar à pessoa a impressão de que ela constitui o ponto de interesse principal do grupo, confundindo suas próprias preocupações (passar uma boa imagem de si) com as dos outros. A angústia é tão forte que ela impede, com efeito, um olhar distanciado, e a pessoa raciocina então como se sua atitude e seu discurso tivessem uma importância essencial para o mundo exterior. Uma de nossas pacientes, num grupo de terapia, deu uma boa explicação sobre isso:

O verdadeiro estalo para mudar minha maneira de pensar veio no dia em que ouvi outra participante, Laurence, explicar como vivia as situações de grupo: ela tinha a certeza de que cada palavra que pronunciaria seria analisada e pesada por todos os interlocutores, como se pronunciasse um discurso de presidente da República. Eu me reconheci nesse testemunho, mas dizendo-me que era um raciocínio muito narcisista, mas que de forma alguma constitui a base de minha personalidade. Aliás, Laurence também nos disse que ela considerava essa atitude muito pretensiosa e muito distante da visão que temos de nós mesmos, muito mais negativa. Portanto, desde então, disse a mim mesma que não sou o centro do mundo e que talvez seja uma pena que o mundo todo não preste atenção em tudo que digo, mas isso permite que eu me expresse de forma mais espontânea sem ter a impressão de que o mínimo erro ou inabilidade será capa dos jornais!

Quando conseguimos superar esse modo de pensar, somos conduzidos a verdadeiras satisfações e a modificar progressivamente a autoimagem, como nos explicou outro paciente em fim de terapia:

Há anos, eu vivia todas as reuniões como calvários em que não podia jamais me expressar por causa de meu medo de parecer incompetente e se não estivesse 150% seguro de mim. E minha raiva sempre se voltava contra mim mesmo porque ouvia os outros falarem e dizerem coisas que eu também sabia, e muitas vezes eu tinha ideias que me pareciam interessantes e que os outros não tinham. Agora que me permito me expressar mais livremente, percebo que minhas falas nem sempre são perfeitas, mas que, muitas vezes, contribuo com elementos úteis aos outros.

1.7 Uma autoconsciência excessiva e dolorosa

O indivíduo com transtorno de ansiedade social tem, com efeito, uma aguda autoconsciência, invalidante em situação social, e até embaraçante. "Nas situações em que me estresso, quase nunca consigo me concentrar: quanto mais me angustio, mais sou incapaz de fazer outra coisa que assistir impotente, de camarote, o aumento da angústia..." Essa auto-observação involuntária, essa autofocalização é muito característica. No exato momento do confronto com as situações estressantes, os indivíduos com transtorno de ansiedade social se preocupam tanto com o julgamento dos outros quanto as pessoas que não são ansiosas. Em contrapartida, eles são literalmente invadidos por pensamentos negativos sobre si mesmos e sobre seu próprio transtorno (Stopa & Clark, 2000). "Ser tímido, já escrevia um autor do século XIX, é sem dúvida ser sempre desajeitado ou estúpido, mas ser desajeitado ou estúpido não é necessariamente ser tímido. Ser desajeitado sem saber que se é significa ser apenas grosseiro ou atrapalhado; ser desajeitado e saber que se é, e sofrer por sê-lo, é a isso que se chama ser propriamente tímido" (Dugas, 1898, p. 17).

Como dizia um de nossos pacientes, "o problema não é o outro, sou eu". Isso explica por que podemos distinguir dois grandes tipos de ansiedade social, dependendo se está polarizada mais ou menos em si mesmo ou no outro. Na verdade, mesmo a ansiedade social que não deriva de uma autoconsciência aguda acaba se tornando ansiedade social.

Em suma, o indivíduo com transtorno de ansiedade social o é, em grande parte, porque tem demasiada consciência de seu transtorno e porque a única coisa que consegue fazer é concentrar sua atenção nele (Cheek & Melchior, 1990).

Conseguimos até demonstrar que os indivíduos com transtorno de ansiedade social eram vítimas de um imaginário quase cinematográfico: eles são frequentemente invadidos por imagens em que se veem pelos olhos dos outros, e claro que em situações em que são ridículos ou incompetentes (Hackmann et al., 1998). E sempre em situações sociais: para os outros contextos, eles voltam a adotar em seu imaginário mental um funcionamento "normal", ou seja, visualizam as cenas a partir de sua própria perspectiva, em vez de se verem pelos olhos do outro (Wells, Clark & Ahmad, 1998). Neste caso, falamos de uma visão de "espectador" mais do que de "ator", como quando nos representamos habitualmente cenas nas quais estamos implicados. Essa característica só diz respeito aos indivíduos com transtorno de ansiedade social, pois as outras formas de ansiedade, como a agorafobia (medo dos lugares públicos por temer um mal-estar), também não apresentam essa manifestação de visão de espectador (Wells & Papageorgiou, 1999). O fato de se representar constantemente a triste visão que os outros têm delas (ou pelo menos assim como elas a imaginam) mantém a autoestima das pessoas com elevada ansiedade social em níveis muito baixos. Todos esses trabalhos sobre a "psicologia das profundezas" dessas pessoas mostram a que ponto o transtorno está enraizado numa implacável mecânica psicológica (Musa & Lépine, 2000). Mas de onde vem esta última? Ela é inata – já nascemos com ansiedade social? Ela é adquirida – e, neste caso, como nos tornamos assim?

2
As origens

> *A única função de minha*
> *memória: ajudar-me a lamentar.*
> E.M. Cioran

A questão das origens das diversas formas de ansiedade social ainda está longe de ser resolvida (Gazelle, 2022). Como para a maioria dos problemas psicológicos, o inato e o adquirido se imbricam de maneira quase inextricável. Além disso, a variedade das máscaras que a ansiedade social pode revestir complica ainda mais o quadro: o que é verdadeiro para a timidez também o é para a fobia social ou para a personalidade evitativa? Apesar dessa complexidade, há pelo menos 40 anos muitos trabalhos de pesquisa, em campos bem variados (psicologia, epidemiologia, neurociências etc.), têm sido conduzidos em todo mundo sobre a ansiedade social e permitem uma maior aproximação de certo número de seus determinantes (Spence & Rapee, 2016).

2.1 Um transtorno e várias causas

Como para quase todas as dificuldades psicológicas e para um bom número de doenças físicas, a ansiedade social é aquilo que é chamado de um transtorno plurifatorial. Ou seja, um transtorno cujas origens são ao mesmo tempo biológicas (eventualmente hereditárias), psicodinâmicas (resultando da história pessoal do indivíduo) e sociológicas (ligadas ao meio, à época e à cultura ambiente).

Esses diferentes fatores podem intervir em graus diversos: em certos casos, a carga biológica é muito importante, ao passo que os fatores sociais e individuais apenas modificaram superficialmente o transtorno ou favoreceram sua eclosão. Em outros casos, é o contrário: os fatores educativos, o comportamento dos pais, o meio no qual a pessoa evoluiu pesaram sobre suas dificuldades muito mais do que eventuais causas orgânicas ou hereditárias. Na verdade, na maioria das situações, parece que todos esses fatores estão implicados.

Algumas tendências inatas realmente estão em ação em cada um de nós, testemunhando uma herança própria à espécie humana, bem como a algumas linhagens familiares. Essas tendências, cujas premissas podem aparecer bem cedo, constituem uma espécie de material de base (o que antes era chamado de temperamento, ou de personalidade), um "terreno" no qual as experiências pessoais ou sociais poderão ser enxertadas com maior ou menor facilidade.

Tais experiências provêm, é claro, da relação do indivíduo com seu meio familiar próximo: comportamentos educativos e afetivos dos pais a seu respeito, comportamentos dos próprios pais, eventos de vida e traumatismos eventuais. Outros elementos essenciais do quebra-cabeça provêm das relações do indivíduo com seus "pares", principalmente os colegas de escola e de brincadeiras durante a infância.

Por fim, fatores ditos culturais podem se integrar a esse edifício já complexo: segundo o meio e a época, certas tendências pessoais se revelam mais ou menos desconfortáveis, mais ou menos bem-aceitas pelo entorno. É o que ocorre com as exigências do meio social em relação aos papéis sexuais: a ansiedade social de uma menina é em geral mais bem-aceita pelo entorno do que a do menino, por exemplo. E isso talvez explique então por que um menino será mais encorajado (de maneira mais ou menos adequada aliás) a enfrentar situações sociais desde muito jovem, e assim ser capaz de administrar melhor sua ansiedade na idade adulta (Asher & Aderka, 2018).

2.2 O inato e o adquirido

Inúmeros pesquisadores tentaram evidenciar disfunções biológicas que estariam associadas a esta ou àquela manifestação de ansiedade social, implicando principalmente diversos neurotransmissores cerebrais, como a dopamina, a serotonina e a noradrenalina (Aouizerate, Martin-Guehl & Tignol, 2004; Nutt, Bell & Malizia, 1998; Schneier et al., 2009). Essas pesquisas, até agora, não resultaram em explicações claras vindas de todo modo diretamente de anomalias desses sistemas. Mais recentemente, a pista da ocitocina foi logicamente explorada de maneira particular. Trata-se com efeito de uma pequena proteína do cérebro que desempenha um papel-chave no vínculo social, inicialmente entre a mãe e seu bebê ("hormônio do amor"), mas também depois nos outros tipos de relações entre indivíduos. As primeiras pesquisas sugeriram que as pessoas que sofrem de ansiedade social poderiam ter níveis insuficientes de ocitocina, criando assim talvez um sentimento de desconfiança na relação com os outros. Até agora, contudo, essa pista ainda é frágil, pois os resultados são contraditórios de um estudo a outro e, de todo modo, a ideia de um tratamento possível da ansiedade social por um aporte de ocitocina não é sustentado pelos testes farmacológicos realizados (Erdozain & Peñagarikano, 2020; Neumann & Slattery, 2016). Na realidade, a pesquisa de "biomarcadores" (anomalias biológicas associadas a uma doença) de uma patologia é interessante em psiquiatria, na esperança de poder diagnosticá-la melhor e compreender melhor seus mecanismos, mas ela tem também seus limites. Os fatores de variações de uma pessoa para outra e numa determinada pessoa são tais que parece ilusório poder identificar alguns testes simples e estáveis. Além disso, pelo menos na ansiedade social, a questão da causalidade é sempre difícil de resolver: as anomalias observadas são a causa ou a consequência da patologia? Isso remete igualmente à questão do inato e do adquirido, que se coloca particularmente no campo que nos interessa.

Começando primeiro pelas pesquisas conduzidas com os animais mais próximos da espécie humana, demonstrou-se, por exemplo, a existência de linhagens familiais de macacos rhesus apresentando comportamentos de inibição social muito próximos da timidez (Suomi, 1987). Quando confrontados com situações ou indivíduos desconhecidos, esses macacos têm todos os sinais exteriores da ansiedade social: ativação emocional mensurável, sideração ou evitação. Uma linhagem de camundongos "tímidos" também foi isolada; todos apresentam as mesmas características mensuráveis e observáveis de inibição ansiosa diante de novos indivíduos de sua própria raça. Mas, mesmo nessas famílias de animais, é difícil afirmar que essas tendências estão diretamente codificadas nos genes, pois os "estilos parentais" (modos educativos) podem modificar essas tendências hereditárias!

No ser humano, claro que não é o caso de favorecer linhagens de indivíduos "tímidos" (embora certos casais sejam bem compatíveis nesse aspecto, em particular nos *sites* ou nos aplicativos de encontro). É, portanto, necessário, para saber se certas características são transmitidas e determinadas pelo DNA, confrontar as análises do comportamento com as do patrimônio genético. Historicamente, isso foi feito inicialmente graças aos gêmeos, comparando os "verdadeiros" gêmeos (ditos monozigóticos, que são praticamente idênticos quanto aos genes) com os "falsos", que só dividem 50% de seu genoma. A maioria dos estudos conduzidos a esse respeito confirmou que a fobia social comporta um fator genético, os verdadeiros gêmeos assemelhando-se mais, quanto a essa patologia, do que os falsos gêmeos. Num vasto estudo realizado com gêmeas (Kendler et al., 1992), a participação genética no surgimento da fobia social pôde ser avaliada em cerca de 30% a 40%: é significativo, mas ainda assim deixa um espaço e tanto para o ambiente, para os reforços educativos e para os fatores familiais do transtorno. Aliás, é uma taxa de hereditariedade mais baixa do que as de outros transtornos psíquicos, como os do humor ou das adicções. Métodos científicos mais recentes permitem hoje afinar essa avaliação graças à análise de inúmeros parâmetros sobre populações muito grandes, chegando a um resultado interessante: a ansiedade social parece mais influenciada por fatores genéticos nas crianças e adolescentes do que nos adultos (Scaini, Belotti & Ogliari, 2014). Naturalmente, os genes não mudam com a idade, portanto podemos supor que o impacto do ambiente de vida, da educação e dos eventos de vida torna-se mais e mais importante durante o crescimento, a ponto de apagar em grande parte o peso da genética. Além disso, pesquisadores mostraram que os determinantes mais importantes são aqueles que se encontram fora do meio familiar (e que não são os mesmos para os irmãos), na vida escolar e nas outras atividades (Eley et al., 2008).

Além disso, os atuais estudos do alto nível que permitem religar certas doenças a genes específicos, graças à biologia molecular e à inteligência artificial, não chegaram a esse tipo de determinante para a ansiedade social (Baba, Kloiber & Zai, 2022). Nos últimos anos, muitas pesquisas se concentraram nos genes que codificam elementos do sistema da serotonina no cérebro, e em particular no gene do "transportador da serotonina", mas constatou-se que ele não tem realmente impacto na propensão à ansiedade social do indivíduo. Não existe, pois, um gene, nem alguns genes, da fobia social, o que pode parecer decepcionante para os pesquisadores, porém mais tranquilizador para nossa espécie humana e nosso potencial de emancipação! A visão mais compartilhada hoje é a de uma transmissão hereditária de certas tendências comportamentais e emocionais, que podem favorecer a emergência de uma ansiedade social, mas que podem também ser modificadas, acentuadas ou reduzidas pelas experiências de vida. Mas há o risco, contudo, de certos fatores se somarem uns aos outros na direção errada: ter pais ansiosos pode ter um efeito negativo tanto sobre a genética quanto sobre a aprendizagem da sociabilização, e ter precocemente um comportamento de retraimento social não ajuda a criar vínculos que favoreçam o desenvolvimento pessoal. Por todas essas razões, seria importante saber quais são as tendências do temperamento que podem existir muito cedo nas crianças e favorecer a aparição de uma ansiedade social duradoura a seguir, e se possível em que fatores psicológicos e biológicos essas tendências se apoiam.

2.3 Tímidos desde o nascimento?

Um pesquisador americano, Jerome Kagan, da Universidade de Harvard, trabalhou nesse tema durante toda sua carreira, com hipóteses bem interessantes e inúmeros resultados bem convincentes (Kagan, 2022). Esse psicólogo estima que determinada proporção de crianças nasce com um perfil biológico e cerebral que as predispõe à timidez ou pelo menos às manifestações de inibição comportamental de ansiedade social associadas à timidez (Kagan, 1999). Todos os pais sabem, com efeito, que alguns de seus filhos são, muito precocemente, mais ou menos sensíveis do que outros. Para J. Kagan, essas tendências teriam relação com diferenças de reatividade do "cérebro emocional". Mais precisamente, as amígdalas cerebrais (pequenas estruturas em forma de amêndoa situadas no centro do cérebro e especializadas principalmente na detecção do perigo) das crianças mais sensíveis seriam particularmente reativas a certas situações estressantes (Kagan, 1989): "Quando vai pela primeira vez ao jardim de infância, um tímido experimenta o mesmo estresse que um gladiador na arena diante dos leões", confiava o psicólogo durante uma entrevista (*L'Événement du jeudi*, 1993, n. 471). De acordo com seus estudos, existiriam desde o nascimento, por influências genéticas ou pré-natais, dois grandes tipos de tendências predispondo à aproximação ou à evitação das situações inabituais. Essas tendências poderiam ser detectadas muito cedo, desde a idade de 4 meses, observando a criança numa situação inabitual ou nova: algumas se agitam e choram muito, o que poderia ser um marcador muito precoce de uma constituição particular (Kagan & Snidman, 1991). Essas manifestações de medo são, com efeito, sistematicamente acompanhadas de modificações características do ritmo cardíaco (aceleração, não variação em função dos movimentos respiratórios...) e do tamanho da pupila, em relação com a ativação das amígdalas. Essa hiperatividade cerebral e fisiológica se traduz por uma hipersensibilidade aos eventos estressantes e aos contextos sociais não familiares.

Jerome Kagan e sua equipe, e outros depois, desejaram então saber se esses comportamentos muito precoces dos bebês tendiam a se manter ao longo do desenvolvimento e até a idade adulta. Para tanto, foi necessário realizar pesquisas acompanhadas por um período de tempo, com as crianças observadas em diferentes idades, e levando em conta etapas normais do desenvolvimento. Por volta de 8 a 10 meses, por exemplo, o bebê apresenta reações ansiosas normais quando é separado da mãe ou quando é colocado na presença de um adulto estranho. É nessa idade que as capacidades de locomoção e de deslocamento da criança se desenvolvem. Esse tipo de ansiedade poderia ter como função preservar a criança de um excesso de intrepidez. Os sinais de segurança estariam associados à presença da mãe, ao passo que o sistema de alerta seria ativado pela chegada de um possível predador, representado pelo desconhecido. Para além dessa reação normal, diversas pesquisas tentaram observar se certas atitudes extremamente precoces da criança confrontada com diversas situações novas podem, como as do bebê, já evocar o fenômeno da ansiedade social, se elas vão se revelar passageiras ou desaparecer e se podem predizer em parte a instalação de uma verdadeira ansiedade social na idade adulta.

Um dos mais interessantes estudos conduzidos nesse campo se refere a bebês de 4 meses, confrontados com estímulos pouco familiares: vozes, objetos ou comportamentos desconhecidos (Kagan & Snidman, 1991). Uma centena de crianças era classificada segundo dois tipos de reação: o nível de atividade motora e a presença ou não de choros. Quatro grupos de crianças puderam assim ser distinguidos. O grupo das muito reativas (forte reação motora e muitos choros) representava 23% das crianças, o das muito pouco reativas (fraca reação motora e nenhum ou pouco choro) constituía 37% do conjunto, e os outros dois grupos intermediários (o das crianças apresentando uma fraca reação motora com muitos choros e o das crianças com forte reação motora e pouco ou nenhum choro) envolviam respectivamente 22% e 18% das crianças. Todas as crianças eram em seguida reavaliadas na idade de 9, 14 e 21 meses, sempre em situações sociais capazes de provocar inquietação em razão de seu caráter inabitual. As crianças do primeiro grupo, as mais reativas na idade de 4 meses, são as que tinham uma maior tendência a mostrar comportamentos de ansiedade social, essencialmente na forma de inibição, vários meses mais tarde.

Outros pesquisadores demonstraram que essas manifestações comportamentais de inibição podiam muito facilmente ser observadas na idade de 2 anos e que envolviam cerca de 15% das crianças (Garcia et al., 1984). Nessa idade, confrontada com um desconhecido, a criança tem, com efeito, duas grandes tendências: ou se ensimesmar, até fugir, ou então ir na direção do interlocutor. Três quartos das crianças descritas como tímidas e temerosas pelo seu entorno na idade de 2 anos têm em seguida tendência a conservar o mesmo tipo de comportamento na idade de 8 anos (Kerr et al., 1994). Outros estudos procederam da mesma maneira com acompanhamentos prolongados e mostraram que um temperamento inibido durante a primeira infância multiplica por sete o risco de apresentar ansiedade social na adolescência (Clauss & Blackford, 2012).

Apoiando-se nesses inúmeros trabalhos, podemos pensar hoje que, a partir de uma predisposição constitucional que se expressaria desde os primeiros meses da vida por uma forte reatividade às situações inabituais, manifestações de inibição comportamental poderiam aparecer por volta da idade de 2 anos e evoluiriam em seguida para a ansiedade social, depois para a fobia social (Rosenbaum et al., 1993). Essa evolução parece bastante específica da ansiedade social, pois os bebês descritos como inibidos não parecem evoluir particularmente para outras formas de ansiedade ou para a depressão (Spence & Rapee, 2016). Mas fiquemos tranquilos, nada é inelutável: somente uma parte das crianças inibidas evoluem para uma ansiedade social na idade adulta, e muitos outros elementos são levados em conta, como o tipo de ligação precoce (vínculo mais ou menos tranquilizador estabelecido entre o bebê e os pais), bem como as modalidades educativas (Lewis-Morrarty et al., 2015).

2.4 A espécie humana e suas fobias

Para certos pesquisadores, a maioria das fobias na espécie humana corresponderia a medos indispensáveis (ao menos numa época determinada) à sobrevivência da espécie (Monestes, 2010; Seligman, 2016).

Dois tipos principais de fobias poderiam então ser opostos: as fobias "pré-tecnológicas", ou seja, herdadas da época em que o homem ainda era confrontado de maneira direta com situações perigosas para sua sobrevivência, e "pós-tecnológicas", correspondendo a situações não naturais no início. A aquisição das primeiras seria muito mais fácil do que as das segundas, que necessitariam de um condicionamento muito mais intensivo. Essa teoria evolucionista postula que todo transtorno de ansiedade desempenha no início um papel fundamental para a sobrevivência da espécie: as tendências ansiosas tendo engendrado a agorafobia (medo de estar longe de casa ou de um lugar seguro, e de se encontrar num lugar longe de qualquer ajuda) teriam tido como interesse impedir os primeiros humanos de se afastar demais de suas cavernas. Da mesma forma, tanto o medo do escuro quanto o dos animais de pelagem, muito frequente e fácil de adquirir na infância, podem ser compreendidos como a persistência em nosso patrimônio genético de temores arcaicos, e muito úteis, para a sobrevivência de nossos ancestrais num entorno natural particularmente hostil.

Esse modelo pode ser facilmente transposto para a ansiedade e para a fobia social: é provável que em épocas mais remotas, o encontro de humanos desconhecidos possa ter representado um real perigo, assim como a confrontação de um indivíduo isolado em relação a todo um grupo, o fato de ser observado pelo outro (o olhar fixo é em muitas espécies animais uma preliminar a comportamentos de agressão), o frente a frente com um indivíduo dominante, ou a revelação de sinais de apreensão ou de emotividade (que traduziria uma vulnerabilidade). As chances de sobrevivência de um indivíduo que não tivesse evitado essas situações seriam então menores do que a de seus congêneres.

Certos autores foram ainda mais longe na reflexão sobre esses fatores próprios à espécie (Maner & Kenrick, 2010). Para eles, a ansiedade social e suas implicações comportamentais (dialética dominância-inibição, evitações, fugas...) sobreviveram em nossa espécie porque se mostraram um poderoso fator de manutenção da coesão dos grupos humanos, evitando conflitos permanentes pelo poder. Para eles, todo ser humano percebe seu entorno relacional através de dois sistemas de leitura, um orientado para os sinais de perigo, o outro para os sinais de segurança. O primeiro estaria destinado a detectar precocemente a existência de uma ameaça. O segundo, orientado para os sinais de segurança, permitiria não apenas ler seu entorno quanto ao perigo potencial, mas também poder reconhecer nesse entorno "sinais de segurança", permitindo relaxar sua vigilância.

Por diversas razões, entre elas algumas genéticas, os indivíduos com transtorno de ansiedade social sofreriam de uma desregulagem desse sistema de alarme "natural": a ansiedade deles se desencadeia cedo demais, rápido demais, forte demais, em situações banais aos olhos das outras pessoas. Eles detectam demasiado rápido alguns "sinais de perigo" e se mostram hipossensíveis aos "sinais de segurança". Por exemplo, se começam a fazer uma apresentação diante de um público, eles rapidamente vão se concentrar nos membros da assistência que têm uma atitude carrancuda ou distraída ("Vai dar tudo errado! Eles vão me criticar! Não sou interessante!") e não vão se sentir verdadeiramente tranquilizados por aqueles ouvintes que se mostrarão sorridentes e atentos.

Essa teoria permite uma leitura etológica bastante interessante das situações de ansiedade social: assim, a intimidação sentida diante de indivíduos que exibem os atributos do poder evoca as condutas de submissão diante dos indivíduos dominantes no mundo animal; a apreensão sentida pelas pessoas quando elas chegam numa festa (que se traduz, para aqueles que são fumantes, em acender instantaneamente um cigarro ansiolítico) corresponde à apreensão sentida durante a penetração num território que não é familiar; o desconforto diante de um interlocutor silencioso nos olhando fixamente pode finalmente evocar a fase de pré-agressão de um predador; o desprazer de se sentir diante de um interlocutor que não é um íntimo remeteria ao perigo de mostrar sinais de fraqueza a um agressor potencial, de reações não previsíveis etc.

Além do medo gerado por um sentimento de dominação pelo outro, a outra dimensão importante da ansiedade social é o medo de não ser apreciado, amado, e integrado ao grupo. Esse temor fundamental subentende provavelmente os sentimentos de vergonha, e até de humilhação, muitas vezes presentes nessa patologia, por exemplo em caso de tendência a ruborizar. Podemos imaginar que esse medo da rejeição e da "desclassificação" tem igualmente um valor evolucionista: os indivíduos que não o experimentam fariam menos esforços para se adequar aos outros e às regras comuns, a ponto de se verem muitas vezes isolados e, portanto, com menos descendência do que aqueles que são menos sensíveis ao olhar dos outros (Azoulay & Gilboa-Schechtman, 2022).

As abordagens evolucionistas criam assim a hipótese de que os medos sociais são preparados e até "programados" pela seleção natural descrita por Darwin, com uma repartição aleatória na população de indivíduos muito ansiosos e outros não, como descritos no modelo de Kagan (inibição comportamental) evocado anteriormente, que parece envolver cerca de 15% de uma geração de crianças segundo os estudos experimentais realizados. As pessoas que sofrem de ansiedade social patológica estariam então situadas na extremidade desse espectro da ansiedade, todavia sem descartar a hipóteses de que tenham, além disso, razões específicas de desenvolver uma patologia, em consequência de outros mecanismos biológicos e/ou psicológicos. Essas abordagens podem desagradar e dar o sentimento de restringir a parte de livre-arbítrio inerente à condição humana. Mas os fatos estão aí, ainda que sua interpretação possa legitimamente levantar discussão. Podemos também ver neles elementos mais favoráveis, como já nos dizia Laurent, um paciente a quem havíamos proposto essas explicações: "Acho que essas hipóteses são tranquilizadoras, pois elas permitem que eu me sinta menos culpado por experimentar essa ansiedade. Digo a mim mesmo que não sou o único que é desse jeito, e que está na natureza humana. Mas, claro, não desejo permanecer nessa situação e vou fazer o possível, com sua ajuda, para combater meus sintomas, modificar o que pode sê-lo e viver melhor com os outros".

2.5 A desigualdade dos sexos

Como a maioria dos transtornos de ansiedade social (agorafobia, ataque de pânico, ansiedade generalizada), a fobia social afeta muito mais as mulheres do que os homens (Stein et al., 2017). As comparações epidemiológicas mostram que as mulheres sofrem de formas mais severas do que os homens, mas que os outros aspectos da doença são similares (evolução, comorbidade etc.) (Asher, Asnaani & Aderka, 2017). Em contrapartida, os homens se consultam mais do que as mulheres no caso de um transtorno de ansiedade social, como se este fosse menos tolerável para eles ou então porque têm mais acesso aos tratamentos. Para além de uma explicação genética ou biológica que ainda deve ser encontrada para compreender esse fenômeno, podemos também constatar que a ansiedade social é mais bem-aceita socialmente nas mulheres do que nos homens, o que não deixa de ter consequências em seu desenvolvimento: será que os pais não toleram muito mais a inibição em suas filhas? Não compreendendo, por vezes, que ela é patológica... Os estereótipos sociais tradicionalmente exigidos dos homens estão muitas vezes em oposição às características dos indivíduos com transtorno de ansiedade social, ao passo que eles correspondem melhor às qualidades habitualmente esperadas nas mulheres. Um estudo dedicado às características atribuídas espontaneamente aos indivíduos tímidos enumerava as seguintes: doçura, modéstia, sensibilidade e reserva; ao passo que as qualidades opostas (não caracterizando, pois, os tímidos) eram a autoconfiança, a agressividade etc. (Gough & Thorne, 1986). A influência das representações sociais dos homens e das mulheres no desenvolvimento da ansiedade social foi, aliás, encontrada num estudo sueco (Kerr et al., 1994). Cerca de 200 crianças representativas da população urbana sueca foram acompanhadas e avaliadas entre a idade de 3 meses e a de 16 anos. Uma inibição caracterizada nos primeiros meses de vida permitia predizer uma inibição persistente na idade de 7 anos, como mostrado em outros estudos citados anteriormente. Em contrapartida, apenas meninas muito inibidas permaneciam assim até a adolescência, ao passo que a correlação era menos nítida para os meninos. Ao que parece, os meninos ansiosos seriam fortemente encorajados pelo entorno a abandonar sua inibição, mesmo conservando a ansiedade social e expressando-a de outras maneiras, pela agressividade ou pela fuga antecipada em atitudes contrafóbicas (de retorno à tranquilização). Esse estudo também mostrou que as mães, que como os psicólogos da experiência também avaliavam a inibição dos filhos, não eram tão boas observadoras quanto aqueles, que prediziam muito melhor a ocorrência de timidez na adolescência. Muitas vezes também, a timidez, ou qualquer forma de ansiedade social, não preocupa excessivamente os familiares dessas crianças; ela lhes convém e simplifica seu trabalho. Isso vale tanto para os pais quanto para os professores, pois as crianças tímidas permitem que eles se concentrem nos alunos mais turbulentos (Friedman, 1980).

2.6 O ambiente familiar

Como vimos anteriormente, a ansiedade social e as tendências à timidez se encontram com mais frequência em certas famílias. Observou-se assim que nos indivíduos apresentando uma fobia social, as chances de um dos familiares de primeiro grau também apresentar uma fobia social eram multiplicadas por mais de três em relação à população geral (Fyer et al., 1993). A concordância entre a ansiedade dos pais e a dos filhos parece bastante específica, de todo modo ela parece operar de maneira distinta para a ansiedade social e o transtorno de pânico, o que confirma o caráter familiar dessas patologias e a existência de fatores de vulnerabilidade próprios (Low, Cui & Merikangas, 2008). Graças a um estudo sistemático realizado com 867 crianças de uma escola do ensino fundamental, os pesquisadores mostraram que 20% das mães de crianças tímidas também sofriam de fobia social (Cooper & Eke, 1999). Como ocorre a "transmissão" eventual da ansiedade social, quando não é apenas genética?

Conselhos aos pais de crianças tímidas

Se você observou que um de seus filhos já manifesta sinais de timidez, eis alguns conselhos para ajudá-lo a enfrentar. Atenção, ajudar uma criança tímida é um trabalho sempre frutuoso, mas de longo prazo: inútil esperar mudanças em alguns dias, vai demorar no mínimo alguns meses. Em caso de dúvida, peça a opinião de um profissional.

Nossos conselhos	Alguns exemplos
Seja você também sociável	Na presença dela, fale sistematicamente com os vizinhos, com os comerciantes, com os pais de alunos na saída da escola...
Facilite seus contatos diretos com os outros adultos	Ao convidar amigos, apresente-os à sua criança tímida, diga a eles que tentem fazer perguntas simples e gratificantes.
Favoreça sua vida social com outras crianças	Sempre que possível (aniversários, festas...), convide também crianças para sua casa e procure pais dispostos a também convidar a sua.
Viva em grupo grande em certos momentos	Nas férias, viaje regularmente com a família, com amigos, ou vá a acampamentos de férias.
Ajude-a a ir na direção das outras crianças	No tanque de areia, sente-se ao lado dela e fale com as outras crianças, fazendo-lhes perguntas simples (Como você se chama? Quantos anos tem? etc.). Observando você, sua criança aprenderá a fazê-las sozinha um dia.
Não a pressione	De todo modo, respeite o ritmo dela: não a inscreva na marra num clube de esporte ou numa atividade em grupo. Dê-lhe o tempo de ultrapassar as etapas intermediárias.

Alguns pais são eles mesmos inibidos, tímidos, com transtorno de ansiedade social. A criança adota então os mesmos comportamentos. Outros imprimem à sua família um modo de vida específico: nada de contatos com o exterior, nada de visita de amigos etc. A criança é então pouco familiarizada com interações sociais variadas, e não tem assim tanto "terreno de treinamento" quanto modelos de comportamento social e de autoafirmação. Há também pais que, ao contrário, apresentam poucas manifestações observáveis de ansiedade social, mas transmitem aos filhos regras de vida que podem induzir transtornos desse tipo; por exemplo, ao insistir sobre os perigos que podem vir dos outros, sobre a necessidade de prestar atenção ao que os outros pensam, não os perturbar, e até de se submeter a eles para evitar problemas. Outros se comunicam segundo um modo particular (Garcia, Carlton & Richey, 2021): sem expressar emoções, sem discussões além das fatuais etc. Globalmente, um estilo educativo demasiado protetor vindo de pais ansiosos pode se traduzir numa falta de experiência e em modelos de sociabilidade deletérios para a boa aprendizagem de habilidades relacionais e de gestão das emoções diante do outro.

Outro modo educativo pode conduzir também infelizmente ao desenvolvimento de uma ansiedade social, por vezes duradoura, nas crianças. Trata-se de pais que se mostram extremamente autoritários e rígidos, e até exercendo certos maus-tratos emocionais e psicológicos. Sem falar necessariamente de reais traumas psicológicos. Uma atitude excessivamente severa e exigente, ainda que parta de uma intenção de educação de qualidade e de êxito, pode favorecer a emergência de um medo em relação aos pais, capaz de se estender a outras relações sociais exteriores à família. É o que expressava com tristeza um de nossos pacientes ao dizer: "Meus pais me tornaram tímido". Outra, uma mulher de 45 anos, nos explicava ter sempre sido aterrorizada, desde a mais tenra idade, pelas cóleras de seu pai que se desencadeavam sempre que ela não agia como ele desejava (arrumação do quarto, comportamento durante as refeições em família, e sobretudo resultados escolares). Ela cresceu então fazendo de tudo para se tornar uma boa aluna e uma moça que respeitava muito os outros, o que ela conseguiu perfeitamente em seguida na sua vida adulta, mas havia conservado desde a infância uma fobia social que se expressava sobretudo em relação aos homens, tanto em sua vida pessoal quanto profissional. Ela temia e fazia de tudo para evitar as situações que poderiam provocar o descontentamento e talvez a cólera de seus interlocutores, o que prejudicava de maneira considerável sua qualidade de vida e sua liberdade de ação. Esse é um exemplo muito frequente encontrado tanto nas mulheres quanto nos homens que foram marcados para sempre pela severidade de um ou dos dois pais, e ao que parece na maioria das vezes pelo pai. Essas observações da experiência clínica são confirmadas por trabalhos de pesquisa mostrando que os modos educativos parentais demasiado intrusivos e marcados pelo hipercontrole, pela crítica e até pelo rebaixamento aumentam os riscos de desenvolvimento de ansiedade social nas crianças (Knappe et al., 2009). Muitos desses comportamentos abusivos talvez venham de configurações familiais complexas e patológicas, e/ou de transtornos da personalidade que evocam as famosas personalidades tóxicas (Lelord & André, 2021), mas isso ainda não foi estudado em detalhe até o presente.

2.7 Eventos marcantes

Mas a influência parental não é a única explicação. Certos eventos podem favorecer a eclosão de transtornos ligados à ansiedade social. Eles agem então como um traumatismo inicial a partir do qual todo um cortejo de angústias e de comportamentos perturbados se estabelece de maneira mais ou menos duradoura. Pode ser uma humilhação sofrida na classe, como no caso de uma de nossas pacientes que com 7 anos se urinara quando teve de ir à lousa, ou como para certas crianças com sinais que as diferenciam das outras (óculos, cor da pele ou dos cabelos etc.). Tivemos a ocasião de tratar de uma moça que tinha fenda lábio-palatina congênita. Durante a infância, ela não sofrera exageradamente com sua malformação, até que com a idade de 13 anos, um de seus colegas de classe zombou dela de maneira explícita diante dos outros. Esse evento esteve na origem de uma fobia social que tornou sua vida particularmente difícil até ela começar a se tratar.

De um ponto de vista epidemiológico, os vínculos entre o assédio escolar e a ansiedade social não estão claramente estabelecidos ou de todo modo demonstrados de maneira completa. Alguns estudos com adolescentes confirmam que o fato de ter sido assediado aumenta o risco de desenvolver ansiedade social, mas isso não é confirmado por outros (Spence & Rapee, 2016). Além disso, existe uma relação inversa: o fato de apresentar uma ansiedade social aumenta o risco de sofrer um assédio.

O trauma está por si só na origem do transtorno ou então ele apenas revela uma fragilidade subjacente, sendo que o mesmo evento numa outra pessoa não desencadeia nada? As duas possibilidades existem. Se o trauma é bastante intenso, é possível que ele marque de forma muito duradoura a pessoa: um paciente de origem cambojana sofrera as perseguições dos Khmers Vermelhos, sobretudo as intermináveis sessões de confissões públicas de seus supostos erros políticos, regularmente seguidas pela execução de certos participantes. Sua fobia social, relacionada sobretudo às situações em que devia falar em público e às provas orais, encontrava assim uma evidente explicação. Em contrapartida, outros relatos de humilhações pela observação de um professor de matemática ou pelo olhar irônico de um colega de classe parecem antes corroborar a tese de uma fragilidade preexistente que se revela durante certos eventos, uma vez que estes últimos em si apresentam apenas uma leve característica traumática. No entanto, às vezes eles permanecem presentes durante anos e mesmo décadas na memória desses pacientes, reativados automaticamente em todas as situações que relembram a cena de humilhação anterior.

Existem, além disso, situações de comorbidade entre uma ansiedade social e um verdadeiro estado de estresse pós-traumático, ligados a agressões graves ou maus-tratos físicos ou psíquicos, e nesse caso as duas patologias se reforçam mutuamente quanto à gravidade (McMillan, Asmundson & Sareen, 2017). É então indispensável identificar esses antecedentes de trauma para tratá-los com meios adequados, o que não é simples em razão do sentimento de vergonha e das condutas de evitação ligadas à ansiedade social.

Além dos efeitos deletérios diretos do trauma psíquico, o mecanismo principal de fragilização secundária aos maus-tratos, aos abusos ou aos assédios, quer se produzam dentro, quer fora do ambiente familiar, é provavelmente o ataque à autoestima, cujos fortes vínculos com a ansiedade social são conhecidos (Farmer & Kashdan, 2014).

2.8 Um transtorno universal, mas desigualmente distribuído...

Entre os fatores inatos, genéticos ou pré-natais, e os fatores individuais, de desenvolvimento ou relacionados a eventos, existe um lugar para os fatores sociológicos? Em outras palavras, a ansiedade social é um transtorno universal ou está ligada a certas culturas? Se os números são relativamente estáveis nas populações ocidentais quanto às formas severas de ansiedade social, ou seja, a fobia social e a personalidade evitativa, eles variam muito, ao que parece, de uma cultura para outra.

Um estudo intercultural sobre a timidez mostrou que certas populações apresentam mais tímidos do que outras (Zimbardo, 1977); os mais tímidos, de maneira duradoura ou ocasional, seriam os japoneses e os alemães (60% e 50% de prevalência, 82% e 92% de incidência); os menos tímidos os israelitas e os judeus americanos (31% e 24% de prevalência, e 70% de incidência).

Quanto à fobia social, os dados epidemiológicos mostram taxas de prevalência nitidamente menos elevadas na maior parte dos países asiáticos em comparação com os países ocidentais (menos de 1% na China, na Coreia ou no Japão, contra 7% nos Estados Unidos) (Hofmann, Anu Asnaani & Hinton, 2010). Para explicá-lo, é preciso antes lembrar que essa é uma tendência que encontramos na maioria dos transtornos psíquicos, talvez porque a maneira de explorar os sintomas psiquiátricos nessas pesquisas não esteja adaptada às culturas asiáticas. Além disso, é possível que os sintomas da fobia social sejam menos incômodos nos países asiáticos, onde a autoafirmação não é tanto valorizada quanto nos países ocidentais, principalmente nos Estados Unidos.

Mas sabemos que existem igualmente síndromes clínicas específicas, sobretudo no Japão, o que significa que a fobia social pode tomar uma aparência diferente da observada nos outros países. Em particular, os psiquiatras e psicólogos japoneses estudam desde algum tempo a ansiedade social no que eles chamaram o *taijin kyofusho* (Stein, 2009). Trata-se de um sentimento obsedante de vergonha diante da ideia de ofender os outros com seus rubores, odores corporais, flatulências ou até simplesmente com certas atitudes, como um olhar ou um sorriso inadequado. A semelhança com a fobia social descrita pelos autores ocidentais é grande, exceto num ponto: a fobia social provém sobretudo do temor de se sentir embaraçado; no *taijin kyofusho*, é o temor de incomodar o outro que ocupa o primeiro lugar. Para os ocidentais, o medo de ser ridículo supera o de deixar os outros desconfortáveis (Ota et al., 1989).

As características da sociedade japonesa e da sociedade ocidental permitem talvez explicar essas diferenças: predominância do coletivo e da integração ao grupo num caso, culto da individualidade e da autonomia no outro. Segundo alguns autores, a ansiedade social sob todas as suas formas afetaria de um a dois terços dos japoneses (Jugon, 1998). O papel do confucionismo, exaltando a submissão do indivíduo às exigências do grupo familiar e social, permite talvez explicar a frequência do *taijin kyofusho* em outros países da Ásia, como a China e a Coreia (Lee, 1987).

Um estudo conduzido com crianças americanas de origem chinesa ou caucasiana revelou que as crianças chinesas eram significativamente mais tímidas e inibidas do que as anglo-saxônicas (Kagan et al., 1978). Outro estudo, conduzido com estudantes de Hong Kong sobre suas capacidades de se afirmar nas situações sociais, destacou sua dificuldade em expressar seus sentimentos negativos ou em fazer observações críticas às outras pessoas, ao passo que outras capacidades não eram diminuídas (Chan, 1993). Os valores tradicionais, marcados pelo respeito devido aos detentores de saber, experiência, autoridade, podem ter como efeito perceber como inadequadas certas atitudes sociais, consideradas normais no Ocidente.

2.9 Uma patologia da Modernidade?

É impossível saber precisamente se há mais indivíduos com transtorno de ansiedade social hoje do que no passado: como o conceito só existe formalmente há 50 anos, ele não fora quantificado antes, não é sequer possível se basear no número de consultas, pois são muito poucas em comparação com o número de pessoas afetadas, e ainda hoje continua difícil estimar esse número de maneira consensual. É muito provável que a ansiedade social tenha sempre existido, de todo modo desde que os seres humanos vivem em grupos (o que é muito antigo) e que têm certa consciência deles mesmos e dos outros (o que é muito difícil de datar, mas que é muito, muito antigo!). Em contrapartida, podemos pensar que as evoluções sociais e os modos de vida modificaram a sensibilidade à ansiedade social e aumentaram suas repercussões para aqueles que sofrem com ela. Durante milhares de anos, os seres humanos viveram sobretudo em vilarejos ou em pequenas cidades das quais pouco saíam e cujos habitantes conheciam muito bem. Recuando ainda mais no tempo, a maioria dos homens pré-históricos vivia em grupos ou em tribos de algumas dezenas de indivíduos no máximo. Nosso cérebro de *Homo sapiens* atual é similar ao dos *Homo sapiens* da época pré-histórica e, portanto, não está necessariamente "à vontade" em nossa sociedade desenvolvida que conheceu progressivamente, depois de maneira galopante, profundas transformações nas relações sociais que estão longe de ser insignificantes: urbanização maciça impondo uma coexistência cotidiana com milhares de outros indivíduos, maior mobilidade pessoal induzindo encontros com congêneres potencialmente muito numerosos e muito variados, evoluções do trabalho para megaempresas comportando um número muito elevado de assalariados e, portanto, de colegas etc. A Revolução Industrial e suas consequências, a partir do século XIX, já davam, pois, motivos para desnortear os mais tímidos ou inibidos de nós, equipados com um cérebro concebido para quando muito conhecer algumas dezenas de "outros" em sua vida e que na realidade deve cruzar com centenas e até milhares e alimentar relações serenas com a maioria deles.

E, além do mais, as outras evoluções societais e tecnológicas do século XX e, depois, do século XXI provavelmente não melhoraram a situação! A exigência de sucesso pessoal ligada à sociedade de consumo, à competição pelo trabalho, às crises econômicas e à globalização cria uma concorrência terrível entre os indivíduos, um *struggle for life* moderno que exige uma autoconfiança e uma autoafirmação inabaláveis. O ato de falar em público tornou-se um desafio tão importante, no mundo profissional, mas não só, que o Ministério da Educação precisou integrá-lo ao programa do ensino médio, constatando as insuficiências crônicas dos franceses nesse campo. Saber convencer, entrar em contato com desconhecidos, dominar suas emoções em situações relacionais tensas são competências preciosas em nossa sociedade da comunicação e do desempenho. Impor-se aos outros é indispensável para encontrar trabalho, e cada vez mais difícil, obter aumentos ou uma promoção, não ser enganado por um comerciante muito proativo ou por um vizinho invasivo, mas também encontrar um companheiro ou uma companheira de vida nas grandes cidades onde cruzamos com muitas pessoas sem necessariamente encontrá-las realmente. E isso ainda mais que, ao mesmo tempo, as comunidades de pertencimento (familiares, locais, religiosas etc.) estão cada vez menos presentes e sólidas, produzindo mais solidão e isolamento. O desaparecimento, ao menos parcial, de certos privilégios e costumes, que pelo simples nascimento nos faziam pertencer a uma classe e herdar uma posição social sem grande esforço, acabou criando igualmente novas obrigações de competição para alcançar os *status* desejados. Tudo isso pode significar que hoje o mesmo indivíduo com transtorno de ansiedade social talvez tenha muito mais dificuldade e se sinta muito mais vulnerável do que se sentiria 300 anos atrás, semelhante ao que se passou com a deficiência intelectual no momento da escolarização obrigatória, no fim do século XIX: as pessoas com déficits cognitivos leves, até então corretamente integradas, ainda que relegadas às tarefas simples, viram-se de repente rejeitadas porque eram incapazes de aprender a ler e a escrever com os métodos usuais de ensino.

O último degrau ultrapassado por nossas sociedades ocidentais é o da comunicação de massa e mais recentemente das novas tecnologias e da internet. Como sempre, podemos considerar que o balanço é contrastado com, de um lado, certos aspectos favoráveis aos indivíduos com transtorno de ansiedade social, mas, de outro, muitos elementos nitidamente mais desfavoráveis. Do lado positivo, os meios de comunicação modernos, como o telefone e depois todos os canais ligados à internet e os *smartphones*, facilitam a vida dos tímidos ao limitar as interações diretas: é claramente menos angustiante, para uma pessoa que sofre de ansiedade social, comprar uma passagem de trem, ou qualquer outra coisa, num *site* do que ter de enfrentar o olhar e potencialmente o julgamento de um vendedor pouco amável ou de uma vendedora muito bonita que não ousamos olhar diretamente nos olhos. Os estudos confirmam o uso significativo que os indivíduos com transtorno de ansiedade social fazem das ferramentas digitais (Erliksson, Lindner & Mortberg, 2020). Da mesma forma, os *sites* e aplicativos de encontros revolucionaram o caminho de sedução, a ponto de se estimar hoje em 23% a proporção dos casais que se formaram *on-line*, o que evidentemente é mais fácil para um tímido do que ter de abordar uma pessoa desconhecida na rua. Já vimos, em contrapartida, que o telefone é, para algumas pessoas ansiosas, uma facilidade que lhes evita um contato frente a frente, mas, para outras, uma situação mais estressante do que um encontro ao vivo.

Contudo, são muitos os inconvenientes das ferramentas digitais para os indivíduos com transtorno de ansiedade social. Primeiro, a passagem para o virtual ou para uma mídia só é benéfica, no longo prazo, se ela for uma etapa para uma real sociabilização. Assim, o uso das redes sociais ou dos serviços *on-line* pode constituir uma estratégia de evitação da interação social, facilitando os primeiros contatos, mas podendo agravar fortemente a ansiedade social se ela é constante e substitui todas as interações reais. Vimos, assim, pacientes organizando o conjunto de sua vida pessoal e profissional *via* suportes digitais (compras, teletrabalho no computador, lazer à distância etc.) que agravaram pouco a pouco suas angústias sociais, manifestas nos momentos em que certas obrigações os conduzem apesar de tudo às interações reais. Alguns estudos mostraram, além do mais, que os jovens que sofrem de ansiedade social (e os que sofrem de depressão) têm um risco maior de usos "problemáticos" dos *smartphones*, próximos da adicção (Pera, 2020).

Além disso, a revolução da *web* e das redes sociais conduziu a mudanças culturais e de modos relacionais cujas consequências (talvez nem todas ainda bem dimensionadas) vimos progressivamente, primeiro nas gerações mais jovens e depois nas outras. As ferramentas digitais também aumentaram o número de contatos inter-humanos possíveis, de uma maneira potencial com o conjunto dos habitantes do planeta, e de maneira imediata e sem limite de duração. Podemos ver nessas ferramentas muitos aspectos positivos, mas também muitos riscos de tensões mais ou menos graves em caso de ausência de regulamentação, o que é o caso na maioria das vezes. Para os indivíduos com transtorno de ansiedade social, isso quer dizer, de um lado, a necessidade de enfrentar relações múltiplas com sua carga de angústia potencial, mas também, de outro lado, o risco de serem alvos para assediadores ou manipuladores que se aproveitam da falta de desenvoltura ou de autoafirmação (Martinez-Monteagudo et al., 2020). O ciberassédio, do qual conhecemos as consequências por vezes dramáticas nas crianças e nos adolescentes, é mais fácil de avançar com as pessoas ansiosas, pouco afirmadas e felizes de encontrar possíveis interlocutores *on-line*, ao passo que os encontros na "vida real" são para elas muito mais difíceis.

Além disso, as redes sociais e a explosão do envio de fotos e de vídeos criaram um estado de espírito de competição sem precedente e numa escala muito grande, baseado sobretudo na aparência física e em critérios que poderíamos considerar como superficiais (sem julgamento de valor!). Historicamente, aliás, o Facebook é realmente um *site* que permite expor sua própria foto (seu "perfil") para o mundo todo, o que de alguma forma acaba criando certa pressão... Essa tendência foi amplificada pela explosão da moda das *selfies*, depois pela difusão de fotos pretensamente estéticas, mas sobretudo narcísicas no Instagram, depois os vídeos no YouTube, no TikTok e provavelmente muitos outros aplicativos que aparecerão. Toda vez, o desafio é dar a melhor "imagem de si" possível, obter o maior número possível de *"likes"* ou de "*followers*" como indícios de popularidade, o que pode ser considerado como uma competição invencível para os indivíduos com transtorno de ansiedade social, principalmente os mais jovens. Eles devem enfrentar ao mesmo tempo uma concorrência mundial na internet, que tem a vantagem de ser muitas vezes anônima, mas também o olhar de seus colegas bem reais, em sua classe ou no colégio, que são comunidades muitas vezes cruéis para os mais vulneráveis. A busca da perfeição, principalmente física, mas também da desenvoltura na fala ou nas apresentações de dança, por exemplo, pode se tornar uma fonte de estresse importante, abrir espaço para a ansiedade social, as fobias escolares, a depressão ou ainda a dismorfofobia (Jiotsa et al., 2021).

Muitos desses fenômenos conheceram uma forte aceleração por causa da pandemia da covid-19, com um aumento do uso do digital e das redes sociais entre os jovens e suas consequências potencialmente deletérias para os indivíduos com transtorno de ansiedade social. Para eles, os períodos dos confinamentos "duros" de 2020 e 2021 puderam parecer inicialmente menos difíceis do que para outros: o distanciamento social, o fechamento das escolas e das universidades, o teletrabalho e as teleconferências foram como alívios para aqueles que são os mais sensíveis às interações frente a frente. Mas, como era de se esperar, o retorno do pêndulo foi por vezes muito difícil quando do retorno à vida normal, confirmando que as evitações artificiais são sempre armadilhas para os fóbicos. Muitas recusas escolares devidas ao transtorno de ansiedade social, agravadas por estados depressivos ligados ao contexto global, foram constatadas entre os estudantes, assim como muitos adultos tiveram bastante dificuldade para retomar uma atividade profissional normal "presencial", uma vez que perderam o hábito das confrontações diretas e de falar por ocasião das reuniões reais.

De maneira mais anedótica, mas interessante no plano psicológico, a utilização das máscaras durante a crise sanitária permitiu que muitas pessoas ansiosas e tímidas se sentissem mais à vontade nas relações sociais. Sentindo-se menos expostos, pois podiam dissimular uma parte de suas emoções, e sobretudo de seu rubor, muitos de nossos pacientes se sentiam mais capazes do que em tempos normais de conversar com outras pessoas, no trabalho ou fora dele. Nós os aconselhamos então a aproveitar a ocasião para estabelecer novos hábitos de sociabilização, e a se preparar para a etapa seguinte, que era fatalmente retirar a máscara quando ela não fosse mais necessária. Essa etapa foi com efeito difícil para alguns deles, confirmando mais uma vez que as evitações não são boas soluções de longo prazo para a evolução de uma fobia!

Para concluir este capítulo, devemos então confessar que as origens e as causas da ansiedade social permanecem ainda pouco conhecidas. Dispomos, no entanto, de certo número de elementos, sobretudo graças às pesquisas conduzidas ao longo das últimas décadas. A ansiedade social e suas manifestações (comportamentais, emocionais ou cognitivas) parecem pertencer ao patrimônio da espécie humana: sua função foi certamente importante na preservação dos indivíduos e da espécie; ela é normal na criança entre 8 meses e 2 anos. Num certo número de casos, essa herança da espécie humana é transmitida de forma um pouco pesada demais e uma predisposição à ansiedade social parece existir: de maneira hereditária ou congênita, certas pessoas viriam ao mundo com uma emotividade mais ou menos importante, que se desencadeia em reação a todos os tipos de eventos novos. O que provoca, por exemplo, manifestações fisiológicas no coração, nas pupilas etc., em resposta às situações de estresse. Comportamentos parentais podem, por sua vez, exacerbar essas tendências ou simplesmente criar a ansiedade social. Por fim, comportamentos culturais (sexo, nacionalidade, época, tecnologias digitais etc.) podem agravar ou aliviar o quadro.

Mas, no fundo, tudo isso é o passado da ansiedade social e das considerações gerais. O que mais importa aos indivíduos com transtorno de ansiedade social é seu presente e seu futuro, ou seja, sua capacidade de evoluir, de mudar. Como fazer isso?

Parte IV

Como vencer o medo dos outros

As dificuldades que acompanham a ansiedade social parecem então fazer parte da condição humana. Todos nós temos de nos relacionar com os outros e de certa maneira depender deles, mas também de nos autoafirmar em nossa individualidade, portanto também de enfrentar os outros. Cada um deve se debater entre essas duas exigências que são a própria base da existência. Sob esse ponto de vista, o médico pode ser pródigo em conselhos, mas neste caso não há nada que seja de imediato "médico". Pelo menos para muitos de nós. Contudo, o início deste livro mostrou, há inúmeros casos muito complexos, muito dolorosos, muito mais próximos da doença do que gostaríamos de admitir. A esse respeito, o médico pode contribuir com muito mais do que conselhos de bom senso.

No passado, a medicina servia acima de tudo para salvar vidas ou aliviar os piores sofrimentos. Nos dias de hoje, ela também deve melhorar a qualidade de vida. Essa evolução se tornou possível pela melhoria das condições gerais de vida e de higiene, e pela prevenção. Agora, consultamo-nos tanto para reumatismos ou acne quanto para câncer ou insuficiência cardíaca. Na França, aliás, o Ministério da Saúde, em 2022, passou a se chamar "Ministério da Saúde e da Prevenção"! O que vale também para a psiquiatria: essa especialidade deixou de se concentrar apenas nas doenças graves e socialmente incômodas para se interessar pelos transtornos mais "leves" e discretos, como os transtornos de ansiedade ou a bulimia. Mas, no campo da psicologia, onde está a fronteira entre o que diz respeito à sobrevivência e o que se relaciona apenas com o conforto pessoal?

Significa dizer, uma vez que nossas relações com os outros nem sempre são simples ou harmoniosas, que todos nós somos doentes? Claro que não. Toda a diferença está no grau desse sofrimento moral que a ansiedade social representa. Tradicionalmente, a medicina, em particular nos países de cultura católica, dava pouca importância ao sofrimento. Hoje, a luta contra a dor é parte integrante dos cuidados, principalmente no caso de afecções severas como o câncer. Compreendemos não apenas que era imoral negligenciar a dor, mas que essa atitude tornava ainda mais difícil o tratamento da doença. O que inclui também a angústia. Depois de tê-los desprezado, constatamos que os transtornos de ansiedade social podiam ter terríveis consequências.

Portanto, a verdadeira questão não é saber se é preciso tratar, mas a partir de quando ajudar (Stein, 1996). A partir de que intensidade de transtorno, de que grau de desconforto ou de sofrimento se deve propor ou aceitar fornecer um tratamento? A decisão só é fácil de ser tomada em casos extremos: o medo de palco discreto de um orador que, no entanto, se sente bem consigo mesmo e que só se inquieta por alguns segundos antes de tomar a palavra não exige evidentemente tratamento; a fobia social, que às vezes pode chegar a impedir alguém de sair de casa ou mesmo de usar o telefone, deve, ao contrário, ser tratada. Mas e entre esses extremos? O tímido que vai dos fracassos sentimentais aos insucessos profissionais deve ser tratado? E o solitário, sem contato nem amigos, que vegeta numa vida morna e bebe demais quando sua irmã mais velha o convida para jantar com desconhecidos?

Tudo depende, é claro, do que essa pessoa quer. Mas quais são os instrumentos de que podemos dispor? Como sair dessa situação?

A primeira etapa é evidentemente quebrar certos obstáculos pessoais. Eles podem vir de um simples desconhecimento do problema ("Pensava que todo mundo era mais ou menos assim") ou de uma ignorância das soluções eventuais ("É da minha natureza, a gente não muda"), mas também de uma forma invasiva de vergonha ou ainda do medo de ser tratado com medicamentos, de se encontrar arrastado numa engrenagem "psiquiátrica". Mais difíceis de eliminar são as reticências da pessoa ansiosa que não pretende perturbar o equilíbrio pouco a pouco construído: as evitações sociais têm algo de confortável no curto prazo, ainda que empobreçam a existência no longo prazo. Alguns obstáculos similares provêm dos próprios médicos, sejam eles generalistas ou psiquiatras: "Não é nada, isso acontece com todo mundo, não pense nisso, vai passar... De todo modo, não é tão grave assim!"

Quando o paciente é uma criança, esse tipo de banalização é particularmente perigoso, e é preciso encorajar tudo o que pode trazer informação, sem dramatizar, tanto para os pais quanto para os professores, e até para as próprias crianças (Saint-Mars & Bloch, 2004). Claro, a criança vive em geral num meio bastante protegido e sua ansiedade social não vai realmente incomodá-la antes de um bom tempo. E mais tarde? Quanto à adolescência, as dificuldades próprias a essa idade não podem resultar num esquecimento de que é precisamente nesse período que se desenvolvem a maior parte das fobias sociais, cuja severidade já vimos.

A segunda etapa consiste em se orientar entre as mil e uma possibilidades terapêuticas existentes. Escolhemos nesta obra falar somente dos tratamentos cuja eficácia pôde ser validada por estudos científicos. Mas isso não significa que consideramos negligenciáveis outros tipos de tratamentos. Simplesmente, eles não deram provas, até agora, de sua eficácia num número suficiente de pessoas.

A terceira etapa é enfim se engajar no tratamento escolhido. Mas primeiro é preciso saber qual escolher.

Os capítulos seguintes vão detalhar os tratamentos hoje disponíveis e reconhecidos, que se baseiam na intervenção de um profissional de saúde (em geral, um médico generalista, um psiquiatra e/ou um psicólogo). Muitas coisas podem e devem também ser feitas por si mesmo, com ou sem acompanhamento de um terapeuta. Para alimentar sua reflexão sobre o interesse ou não de ser acompanhado por um profissional, propomos que responda ao pequeno questionário apresentado. De todo modo, lembre-se que uma primeira consulta não obriga a um engajamento (você jamais será obrigado a começar uma terapia se não desejar, e menos ainda a começar um tratamento contra sua vontade!) e que muitas vezes é útil ter um olhar externo e informações para tomar uma decisão, seja ela qual for.

Esforços pessoais ou terapia?

Este pequeno questionário quer ajudá-lo a refletir sobre suas capacidades de mudar: sozinho ou com ajuda?

	Verdadeiro	Falso
Quanto mais você enfrenta as mesmas situações sociais, mais sua ansiedade diminui		
Em situação social, sua ansiedade permanece controlável, ainda que às vezes seja dolorosa, e atinge raramente o estágio de pânico		
A ideia de que possam reparar na sua ansiedade social não o enche de vergonha, ainda que não lhe cause particularmente prazer		
Você se sente muitas vezes perturbado vários dias antes com uma situação que o inquieta		
Se se sente em dificuldade sob o olhar dos outros, você não sente vergonha por vários dias ou mais		
Você não se sente particularmente deprimido		
Você não se sente particularmente tentado a consumir bebida alcoólica para aliviar sua ansiedade social		
Você tem um trabalho		
Você tem amigos		
Você vê regularmente os membros de sua família		

Se você obtete mais de 6 respostas "verdadeiro", é possível que possa modificar sozinho sua ansiedade social.

Se obteve apenas 6 respostas "verdadeiro" ou menos, talvez seja melhor procurar ajuda de um especialista em ansiedade social.

1
Medicamentos ou psicoterapia?

> *O doente não quer um médico bom de lábia.*
>
> Sêneca

No campo dos transtornos de ansiedade social e de depressão, a questão da escolha de tratamentos, medicamentos ou psicoterapia ainda permanece bastante sensível e é objeto de debates muitas vezes acalorados. Eficácia e derivações deste ou daquele método de terapia, interesse e efeitos colaterais dos medicamentos, muitos preconceitos, falsas informações e às vezes até fantasias circulam desde sempre e podem alimentar dúvidas ou medos. Claro, é preciso ser prudente e não fazer as coisas de forma leviana, mas dispomos agora de várias décadas de observação sobre a maioria dos tratamentos disponíveis, tanto com dados científicos contínuos quanto com uma longa experiência prática que permitem definir recomendações bastante consensuais (Mayo-Wilson et al., 2014; Pelissolo, Abou Kassm & Delhay, 2019).

Quanto aos medicamentos, as regras de uso agora já estão bem definidas, e as vantagens e limites bem conhecidos (Williams et al., 2017). Esses medicamentos "psicotrópicos" (isto é, que agem sobre o psiquismo) são muito usados na França, mas paradoxalmente ainda pouco conhecidos do grande público, sendo objeto de confusões que podem alimentar temores e usos indevidos. Prescritos e acompanhados por um médico, e sob a condição de uma avaliação inicial precisa de seus objetivos, certos medicamentos podem ser muito interessantes na ansiedade social, como iremos ver. Mas, claro, a escolha de tomá-los ou não cabe inteiramente ao paciente, depois de ter sido informado sobre possíveis efeitos e outras soluções existentes. É realmente uma decisão individual que deve ser desdramatizada sem esperar milagres nem qualquer forma de catástrofe. Além disso, tomar um medicamento para tratar uma ansiedade social não basta por si só, pelo menos no longo prazo. O melhor é geralmente acompanhá-lo com uma psicoterapia, ou com uma atitude de mudança pessoal, que irá garantir uma manutenção dos progressos no longo prazo e evitará recaídas.

Sobre as psicoterapias, justamente, já está bem estabelecido hoje que as terapias cognitivo-comportamentais (TCC) são as mais eficazes para o tratamento da ansiedade social, com resultados nítidos e duradouros (Hambrick et al., 2003). Também aqui, claro, não há milagres; esses métodos exigem certo engajamento pessoal e tempo, ainda que sua duração seja menos longa do que as psicoterapias mais antigas como a psicanálise.

Antes de abordar em detalhe os diferentes tratamentos é importante lembrar que, como a ansiedade social muitas vezes é acompanhada de outros transtornos psíquicos, a opinião de um médico ou de um psicólogo é essencial para fixar os objetivos do tratamento, que pode incluir, por exemplo, o tratamento de uma depressão ou de uma adicção associada à ansiedade social.

1.1 Quais medicamentos?

Existem várias famílias de medicamentos psicotrópicos, e é importante não os confundir (Pelissolo, 2005). Aqueles que são interessantes para o tratamento da ansiedade social pertencem à família dos antidepressivos. O que pode parecer curioso, porque não se trata de transtornos depressivos. Sabemos, no entanto, há mais de 30 anos, que certos antidepressivos têm efeitos terapêuticos muito interessantes nos transtornos de ansiedade, como o transtorno do pânico ou os transtornos obsessivo-compulsivos. E é o caso para as fobias sociais, pelo menos em certas formas. São então tratamentos de longo prazo, em que os medicamentos são tomados cotidianamente durante pelo menos vários meses, como vamos detalhar mais adiante. Em contrapartida, os medicamentos da família dos ansiolíticos "benzodiazepinas" (Lexotan, Xanax, Lorazepam etc.) não são boas soluções para o tratamento da ansiedade social, pois não têm efeitos terapêuticos no longo prazo e apresentam inconvenientes demais (sedação, transtornos de memória, Síndrome de Desmame, dependência etc.). Eles podem, muito pontualmente, aliviar uma crise de angústia quando ela é muito forte, mas é raramente pertinente tomá-los, por exemplo, antes de uma situação angustiante, como uma intervenção em público ou uma prova, pois podem ocorrer problemas de concentração que impedem de se expressar corretamente. De todo modo, a opinião de um médico é indispensável e, se você já toma ansiolíticos ou pensa em tomá-los, é uma razão a mais para iniciar uma TCC de maneira a apoiar esse uso e poder interrompê-lo assim que possível. Às vezes, o Atarax (hidroxizina) é proposto como uma alternativa às benzodiazepinas; é um medicamento anti-histamínico que pode ter efeitos sedativos e assim tranquilizantes. O interesse seria evitar os riscos de dependência e de Síndrome de Desmame, mas ao custo de outros possíveis efeitos colaterais, e sem verdadeiro efeito terapêutico demonstrado na ansiedade social. Portanto, deve ser utilizado com a mesma prudência dos ansiolíticos, com opinião médica e unicamente de maneira pontual.

Ao lado dos ansiolíticos clássicos, talvez você tenha ouvido falar dos medicamentos betabloqueadores, outra família de medicamentos utilizados sobretudo na cardiologia para o tratamento da hipertensão arterial ou de certas doenças cardíacas, e um pouco também em neurologia contra as enxaquecas. Os betabloqueadores são medicamentos antigos, que foram muito estudados em psiquiatria na esperança de efeitos contra a ansiedade sem o inconveniente dos ansiolíticos. Seu modo de ação é bloquear certos receptores (os "beta") da adrenalina, que desempenha um papel inegável, mas complexo, na ansiedade. Com o apoio de inúmeras pesquisas, hoje já se sabe que eles podem ter um efeito favorável unicamente em certas formas de ansiedade de desempenho (medo de palco invalidante), que fazem parte da ansiedade social, como vimos no início desta obra. A eficácia real varia de acordo com as pessoas, mas a vantagem é realmente a ausência de risco de efeitos cognitivos (sem sedação nem transtorno da memória) e de dependência. Eles só são tomados de maneira pontual, antes de uma situação temida, uma vez que os tratamentos contínuos em que são tomados de maneira regular não demonstraram eficácia, portanto não são interessantes na fobia social generalizada, na apreensão sem medo de palco ou na timidez. São indicados quando a ansiedade social é uma ansiedade de desempenho, isto é, desencadeada por uma situação bem precisa, limitada no tempo e no espaço (discurso, prova, apresentação musical etc.), e cujos sintomas físicos são importantes e desconfortáveis. A ação principal é, com efeito, reduzir as palpitações ou as sensações de tensão no peito ou na garganta, o que tem um impacto positivo na ansiedade ao diminuir o foco nesses sintomas desconfortáveis e angustiantes.

Mas atenção, os betabloqueadores não devem ser manejados de forma leviana. Eles trazem particularmente algumas contraindicações: certos transtornos cardíacos, a asma, a associação com outros determinados medicamentos etc. Sua prescrição só pode ser feita por um médico que verificou esses diferentes pontos.

Assim, convém tomar uma dose (propranolol 40mg em geral) uma a duas horas antes da situação problemática. O efeito dura algumas horas, em função das moléculas utilizadas. Observamos muitas vezes que o recurso a esses medicamentos diminui progressivamente com o tempo, como se as pessoas que os tomam precisassem deles cada vez menos. Com certeza porque, expondo-se com mais frequência às situações que exigem esse tratamento, elas aprendem pouco a pouco a enfrentá-las melhor e podem assim dispensar um medicamento que não leva à dependência. Mas o melhor é, também aqui, integrar essa ingestão eventual a uma TCC, que permitirá progredir mais rapidamente e não utilizar os betabloqueadores como solução de evitação.

Os medicamentos na ansiedade social

Classes	Medicamentos	Interesse na ansiedade social
Antidepressivos	Escitalopram (Lexapro) Paroxetina (Seroxat) Venlafaxina (Efexor) Sertralina (Zoloft)	Indicação em caso de fobia social que perturba demais a vida pessoal ou profissional. Tratamento diário, por pelo menos seis meses
Betabloqueadores	Propranolol	Indicações em caso de ansiedade social com ansiedade de desempenho invalidante. Ingestões pontuais antes de uma situação problemática.
Ansiolíticos	Benzodiazepinas (Xanax, Lexotan, Lorazepam, Prazepam etc.) Anti-histamínico (Atarax)	Sem indicação nem eficácia na ansiedade social. Eventualmente ingestões pontuais com prudência, em caso de ansiedade muito forte e no contexto de uma terapia.
Antipsicóticos, neurolépticos, termorreguladores	–	Sem indicação nem interesse para a ansiedade social.

1.2 Os antidepressivos

Os tratamentos principais da ansiedade social, quando a ingestão de um medicamento se revela necessária, são antidepressivos. Vários estudos confirmaram a eficácia de alguns deles (lista no quadro acima) nas pessoas que sofrem de ansiedade social, mesmo na ausência de depressão. Isso pode parecer surpreendente quando sabemos da complexidade da mente humana e da diversidade dos fatores que conduzem ao desenvolvimento de uma ansiedade social, mas o fato é que uma ingestão diária desse tipo de medicamento pode reduzir significativamente, em alguns meses, os sintomas desse transtorno e suas consequências no bem-estar e na liberdade de ação.

Em geral, o efeito aparece pouco a pouco no fim do primeiro mês de tratamento, portanto de uma maneira um tanto mais lenta do que no tratamento de uma depressão. É um efeito global, como o descrevia Céline, uma paciente de 35 anos:

> *Senti ao mesmo tempo menos tensão e apreensão na antecipação – por exemplo antes dos compromissos ou mesmo de manhã, ao pensar no dia que tinha pela frente – e menos ansiedade nas próprias situações. As palpitações, os tremores, as ondas de calor tornaram-se menos fortes, o que me devolveu a autoconfiança e me permite agora abordar a maioria das situações sem desconforto particular.*

Observa-se, assim, tanto uma redução dos sintomas físicos e psíquicos da ansiedade quanto uma redução da ansiedade antecipatória. É evidente que o tratamento não traz o desaparecimento repentino dos pensamentos angustiantes, mas eles são menos invasivos e desestabilizantes e é, portanto, mais fácil de olhar sob outra perspectiva. Ao retomar o hábito de enfrentar as situações sociais até então contornadas ou evitadas, é possível obter uma melhora global e sólida em alguns meses. O resultado varia de uma pessoa para outra, mas podemos considerar que pelo menos um paciente a cada dois conhece uma melhora nítida de seu estado, os outros podendo ter menos sintomas, mas manter limitações em sua vida cotidiana. Em razão de sua ação bastante polivalente, os antidepressivos permitem muitas vezes melhorar simultaneamente certos sintomas associados à ansiedade social: melhor controle das crises de pânico, melhora do humor, redução das tendências à ruminação e mesmo às compulsões etc.

Na prática, toda ingestão de antidepressivo necessita de uma prescrição médica e, portanto, das consultas (médico generalista ou psiquiatra) que permitem confirmar o diagnóstico, discutir opções terapêuticas, verificar as indicações e contraindicações, planejar os elementos do projeto e proceder à prescrição e a seu acompanhamento regular. Com a esquematização, podemos considerar que um tratamento medicamentoso de longo prazo se justifica para as formas severas de ansiedade social que interferem fortemente na qualidade de vida e no "funcionamento" pessoal e/ou profissional.

As questões que colocamos aos pacientes no momento da avaliação são do tipo: "Você tem todos os dias, ou quase, momentos de ansiedade forte, antecipatória ou ligada às situações vividas?" Por exemplo, Léonie nos respondeu nessa ocasião:

Sim, claramente. Penso que não há um dia em que não me sinta angustiada, antes ou de repente, durante um encontro, uma abordagem a ser feita ou uma saída. Certos dias, isso se limita ao momento das refeições no restaurante da empresa, mas é comum que ocorra também com as reuniões, os encontros com os clientes, ou uma conversa com um colega ou um vizinho. Isso estraga minha vida no dia a dia.

Aqui, podemos considerar que um tratamento pode ser justificado e poderá ser eficaz. Mas não é o caso de Ahmed, padeiro de 38 anos:

Na verdade, as situações que temo são muito desconfortáveis, com uma ansiedade forte, mas elas são pouco frequentes. São essencialmente as reuniões familiares ou entre amigos, durante as quais tenho de falar diante de um grupo. O que acontece só uma vez ou duas por mês, em geral, e o resto do tempo sou reservado, mas sem angústia forte.

Para Ahmed, o tratamento será sobretudo uma psicoterapia focada na tomada de palavra em público.

Os outros argumentos em favor de um tratamento medicamentoso são a existência de uma depressão associada à ansiedade social, ao fracasso de uma psicoterapia ou à impossibilidade de concluí-la em razão do nível de ansiedade ou de evitação, e, claro, a preferência do paciente. Trata-se sempre de uma escolha pessoal, alguns preferindo não tomar medicamentos e outros percebendo que o tratamento lhes permitirá avançar mais rápido e em melhores condições. Idealmente, aconselha-se começar a psicoterapia algumas semanas depois do início do tratamento, quando ele é plenamente eficaz. Após alguns ajustes das doses, por vezes no decorrer das primeiras semanas, o antidepressivo é mantido na mesma dose (um a dois comprimidos por dia em geral) durante vários meses. A duração não é a mesma para todos, mas normalmente o objetivo inicial se situa entre seis meses e um ano. Após esse período, se os sintomas desapareceram por completo e permitiram uma retomada de vida normal, e ainda mais se uma psicoterapia permitiu adquirir bons reflexos e ferramentas de adaptação às situações estressantes e de gestão das emoções, a interrupção progressiva do tratamento pode ser considerada. Mas é comum mantê-lo para além do primeiro ano, quando o paciente se sente ainda frágil ou quando os sintomas reaparecem durante a diminuição ou a interrupção. Por vezes é necessário continuá-lo por vários anos para evitar uma recaída nos sintomas, com a vantagem de não provocar dependência ou toxicidade física ou psicológica no longo prazo, isso está agora bem estabelecido.

Como todo tratamento ativo, os antidepressivos podem ter efeitos colaterais, em geral pouco incômodos e de todo modo sem gravidade, que afetam cerca de 20% dos pacientes tratados (Pelissolo, 2005). É importante conversar sobre eles com o médico, porque assim ele poderá propor uma eventual adaptação, e até uma mudança de medicamento, para que o tratamento prolongado não traga nenhum problema. Nos primeiros dias, eles podem provocar alguns transtornos digestivos (náuseas sobretudo), transtorno do sono, uma leve sonolência ou outros sintomas físicos que passam geralmente em alguns dias, mesmo com a continuação das ingestões. Paradoxalmente, certas pessoas sentem uma ansiedade no início do tratamento, o que reflete provavelmente a adaptação fisiológica do organismo, também neste caso o mais comum é que esses sintomas desapareçam em menos de uma semana. Em contrapartida, podem persistir um leve cansaço ou transtornos do sono, transtornos da sexualidade (queda da libido e/ou problemas para chegar ao orgasmo, tanto para os homens quanto para as mulheres), e leve ganho de peso associado ou não a um aumento da alimentação. Deve-se então tomar a decisão de modular a posologia ou eventualmente interromper o tratamento. De todo modo, esses efeitos colaterais são reversíveis com a interrupção.

Cabe ressaltar, no entanto, que certas moléculas (paroxetina e venlafaxina) provocam sintomas físicos bastante incômodos quando se para de tomá-las bruscamente ou mesmo quando se esquece de ingerir uma ou duas vezes. Essa síndrome de "interrupção brusca" nunca é grave, mas pode ser angustiante (vertigens, transtornos oculares, dor de cabeça etc.) e justifica a tentativa de não esquecer de ingeri-las e de diminuir gradualmente quando decidir interromper o tratamento, com doses de meio comprimido em geral.

Por fim, algumas pessoas podem sentir sintomas de estimulação excessiva sob tratamento antidepressivo: tensão nervosa, e até irritabilidade, alegria exagerada, desinibição com os outros, aceleração da fala ou do pensamento, distratibilidade, hiperatividade, correr riscos etc. São sinais que podem se assemelhar aos episódios "maníacos" que ocorrem nas pessoas que sofrem de um transtorno bipolar. O melhor é verificar rapidamente se alguns sinais desse tipo aparecem para fazer uma avaliação e uma eventual adaptação do tratamento. *A priori*, os antidepressivos são contraindicados para as pessoas com antecedentes de bipolaridade, ou prescritos de todo modo com grande prudência.

Enumeramos as precauções que devem ser tomadas com os antidepressivos para que você esteja inteiramente informado, mas é preciso repetir que os tratamentos atualmente usados estão muito bem dominados e não trazem problemas na maioria dos casos.

Fora desses listados no quadro acima, outras famílias de antidepressivos (ditos Imao) foram estudadas há alguns anos com certa eficácia na ansiedade social, mas apresentam mais inconvenientes e efeitos colaterais do que os mais recentes e, de todo modo, quase não são comercializados na França.

1.3 As terapias cognitivo-comportamentais

As terapias cognitivas e comportamentais são as psicoterapias mais usadas no tratamento da ansiedade social (André & Légeron, 1993). Elas foram objeto de grande número de estudos que atestam sua eficácia (Mayo-Wilson et al., 2014). O objetivo delas é intervir de maneira direta nos modos de pensamento e nos comportamentos dos pacientes. Elas partem do princípio, verificado, que muitas das dificuldades psicológicas devem-se em grande parte ao aprendizado e à manutenção de comportamentos e de modos de pensamento disfuncionais: trata-se então, para remediar o problema, de aprender novas maneiras de agir e de pensar. A questão do porquê e das razões dessas disfunções passa deliberadamente para o segundo plano, pois até o momento nada leva a pensar – nem estudos científicos nem testemunhos dos pacientes – que compreender por que uma pessoa tem ansiedade social melhoraria a ansiedade social. Além disso, nenhuma pesquisa conseguiu demonstrar que haveria recaídas ou substituições de sintomas nas pessoas tratadas com terapias comportamentais, como já chegaram a afirmar certos terapeutas mal-informados. A tendência dos terapeutas especializados no tratamento da ansiedade social é, pois, se concentrar mais nos esforços de mudanças concretas e atuais do que na reflexão sobre o passado ou sobre o inconsciente do indivíduo com fobia social. O que não impede aliás de abordar, num momento diferente, outros aspectos psicológicos se eles se revelarem importantes.

Isso explica a polêmica que por muito tempo opôs os defensores desse tipo de terapia aos da psicanálise. "Vocês não tratam a causa. Procuram apenas agir nos sintomas, mas na menor ocasião eles reaparecem", diziam em substância os analistas. "Provem então que vocês agem sobre as causas, replicavam os cognitivo-comportamentais. Os resultados de suas teorias nem podem ser avaliados!" (Marks, 1985, pp. 262-264). Esse conflito tende hoje a desaparecer. Há um relativo consenso sobre as terapias cognitivas e comportamentais serem as mais eficazes na ansiedade social, e sobre as psicoterapias psicanalíticas se dirigirem a outras necessidades, mais difíceis de abordar, mas que certos pacientes talvez desejem explorar. Além disso, técnicas de psicoterapia "alternativas" foram testadas com resultados variáveis: terapias interpessoais (Lipsitz et al., 1999), formas adaptadas das terapias comportamentais (Turner et al., 1995), ou adição a essas mesmas terapias comportamentais de técnicas como a hipnose (Schoenberger et al., 1997). Veremos num próximo capítulo que terapias derivadas das terapias cognitivas e comportamentais também podem ser interessantes.

Seja como for, o sucesso e o êxito, em grupo ou individualmente, das terapias cognitivas e comportamentais com os pacientes que sofrem de ansiedade social é uma evidência, atestada por muitas publicações científicas (Taylor, 1996). Outro fator, sem dúvida, também contribui para explicar sua popularidade: é a qualidade do vínculo relacional, da aliança terapêutica entre o terapeuta e o paciente. Ao contrário do modelo clássico, inspirado na psicanálise, em que o terapeuta parece pouco implicado, observando a famosa neutralidade benevolente, as terapias cognitivas e comportamentais supõem uma grande implicação de sua parte. Ele deve sobretudo explicar com a maior frequência possível os transtornos, seus mecanismos, o porquê desta ou daquela opção terapêutica, e responder tão clara e precisamente quanto possível a todas as questões. Assim como ele propõe mais do que impõe direções de trabalho, apresentando-as como hipóteses a testar e a rejeitar em caso de fracasso. Os objetivos são fixados e avaliados em comum. Por fim, ele pede ao paciente a realização de certos exercícios entre as consultas, destinados a colocar em prática as técnicas aprendidas na sessão. Na verdade, o objetivo é ensinar ao paciente o manejo das ferramentas de mudança pessoal para que ele possa continuar a usá-las sozinho quando a terapia terminar (Van Rillaer, 2019). É sem dúvida o que explica sua eficácia no longo prazo. Claro que com a condição de que o paciente também se implique, que esteja verdadeiramente motivado e que tenha capacidades de auto-observação e de introspecção suficientes.

1.4 Podemos associar psicoterapias e medicamentos?

Já dissemos que os medicamentos psicotrópicos deveriam, sempre que possível, se apoiar numa psicoterapia, ou num acompanhamento psicológico baseado em informações e conselhos. O efeito dos medicamentos é aliviar a angústia e reduzir a intensidade dos pensamentos negativos, o que já é muito importante, mas os condicionamentos e reflexos fóbicos, com frequência muito antigos, só cederão com a retomada e a prática regular de novos comportamentos confrontantes, ligados aos esforços pessoais ou a uma psicoterapia (Shear & Beidel, 1998). Assim também, as psicoterapias muitas vezes precisam, no começo do tratamento, se apoiar num efeito "*starter*" dos medicamentos. É por isso que não faz sentido tentar contrapor essas duas abordagens, muitas vezes associadas na prática para o tratamento das formas graves de ansiedade social: os terapeutas se sentem felizes por ter essas duas famílias de ferramentas à disposição (Gould et al., 1997). Quando comparamos, ao reunir diferentes estudos em meta-análises, os tratamentos medicamentosos às psicoterapias, o efeito das terapias comportamentais e cognitivas é globalmente equivalente ao dos antidepressivos (Mayo-Wilson et al., 2014).

1.5 As novas terapias da ansiedade social

O campo das psicoterapias estendeu-se consideravelmente nas últimas décadas, sobretudo os métodos de terapias comportamentais e cognitivas ou aparentadas a estas. É difícil recomendar tratamentos antes de serem largamente estudados e validados pela comunidade médica e científica, o que é sempre delicado quando falamos das psicoterapias, ainda mais complexas de avaliar, por exemplo, do que novos medicamentos. Vamos relembrar aqui os principais avanços em relação às psicoterapias da ansiedade social, com base em publicações de pesquisas, mesmo que a maior parte delas ainda não seja objeto de consenso e não possa, portanto, ser recomendada para todas as pessoas envolvidas. Novamente, é sempre mais sensato buscar a opinião de um profissional que conhece bem a área e que pode dedicar tempo para interações aprofundadas com a pessoa a fim de definir com ela a orientação mais adequada.

Certas adequações das terapias comportamentais e cognitivas têm objetivos sobretudo pragmáticos, principalmente para torná-las acessíveis à maioria. Sabemos, com efeito, que o número de terapeutas ainda é insuficiente em muitas regiões da França e que é, portanto, muito difícil de ter acesso a eles; também não nos esqueçamos da questão dos custos na ausência de reembolso quando se trata de psicólogos. Além disso, a própria ansiedade social pode dificultar o processo de consulta, pois envolve encontrar uma pessoa desconhecida para falar sobre assuntos muito pessoais.

Na tentativa de superar esses obstáculos, algumas equipes criaram programas de terapias totalmente automatizadas por meio de *sites* ou aplicativos *on-line* (Pelissolo, Abou Kassm & Delhay, 2019). Muitas coisas podem, com efeito, ser realizadas de maneira padronizada e interativa, como responder a questionários ou dar conselhos escritos e seguir "exercícios" práticos. Algumas ferramentas ainda mais recentes e sofisticadas, integrando elementos de inteligência artificial, podem até mesmo criar uma ilusão de diálogo personalizado com avatares que fazem perguntas e a elas respondem. Esses princípios foram aplicados à ansiedade social, como a muitas outras patologias, e uma meta-análise reunindo 20 estudos desse tipo concluiu que esses programas *on-line* tinham uma eficácia semelhante às terapias "verdadeiras", frente a frente com um profissional (Guo et al., 2021). Podemos também assinalar um estudo recente mostrando uma boa eficácia de uma terapia na internet para adolescentes associada a três sessões em teleconsulta com um terapeuta (Nordh et al., 2021). Ainda que esses estudos sejam sérios, podemos ter algumas dúvidas sobre a perfeita equivalência entre as duas abordagens, sobretudo quanto à extensão da melhora e sua manutenção no tempo. Por outro lado, é provável que essa abordagem informatizada (*e-terapia*) convenha a certas pessoas e não a outras. Na França, até onde sabemos, não existe programa completo desse tipo que seja utilizado frequentemente. Alguns aplicativos muitas vezes rudimentares são propostos, usados principalmente como apoio aos terapeutas entre as sessões, a fim de espaçá-las um pouco ou de consolidar certas aquisições, assim como ocorre com suportes escritos (fichas ou livros). No momento, portanto, é difícil recomendar essas ferramentas, e o recurso aos guias de autoajuda ainda é uma boa solução para acompanhar um tratamento ou eventualmente começar um quando o acesso a um terapeuta é difícil.

Outra evolução hoje comum, sobretudo desde os confinamentos da covid-19, é efetuar as consultas de psicoterapia à distância, por meio de um *software* de teleconsulta (Warnock-Parkes et al., 2020). Essa modalidade tem certas vantagens práticas (ausência de deslocamentos, maior discrição e mais disponibilidade do terapeuta), mas, por sua vez, ela não convém a todos e nem sempre permite estabelecer uma relação terapêutica de qualidade. As primeiras sessões, que exigem uma observação fina das reações do paciente e uma relação de confiança, são mais delicadas de serem realizadas por meio de uma tela; assim como as sessões com forte implicação emocional, que precisam de um acompanhamento próximo do paciente; e também as dramatizações (estar na situação), muito utilizadas nas terapias da ansiedade. Apesar disso, uma alternância de sessões "presenciais" com sessões à distância pode constituir uma boa solução para reduzir alguns deslocamentos e facilitar o desenrolar da terapia para aqueles pacientes que se encontram longe do lugar da prática do profissional.

Outra abordagem tecnológica desenvolvida com base nas terapias comportamentais é a da realidade virtual (Malbos & Oppenheimer, 2020). Os primeiros estudos usando essa ferramenta em psicoterapia são antigos (Klinger et al., 2004), mas somente há alguns anos ela é realmente aplicável na prática corrente, graças ao aperfeiçoamento dos equipamentos e dos programas. O princípio é mergulhar o paciente num cenário virtual em três dimensões, em geral graças a um capacete 3D, munido de um sistema de captadores que permitem uma interatividade, a fim de reproduzir situações ansiogênicas para uma exposição progressiva, como veremos a respeito dos métodos de terapia comportamental. Graças a essa imersão visual e muitas vezes sonora, e à possibilidade de se deslocar virtualmente no ambiente, o cérebro reage como se estivesse realmente diante de uma situação ameaçadora e desencadeia o mesmo tipo de sintomas de ansiedade que os experimentados na vida real. No início, essas ferramentas foram principalmente usadas para tratar as fobias de altura (vertigem), de avião ou de direção de um automóvel, com a vantagem de poder se habituar aos poucos às situações temidas, mas sem correr nenhum risco e com um acompanhamento constante pelo terapeuta. É possível assim modular de maneira muito fina os "parâmetros" da cena, e repetir inúmeras vezes esses exercícios, o que nem sempre é possível em lugares reais. Esses métodos mostraram bons resultados, em geral similares aos das terapias comportamentais e cognitivas habituais. Na verdade, os resultados dependem da capacidade do paciente de sentir as mesmas sensações que na realidade, o que depende das características individuais, e a técnica é sobretudo eficaz quando é bem conduzida por um terapeuta experiente que sabe alternar as exposições *in virtuo* (no capacete) e *in vivo* (no real), e associar ingredientes de terapias clássicas, principalmente cognitivas. Como para as *e-terapias*, a esperança de um método totalmente automatizado, podendo dispensar o psicoterapeuta, é provavelmente ilusória, em todo caso para a maioria dos pacientes, o que é bastante tranquilizador de certa maneira!

As terapias em realidade virtual foram desenvolvidas também para o tratamento da ansiedade social, com ambientes 3D que propõem sobretudo se expressar diante de um público (personagens virtuais constituem uma plateia mais ou menos numerosa, cujas reações podem ser moduladas) para a prática progressiva desse exercício. Contudo, alguns programas de terapia por realidade virtual integraram, e muito cedo, outros ambientes 3D, como aqueles em que é preciso se afirmar diante de outras pessoas ou falar de si durante um encontro íntimo (Légeron et al., 2003). O que permite abarcar várias outras situações sociais fontes de ansiedade, e não apenas a mera tomada de palavra diante de um grupo. Com o progresso das tecnologias, também é possível reproduzir trocas verbais com avatares, criando interações mais ou menos ansiogênicas em função dos temas de discussões, das emoções expressas pelas pessoas virtuais (rostos abertos ou, ao contrário, mais fechados, coléricos ou ameaçadores) e do número dessas pessoas. O interesse dessas ferramentas é a possibilidade da repetição de certas cenas um bom número de vezes, o que pode ser útil no treinamento da tomada de palavra, e a da facilitação desses exercícios para pacientes inicialmente muito ansiosos que não podem suportar de imediato confrontos reais. Mas é claro que os exercícios *in virtuo* devem igualmente estar associados a exposições *in vivo* para produzir seus efeitos de habituação, sobretudo de maneira duradoura. Aliás, uma meta-análise de 22 estudos comparando as duas abordagens em pacientes sofrendo de ansiedade social mostrou resultados terapêuticos semelhantes no fim do tratamento, mas uma eficácia maior das terapias comportamentais e cognitivas tradicionais durante reavaliações subsequentes, confirmando resultados menos duradouros só com as terapias em realidades virtuais (Horigome et al., 2020).

O metaverso também começa a ser utilizado no tratamento da fobia social. Com efeito, o interesse que ele apresenta é o de criar um mundo virtual conectado à internet e, ao mergulhar o paciente em espaços fictícios e persistentes, permite-lhe interagir e participar com outros utilizadores (Lee et al., 2021). Ao contrário das terapias por realidade virtual clássicas que precisam do uso de um capacete, um mero computador é neste caso suficiente (Légeron & Graziani, 2021). Além disso, os mundos do metaverso permitem a reunião virtual de vários pacientes reais e, portanto, a organização de tratamentos virtuais em grupo. O metaverso desperta controvérsias e paixões, embora seja difícil saber a forma que ele assumirá na prática, especialmente em suas aplicações terapêuticas, que podem ser consideráveis.

As terapias baseadas na plena consciência

As terapias comportamentais e cognitivas se enriqueceram nestes últimos anos com diferentes abordagens complementares, e certos métodos novos se impuseram como soluções pertinentes em muitos transtornos emocionais. É o caso em particular das terapias baseadas na meditação de plena consciência, com protocolos já bem estabelecidos e que provaram sua eficácia para os transtornos ligados ao estresse, de um lado, e para a prevenção de recaídas depressivas, de outro (André, 2017). Nos transtornos de ansiedade social, trata-se em geral de uma abordagem útil num segundo tempo do tratamento, quando os sintomas principais foram bem controlados pelos tratamentos clássicos e com o objetivo de consolidar, e mesmo de estender, os resultados obtidos e de se preservar melhor das recaídas. A meditação de plena consciência permite alargar o autoconhecimento e desenvolver competências emocionais e mentais úteis para enfrentar melhor os efeitos do estresse e dos eventos negativos, como controlar melhor a atenção, distanciar-se dos pensamentos angustiantes e das ruminações, dar mais espaço aos pensamentos benevolentes a respeito de si mesmo, mas também dos outros etc.

Essas abordagens foram testadas com resultados positivos na ansiedade social e pode ser pertinente integrá-las a um programa de tratamento. As palavras de Annie, 36 anos, num artigo do site *Psychologies* (Pelle-Douel, 2010), ilustram bem as contribuições da meditação:

> *Graças a ela, superei minha fobia social. Quando estou com alguém, tenho consciência de sua presença, estou verdadeiramente ali, e não atordoada por apreensões. Meu modo de me colocar, de estar com os outros, é mais seguro e sereno. Estou menos submissa aos meus estados de alma e mais próxima do mundo. E quando emoções surgem, eu as escuto e as aprecio. Não ajo mais em reação aos eventos, mas pausadamente, depois de uma justa observação das coisas. O período do ensimesmamento está bem distante! Aprendi a me tornar minha melhor amiga, meu maior refúgio, tornei-me para mim mesma uma fonte inesgotável de paz e de vitalidade.*

Os protocolos de aprendizagem clássicos se desenrolam em cerca de três ou quatro meses e acontecem em grupo, associados a uma prática pessoal individual. As sessões em grupo são muito interessantes para a ansiedade social porque oferecem ocasiões de interações diversificadas, numa atmosfera benevolente. A contribuição da meditação de plena consciência é igualmente muito interessante para os adolescentes que sofrem de ansiedade social (Carlton et al., 2020).

ACT, EMDR, terapia do esquema

Em função da história de cada um, talvez seja interessante mencionar também outras psicoterapias próximas às terapias comportamentais e cognitivas para o tratamento da ansiedade social. A terapia de aceitação e compromisso ("ACT", em inglês) é um bom exemplo, pois procura ensinar a se desapegar de pensamentos e emoções invasivos e a reduzir as evitações ligadas à ansiedade (Harris, 2022). Um pouco como a meditação, trata-se de se concentrar no momento presente, de tornar o pensamento mais "flexível" alargando seu campo de consciência, e de se apoiar em seus próprios valores de vida para aumentar a motivação e a energia da mudança. Esse método pode trazer melhoras suplementares quando os tratamentos clássicos não reduziram suficientemente os vieses atencionais ou certo número de evitações, principalmente no caso de personalidade evitativa associada à ansiedade social. Alguns estudos clínicos estabeleceram em parte a eficácia dessa abordagem, embora os dados ainda não sejam suficientes para recomendá-la de maneira sistemática (Caletti et al., 2022). Do mesmo modo, quando a ansiedade social parece fortemente intricada com lembranças de maus-tratos, na origem em particular de traumas psicológicos que se refletem na autoimagem, na personalidade e nas relações sociais, abordagens que focam especificamente esses sintomas podem ser integradas ao programa terapêutico. Este pode ser o caso sobretudo da EMDR (Sagaltici & Demirci, 2019) (cuja tradução pode ser "dessensibilização e reprocessamento por meio dos movimentos oculares") ou da terapia do esquema (Balje et al., 2016). Esse tipo de abordagem, como as terapias cognitivas mais clássicas, pode ser muito importante para trabalhar a autoestima, dimensão muitas vezes associada à ansiedade social e que pode exigir uma abordagem específica. Porém, uma vez mais, a escolha dessas abordagens deve ser feita de maneira personalizada com a ajuda de um profissional que tenha uma visão de conjunto das problemáticas. Outros elementos de "higiene de vida" também têm seu lugar nesse tratamento, por exemplo, a atividade física, que, como para outras formas de ansiedade, contribui muito para o bem-estar e a autoconfiança (Zika & Becker, 2021).

1.6 Como se desenrolam, na prática, as terapias cognitivo-comportamentais?

Com ou sem medicamentos, os princípios são quase sempre os mesmos: o terapeuta ajuda o paciente a enfrentar as situações que ele teme desenvolvendo sua habilidade relacional e ensinando-lhe a controlar seus pensamentos excessivamente negativos. O objetivo é, basicamente, responder a três problemas: como não fugir, como se comunicar melhor, como pensar de outra forma... É o que vamos abordar nos próximos capítulos, para conhecer melhor os métodos utilizados e, quem sabe, assim inspirá-lo!

2
Não fugir mais

Just do it!

A tendência dos indivíduos com transtorno de ansiedade social a fugir, a se retirar num pequeno mundo solitário é uma constante. O que lhes permite apaziguar a ansiedade e se torna rapidamente um automatismo. Uma das primeiras etapas para superar isso consiste então em se habituar pouco a pouco a enfrentar as situações temidas (Hope & Heimberg, 1993). No mais, muitas das melhoras ocorridas na ausência de terapia devem-se aos eventos, às circunstâncias que de alguma forma forçaram as coisas. Aliás, é o que se passa com a maioria das crianças: se os pais não as isolam e proporcionam uma vida aberta, com encontros e separações em número pouco a pouco maior, a ansiedade social, que para elas é uma etapa normal entre o oitavo mês e o segundo ano, desaparecerá.

Existem, para facilitar esse tipo de processo, técnicas muito simples, chamadas de exposição. Seu princípio é o seguinte: enquanto evitamos algo, só podemos continuar a ter medo ("se não tivesse evitado, uma catástrofe teria acontecido"). O círculo vicioso é o mesmo para todas as fobias: mais temos medo, mais evitamos, e mais evitamos, mais temos medo... Se, por outro lado, encaramos, segundo regras bem conhecidas dos comportamentalistas, o que nos causa medo, acabamos sempre – sempre! – vendo nossa ansiedade diminuir.

As principais etapas das técnicas de exposição

Perceber as dificuldades em relação às situações-problema	"Em quais situações eu sinto ansiedade social?"
Estabelecer uma lista dessas situações	"Quais são essas situações?"
Identificar os fatores positivos ou negativos	"Quais são as condições que aumentam ou diminuem meu medo nessa situação?"
Hierarquizar as situações, da mais fácil à mais difícil	"Quais são, para começar, as menos angustiantes? Quais são, em seguida, as que mais tendo a evitar?"
Preparar o enfrentamento das situações	"O que devo aceitar para enfrentar essas situações?"
Planejar o enfrentamento	"Em que ordem e em quais momentos vou enfrentá-las?"
Exposição	"Eu me atiro na água" (mas "ela dá pé"!)
Avaliação dos resultados	"O que funcionou, o que deve ser revisto?"
Generalização	"Depois de vários sucessos, eu abordo as situações para as quais não me preparei."

2.1 Ser concreto

A melhor maneira de nunca conseguir resolver um problema, sobretudo se ele é antigo e complexo, é percebê-lo em sua globalidade, como um conjunto indivisível. Quando nossos pacientes vêm nos consultar, é bastante comum não saberem como falar de suas dificuldades, de tanto que estas lhes parecem vagas, confusas. Uma de nossas primeiras tarefas consiste em ajudá-los a ver mais claramente ou de forma mais justa os diferentes componentes de suas dificuldades. Em geral, a percepção que eles têm de sua ansiedade social se resume em frases como: "Não me sinto bem na minha pele", "Não me sinto confortável na sociedade", "Tenho medo de me comunicar com os outros"... Enquanto a percepção de suas dificuldades permanecer nesse nível de generalidade, é difícil para eles esperar uma mudança, uma vez que não diferenciam de modo claro em que direção devem conduzir seus esforços. Formulado globalmente, o problema deles continua sem solução e exige apenas os habituais conselhos do entorno: "Faça alguma coisa!"

Convém, pois, fragmentar o problema numa série de dificuldades mais limitadas que em seguida poderão ser abordadas separadamente. Imagine, por exemplo, que você deve organizar uma casa ou um cômodo bagunçado. Enquanto considerar a bagunça como um todo, como um imenso problema a ser resolvido de uma só vez, você será invadido por um sentimento de impotência ou de desencorajamento. A partir do momento em que tiver decidido segmentar o problema – por exemplo, começar por um cômodo e depois por um tipo de objeto –, terá mais capacidade de agir de forma eficaz.

Em outras palavras, para mudar as coisas (neste caso, você mesmo, ou melhor, seus comportamentos...), é preciso sair da constatação global do tipo "sou tímido" para se perguntar onde, quando, com quem, fazendo o quê etc. Convém então anotar durante alguns dias as principais situações que são problemáticas. De observador passivo de suas próprias dificuldades, você se torna então um espectador mais ativo e engajado.

Em seguida, é preciso estabelecer uma espécie de "parada de sucesso" de sua ansiedade social. Em quais circunstâncias ela é mais forte? Quais situações desencadeiam as mais importantes sensações de ansiedade? Quais situações são as mais sistematicamente evitadas? O objetivo dessa fase é preparar a exposição, determinando por quais situações esta começará: segundo um bom e conhecido princípio pedagógico, começa-se pelas situações relativamente pouco angustiantes, reservando as mais difíceis para o fim da terapia. É particularmente importante analisar com bastante precisão os detalhes das situações abordadas (Hope, 1993): sexo e *status* dos interlocutores, presença ou não de observadores externos à cena, caráter previsível ou não da situação etc. Cada um desses elementos pode levar a uma considerável variação do grau de ansiedade sentida.

2.2 Enfrentar

Se faz tempo que o paciente não enfrenta a situação ou se nunca a enfrentou, ele deve ser preparado, treinado. Aliás, isso permite ao terapeuta uma melhor compreensão do seu modo de pensar e de seus comportamentos, e ajuda o paciente a desenvolver uma nova habilidade. Essa fase permite também verificar se os objetivos fixados pelo paciente são de fato realistas.

Ela tem por objetivo uma conscientização de que é possível enfrentar uma situação sem que se produzam as catástrofes temidas e sem que a angústia provocada seja intolerável. Sendo assim, o tempo de exposição deve ser bastante longo. A angústia sentida deve ter diminuído pelo menos 50% antes que um abandono seja desejável. Nos casos em que o paciente apresenta um nível de angústia particularmente elevado, pode ser que o terapeuta o acompanhe em alguns de seus movimentos. Foi assim que uma de nossas colegas, tratando de um paciente particularmente fóbico que devia pedir informações aos comerciantes, viu-se um dia numa situação engraçada. O consultório no qual ela trabalhava ficava em frente a um hotel. Ela propôs então ao paciente que começasse perguntando o preço de um quarto... Foi só quando cruzou o olhar do recepcionista que ela compreendeu o caráter ambíguo desse procedimento. Ela logo sentiu o mesmo desconforto sentido pelo paciente, que estava comendo o pão que o diabo amassou para obter a informação sobre os preços dos quartos com ou sem banheira...

Cada exposição deve ser avaliada da forma mais precisa possível. O terapeuta pode julgar a exposição bem-sucedida, mas o paciente pode considerá-la uma catástrofe. Por isso, é preciso definir objetivos "razoáveis" e progressivos, níveis. Alguém que não ousa falar em público não pode esperar que já na primeira intervenção irá falar durante dez minutos com facilidade e brio: claro que suas primeiras intervenções se limitarão a algumas palavras de aprovação ou a uma pergunta formulada em voz um pouco baixa demais. O importante é que a intervenção aconteceu, não importando sua qualidade. É, em seguida, com a repetição dessas experiências, que a angústia diminui e que um relativo conforto pode se instalar.

Depois de certo tempo praticando as exposições programadas e planejadas, observamos habitualmente uma generalização, isto é, uma extensão das exposições espontâneas a outras situações diferentes daquelas abordadas na terapia.

2.3 Os medos de Charles

Charles, 43 anos, professor numa escola, veio um dia nos consultar por causa de uma fobia social generalizada. Seu irmão parecia apresentar uma ansiedade social moderada em relação à sua. Segundo ele, seus pais eram reservados, mas bastante sociáveis. Seus transtornos começaram quando entrou na faculdade. Antes, ele tinha muitos amigos e parecia bem à vontade em seu microcosmo da escola. O primeiro trimestre universitário tinha sido muito difícil: ele apresentara sobretudo um pânico durante uma apresentação diante de 20 outros estudantes. A partir desse momento, ele se ensimesmou, evitando cada vez mais todas as situações sociais que não lhe eram impostas. Seguindo a tradição familiar, depois dos estudos ele escolheu o ensino, mas com certeza também por nostalgia daquilo que chamava de sua idade de ouro, seus anos felizes na escola. Sua fobia social, ainda que incômoda pela intensidade da angústia, não o impediu de exercer a profissão de professor de matemática: sentia-se quase à vontade com seus alunos, desde que fosse uma classe pequena, composta de crianças mais dóceis, ou classes de último ano, preparando-se para o vestibular, nas quais o desafio do fim de ano representava uma proteção contra eventuais transbordamentos. Em contrapartida, quase todas as relações que ele devia ter com adultos, além da família ou dos amigos de infância, eram para ele uma verdadeira prova de resistência. Às vezes ele acabava tomando uma bebida alcoólica ou um tranquilizante para tentar relaxar um pouco. Charles não era deprimido e dispunha de capacidades relacionais de boa qualidade. Em contrapartida, sua ansiedade extremamente forte em situação e as inúmeras evitações resultantes eram uma incapacidade. Foi decidido então, com sua concordância, que a terapia se apoiaria essencialmente em sessões de exposição.

Uma lista de situações problemáticas foi então elaborada com seu terapeuta. Ela está reproduzida no quadro abaixo.

Avaliação das situações ansiogênicas de Charles

Situações problemáticas	Ansiedade (de 0 a 10)	Evitação (de 0 a 10)
Ir ao cinema num sábado à noite e ter de ficar na fila	3	3
Ter compromissos administrativos (banco, seguridade social...)	3	4
Assinar um formulário sob o olhar de outra pessoa	5	5
Pedir informações bastante longas numa loja	5	6
Falar com os vizinhos do prédio, na garagem, na escada ou no elevador	5	7
Aceitar convites para jantar na casa dos novos colegas	6	7
Falar por vários minutos durante um conselho de classe	7	8
Ousar convidar uma colega, ou um novo alguém, ao cinema ou ao restaurante	9	10

Uma vez feita a lista, Charles nos confidenciou: "É a primeira vez que começo a pensar no meu problema de forma objetiva, e não como reclamações!" Em seguida, ele teve de hierarquizar essas situações em função do grau de angústia e da importância das evitações que elas desencadeavam. O número 0 corresponde a uma ausência de angústia e a uma situação jamais evitada; o número 10 a uma angústia máxima, próxima do ataque de pânico, e a uma evitação completa. Os números intermediários permitem nuançar o desconforto sentido: 5 corresponde a uma ansiedade significativa, mas ainda suportável, e a uma tendência a evitar com bastante frequência.

Em seguida, deve-se revisar cada uma dessas situações e examinar os pensamentos de Charles a esse respeito. No primeiro caso, diz ele, "vão ver que estou sozinho, e todos vão ao cinema em casal ou com amigos... vão me achar nervoso, com um ar estranho... se as pessoas me olharem fixamente, vou entrar em pânico". Embora reconhecendo o caráter irracional e excessivo desses pensamentos, eles iam surgindo em sua mente todas as vezes que se imaginava na fila sozinho diante de um cinema.

Era preciso então modificar esse modo de pensar e criar as condições para que Charles pudesse dizer a si mesmo: "Não sou o único que vai ao cinema sozinho. Se olhar bem, é claro que vou descobrir muitas pessoas sozinhas; eu também tenho o direito de sair sozinho. E depois, as pessoas não passam o tempo me observando. No máximo, elas dirão que sou tímido. Vou tentar ainda assim, e, se me sentir desconfortável demais, volto para casa". Aí seu nível de angústia descia de 1 a 2 pontos.

Os comportamentos foram em seguida avaliados. Primeiro com uma representação de papéis na imaginação, na qual Charles foi convidado, por meio de questões bem precisas, a se descrever assim como estaria na situação: "Tenho a cabeça baixa, não ouso olhar as pessoas, falo muito lentamente com a moça do caixa, ela me faz repetir, não ouso lhe pedir um lugar preciso..." Em seguida, com uma representação de papel real, Charles foi convidado a ficar em pé, a mostrar qual postura ele adotava na fila de espera, como se dirigia exatamente à moça do caixa etc. Também dessa vez, alguns comportamentos mais adaptados foram trabalhados na sessão: levar uma revista para se acalmar lendo-a na fila de espera; olhar vez ou outra o céu e nem sempre a calçada, de cabeça baixa; falar mais alto com a moça do caixa etc.

O conjunto desses conselhos simples de preparação foi completado com um treinamento nos princípios elementares de relaxamento, principalmente de controle respiratório. Por exemplo, ele foi aconselhado a respirar pela barriga em vez de pelo peito, lentamente (inspirar durante três segundos, segurar a respiração por um segundo, expirar por três segundos, e assim por diante). No final da sessão, a exposição foi planejada: Charles escolheu para esse primeiro teste um pequeno cinema de bairro e um filme que já estava há algum tempo em cartaz, para evitar uma fila grande demais. Não era preciso arriscar um fracasso, que suscitaria de cara uma fuga ou uma crise de angústia severa! Com efeito, Charles não ficava na fila no cinema desde que era estudante. Outra solução, para avançar um nível a mais, teria sido pedir a Charles que se fizesse acompanhar por um amigo: mas como eram poucos, não era fácil de programar. Além disso, como muitos indivíduos com fobia social, Charles tendia muito mais a esconder seus problemas dos amigos. Teria sido vergonhoso parecer angustiado na presença de um amigo. O programa foi marcado para a semana seguinte...

Ao chegar, Charles exibia um sorriso largo. Tudo tinha se passado bem, fora muito mais fácil do que previsto. A ansiedade tinha sido bastante significativa quando ele se viu diante do cinema, onde havia mais pessoas do que o esperado. Mas ele não deu meia-volta. Sua angústia atingira o máximo durante três a quatro minutos, depois ela foi pouco a pouco desaparecendo, permitindo-lhe aproveitar o filme.

As exposições seguintes se desenrolaram no mesmo modo. Situações que não estavam inscritas na lista foram espontaneamente abordadas (como pedir uma informação na rua, ou brincar com um colega na saída do colégio). Contudo, assim que chegou nas três últimas etapas, foi preciso elaborar outra lista, muito mais centrada nessas situações, que se revelaram mais difíceis de dominar do que previsto. Aceitar um convite para jantar, por exemplo, foi fragmentado em várias etapas: ir almoçar com mais frequência e regularidade com seus velhos amigos, convidá-los para jantar em sua casa, aceitar os convites deles pedindo-lhes para convidar pessoas não conhecidas etc.

Charles conseguiu finalmente alcançar o conjunto dos objetivos que, junto com o terapeuta, ele se fixara. Sua qualidade de vida melhorou, bem como suas relações com os colegas. Ele se inscreveu num coral e decidiu até mesmo participar de uma viagem organizada sem conhecer ninguém. Desde os primeiros dias, ele começou a falar com quase todos os membros do grupo e alguns até se tornaram seus amigos.

"Na verdade, uma vez que fazemos as coisas, percebemos que era muito mais fácil do que previsto; em resumo, é ousar fazê-lo", ele comentou durante uma das últimas sessões, encontrando por si mesmo a célebre máxima de Sêneca...

2.4 Saber mais sobre as técnicas de exposição

Se você deseja praticar as técnicas de exposição descritas neste capítulo (sozinho ou no contexto de uma psicoterapia), você deve saber um pouco mais sobre elas.

Primeiro, você deve compreender bem que a angústia, por mais dolorosa que ela possa parecer quando começamos a senti-la, acaba sempre diminuindo por si só, como mostra a curva abaixo. É claro que sua convicção durante uma crise de ansiedade será primeiro de que a ansiedade talvez continue aumentando indefinidamente (e de que o conduzirá a um ataque de pânico), em seguida que ela nunca vai parar (e que você vai se cansar ou ficar louco). Nos dois casos, sua tentação será, se não conseguiu evitá-la de antemão, de interromper a situação, seja fugindo dela (fuga), seja se protegendo ainda mais com evitações sutis (não falar mais, não olhar mais nos olhos etc.). No entanto, todos os nossos pacientes que conseguiram fazer a experiência conosco descobriram que se permanecessem tempo suficiente numa situação, era sempre a ansiedade que recuava, e não mais eles.

Intensidade da ansiedade durante uma sessão de exposição prolongada

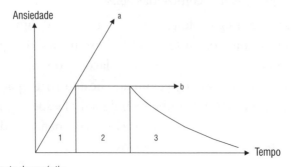

Fase 1: aumento da angústia
Fase 2: estabilização da angústia
Fase 3: diminuição da angústia

Pontilhados: (a) antecipação de um aumento sem limites da ansiedade (roteiro de catástrofe); (b) antecipação de uma manutenção ilimitada da ansiedade em seu nível máximo.

Em seguida, é preciso saber que esses exercícios de exposição devem ser repetidos regularmente: para se livrar de uma ansiedade tão enraizada na pessoa quanto a ansiedade social, uma vez não basta. Não é porque você enfrentou vitoriosamente uma situação que poderá não mais sentir angústia nas próximas vezes. A angústia vai efetivamente diminuir de enfrentamento em enfrentamento, mas de maneira muito progressiva, como indicado na figura abaixo.

Evolução do nível de ansiedade durante as sessões repetidas de exposição

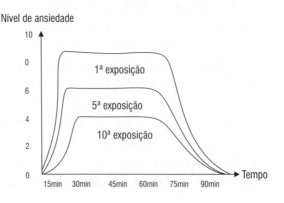

Quatro conselhos fundamentais para ter êxito em seus esforços de exposição

Conselho	Na prática	Comentário
Os exercícios de exposição devem ser suficientemente longos	A duração média para sentir uma diminuição da angústia situa-se em geral entre 20 e 40min	Outra possibilidade, repetir logo depois breves exercícios durante a mesma duração (p. ex., pedir uma informação para vários transeuntes consecutivos)
Os exercícios de exposição devem ser regularmente repetidos	Para se curar de uma ansiedade social invalidante, você terá de investir tempo: consagre-se aos exercícios de 20 a 30min por dia	Quanto mais a ansiedade social é severa, mais a diminuição da angústia no decorrer das repetições ocorrerá lentamente (Eckman & Shean, 1997); mas ela sempre acontece
Os exercícios de exposição devem ser completos	Completos, isto é, sem evitações sutis: evitação do olhar, silêncio, utilização do *smartphone* como derivativo etc.	Se você repetir os exercícios e a angústia não diminuir, investigue essas microevitações, que podem passar despercebidas para você, se elas se tornaram uma maneira de agir habitual
Os exercícios de exposição devem se acompanhar de esforços de descentramento	Durante os exercícios, concentre-se no exterior, e não em suas sensações e seus temores: observe as outras pessoas, os detalhes dos lugares etc.	Certos estudos mostram que, quanto mais o indivíduo com transtorno de ansiedade social consegue projetar sua atenção para o exterior de si mesmo, tanto mais rápido seu mal-estar diminui (Woody et al., 1997)

Por fim, esses exercícios de exposição se revelam tão eficazes quanto simples. Mostramos, por exemplo, que eles desempenhavam um papel fundamental na pós-psicoterapia: os pacientes que continuam a praticá-los regularmente continuam melhorando depois (Edelman & Chambless, 1995). Alguns trabalhos atestaram que os resultados obtidos com essas técnicas permaneciam estáveis depois de mais de um ano e meio (Fogarty, Hevey, & McCarthy, 2019). E mais, de maneira aparentemente paradoxal, esses métodos de exposição, de espírito comportamentalista puro e duro ("Exponha-se e a cura chegará"), mostravam-se capazes de modificar os sistemas de crença dos pacientes (Hofmann, 2008). O que não é surpreendente em si: a visão que temos de nossas capacidades se modifica necessariamente quando enfrentamos com sucesso situações evitadas há muitos anos. E a maioria dos especialistas do tratamento da fobia social reconhece que esses exercícios de exposição representam o componente obrigatório de qualquer psicoterapia eficaz (Rukmini et al., 2021): não nos curamos de uma ansiedade social patológica sem aceitar nos expor. Não há, portanto, *talking cure* possível desse transtorno, e as terapias que consistem em simplesmente falar de seus problemas não farão com que a ansiedade recue (Cottraux et al., 2000).

Se a palavra pode ser às vezes libertadora, não é no contexto discreto de uma terapia em que se senta numa poltrona ou se deita num divã, e sim no aprendizado de regras de comunicação utilizáveis na vida cotidiana: vamos ver como.

3
Uma comunicação melhor

> *O homem realmente livre é aquele que sabe recusar um convite para jantar sem dar pretextos.*
> Jules Renard

A ansiedade social é com muita frequência associada ao que se pode chamar um déficit em competências sociais (Fanget, 2011). O que queremos dizer com isso? As competências sociais são o conjunto dos comportamentos relacionais desenvolvidos por um indivíduo, aqueles que lhe permitem ter trocas eficazes, adaptadas e gratificantes com seu entorno. Elas se referem às comunicações não verbais (durante uma discussão, olhamos o interlocutor nos olhos, falamos com uma voz audível etc.?), mas também, é claro, verbais (expressamos clara e diretamente o que desejamos, respeitamos nosso interlocutor considerando o que ele deseja etc.?). Esses comportamentos podem parecer naturais para a maioria de nós, mas são em grande parte adquiridos em função dos modos educativos, dos modelos parentais e de diversas circunstâncias de vida. Por isso, podemos dizer que algumas pessoas os aprenderam melhor do que outras. Felizmente, é sempre possível reaprendê-los, aperfeiçoá-los, mesmo tardiamente. Ao contrário de uma ideia amplamente difundida, nada a esse respeito é definitivo (Fanget & Rouchouse, 2007).

3.1 Desenvolver suas competências sociais

Essas competências sociais podem ser alteradas pela ansiedade social: diante de uma pessoa intimidante, você pode de repente não saber mais o que dizer, ao passo que não lhe faltam ótimos assuntos de conversação numa circunstância normal. Por outro lado, um déficit em competências sociais pode estar na origem de uma ansiedade social. É um fenômeno clássico com o qual cada um de nós provavelmente já se confrontou: se você é convidado para um jantar muito chique, mas não está tão familiarizado com os hábitos desse meio, talvez se sinta levemente angustiado ao descobrir os seis pares de garfos e de facas ao redor de seu prato, na hora em que, para completar, lhe servem camarões inteiros! É um equivalente menos violento, esperamos que este seja seu caso, do que podem sentir alguns indivíduos com transtorno de ansiedade social diante das situações que acreditam que não podem dominar, pois não sabem como se comportar.

Ao desenvolver as competências sociais, podemos melhorar nosso sentimento de controle e até o domínio real de uma situação, diminuindo, dessa forma, nossa ansiedade. Podemos assim nos tornar mais ator e menos espectador, uma vez que o engajamento na ação faz baixar o sentimento de estresse e tensão. Por fim, de maneira indireta, esse tipo de treinamento favorece os comportamentos de exposição e conduz a uma revisão dos nossos modos de pensamento (Azaïs et al., 1999).

3.2 Afirmar-se

Um dos modelos mais utilizados em matéria de desenvolvimento de competências sociais é o da autoafirmação (Cariou-Rognant, Chaperon & Duchesne, 2014). Em situação social, existem três principais tipos de comportamentos relacionais, cujas principais características encontram-se resumidas no quadro a seguir. Dois deles apoiam-se provavelmente numa programação genética no nível da espécie, e são, portanto, de aprendizagem extremamente fácil: os comportamentos agressivos e os comportamentos passivos. Cada um deles apresenta vantagens, mas sobretudo muitos inconvenientes na vida social de hoje. O terceiro é o comportamento assertivo, cuja aprendizagem é mais difícil do que os dois precedentes. Ser capaz de se afirmar é poder expressar o que se pensa, deseja ou sente da maneira mais clara e direta possível, tendo em conta o que o outro pensa, deseja, sente, e com o mais baixo nível de ansiedade possível.

Os três tipos de comportamentos relacionais

	Comportamento passivo	Comportamento assertivo	Comportamento agressivo
Vantagens	Pouco gasto de energia, bem tolerado pelo entorno	Eficaz para alcançar seus objetivos, relativamente confortável	Relativamente eficaz
Inconvenientes	Frustrante, pouco eficaz para alcançar seus objetivos	Necessidade de uma aprendizagem e de uma manutenção	Conflitual, estressante

Ao contrário dos comportamentos agressivo e passivo, o comportamento assertivo é adaptado a um amplo leque de situações, em todo caso, a todas aquelas que encontramos comumente na vida cotidiana.

A autoafirmação é hoje uma técnica de treinamento nas competências sociais muito difundida e, aliás, ultrapassou largamente o campo das psicoterapias para ganhar o da formação continuada nas empresas e em relação ao desenvolvimento pessoal. Começa-se por definir situações que deverão ser enfrentadas depois de um treinamento que permitirá um melhor enfrentamento. O trabalho deve também se centrar nos modos de pensamento (Fanget, 2011), particularmente aqueles que levam os indivíduos com transtorno de ansiedade social a adotar comportamentos passivos ("se eu disser o que penso, vai dar tudo errado") ou agressivos ("para obter o que quero, devo ser o mais forte"). Mas sua originalidade reside sobretudo no fato de promover relações dinâmicas e igualitárias entre os indivíduos.

3.3 O desconforto de Anita

De origem sul-americana, Anita é arquiteta e tem 34 anos. Depois de duas depressões, ela veio nos consultar para tentar resolver suas dificuldades relacionais. Ela sofre, na verdade, de uma timidez antiga, que se tornou particularmente desconfortável há alguns anos.

Discreta e reservada desde a infância, Anita sempre teve, no entanto, muitos amigos; era até mesmo muito popular entre as crianças e professores. Sua chegada à França aos 7 anos não alterou sua timidez, já bem estruturada, mas que ela sabe usar maravilhosamente para seduzir e atrair. Vivendo numa família muito unida, ela era psicologicamente equilibrada e se adaptava com bastante facilidade aos novos ambientes e às novas pessoas que conhecia, apesar de ser filha única. Casou-se pouco tempo após o término de seus estudos com um alto funcionário, quase sempre ausente. Depois de alguns anos de vida conjugal, Anita se cansou das ausências repetidas de seu marido e se divorciou, decidida a concretizar seu sonho de infância: ter um escritório de arquitetura. Mas as dificuldades foram maiores do que o previsto... Como nunca vivera sozinha, ela não suportou muito bem o divórcio que, no entanto, desejara. Ainda mais que seus pais, não compreendendo seu gesto, distanciaram-se dela, mantendo contato estreito com o ex-marido, que eles consideravam um pouco como um filho adotivo. Além disso, ela se surpreendeu ao descobrir que não dispunha das competências relacionais exigidas para administrar bem seu escritório de arquitetura: a apresentação dos serviços, os conflitos com os profissionais nos canteiros de obra, os litígios com os clientes descontentes, abrir caminho para conquistar seu lugar entre os escritórios concorrentes, ela se perde rapidamente... Pouco a pouco, surge uma ansiedade antecipatória, sempre que devia visitar uma obra ou fazer um pedido delicado. Depois de duas depressões em três anos, e de graves problemas financeiros, ela resolveu se consultar.

Criada numa família bem de vida, mas fragilizada por sua origem estrangeira, Anita aprendera com os pais a arte de não reagir, de não contrariar, de não incomodar; as necessidades dos outros sempre foram mais importantes do que as próprias, ela passara de um ambiente familiar para um ambiente conjugal sem nunca ter enfrentado situações difíceis sozinha.

Depois de algumas entrevistas de avaliação, decidimos começar a trabalhar com ela o problema de suas competências sociais defeituosas. Uma primeira fase consistiu em fazer um balanço bastante preciso das competências sociais básicas, uma espécie de "gramática relacional" indispensável no cotidiano, com a ajuda do quadro abaixo.

A avaliação das dificuldades relacionais de Anita

0 = *muito fácil* 10 = *muito difícil*	Com pessoas próximas	Com pessoas conhecidas	Com desconhecidos	Com pessoas intimidantes
Expressar mensagens positivas	2	5	7	10
Receber mensagens positivas	3	4	6	8
Fazer pedidos	2	5	7	9
Recusar	3	6	7	8
Fazer críticas	3	5	8	8
Responder às críticas	4	6	7	7
Começar uma conversa	0	2	6	8

Em geral, Anita sentia muitas dificuldades assim que tinha de conversar com pessoas desconhecidas ou intimidantes (mais competentes, mais afortunadas, mais à vontade para se expressar...). Sentia-se então quase incapaz, por exemplo, de pedir um encontro profissional ou de criticar um trabalho malfeito.

Uma primeira fase foi então consagrada à aprendizagem de técnicas simples de comunicação, permitindo-lhe dominar melhor as "habilidades" básicas descritas no quadro. Cada uma dessas situações foi objeto de um treinamento específico, apresentando-se a cada vez segundo o seguinte plano: a situação é precisamente definida – com qual pessoa, por qual razão, em que lugar; a cena é representada uma primeira vez, da maneira como a paciente a teria feito em sua vida diária; o terapeuta faz comentários precisos sobre os componentes verbais e não verbais da comunicação; ele dá instruções precisas para melhorar o comportamento da paciente; a cena é novamente representada pela paciente, levando em conta as observações feitas; a paciente é encorajada a transferir o que aprendeu para sua vida cotidiana.

Essa fase durou cerca de três a quatro meses; durante esse período, Anita foi encorajada a aplicar o que ela aprendia na sessão em sua vida diária, mas limitando-se às situações simples e sem maiores desafios, correspondendo na verdade às duas colunas da esquerda. O objetivo era praticar escalas, de certa forma, como um músico desenvolvendo seu virtuosismo com melodias fáceis.

Numa segunda fase, decidiu-se enfrentar as situações mais delicadas, mas cuja importância era capital em relação às suas escolhas de vida. Sete situações foram escolhidas, situações que deviam se repetir regularmente: saber "se vender", falando positivamente de si mesma aos novos clientes (em vez de não ousar fazê-lo para não parecer pretenciosa, ou por medo de depois decepcionar); ousar falar de dinheiro, fixar preços altos o suficiente, resistir às tentativas de obter reduções, saber importunar os maus pagadores (em vez de não tocar nesse assunto e de renunciar não exigindo o que lhe é devido); criticar os atrasos ou as más execuções nos canteiros de obra, e exigir dos profissionais o que estava previsto (e não se submeter às suas justificativas sempre muito argumentadas); valorizar-se durante as reuniões profissionais ou amigáveis (em vez de ficar no seu canto esperando ser chamada); defender-se melhor e se justificar durante suas visitas ao banco por problemas de falta de saldo (em vez de aguentar as reprimendas como uma criança culpada); responder com calma e firmeza às críticas dos clientes descontentes (em vez de se inquietar, se justificar, ou acabar se irritando e entrando em conflito); ousar contactar colegas para trocar ideias de projetos em comum (e não pensar que tudo já está perdido e que ninguém se interessa por ela para um grande projeto, pois falta-lhe experiência). Com exceção da última, essas situações não correspondiam, na verdade, a evitações completas, uma vez que Anita chegava às vezes a enfrentá-las; simplesmente, suas intervenções não estavam à altura do que ela desejava.

No caso de Anita, o trabalho sobre a gestão do cliente descontente ocorreu da seguinte maneira: a representação começou revelando importantes disfunções. Devido à ansiedade nessa situação, Anita tinha tendência a se justificar muito ("Não tive tempo de passar na obra, estou completamente sobrecarregada."), a insinuar que o cliente exagerava ("Está passando dos limites, não?"), depois a procurar saber se ele próprio não era a origem de uma parte de seus infortúnios ("Tem certeza de que me pediu exatamente isso? Não está no contrato."); e, para encerrar, segundo o grau de estresse atingido, ela acabava por não dizer mais nada, esperando que isso passasse (atitude passiva), ou por perder a calma e propor ao cliente o rompimento do contrato (atitude agressiva).

O terapeuta, relembrando-lhe as bases da autoafirmação adaptadas a esse tipo de situação (reconhecer o problema do outro sem necessariamente aprová-lo, expressar seus próprios sentimentos sem agressividade), procurou com ela que tipos de resposta eram adaptados, o que permitiu, depois de um bom número de tentativas e hesitações, o seguinte diálogo na representação de papéis:

> – Senhora E., estou furioso, os ladrilhos não estão na dimensão correta, não é possível, você poderia ter cuidado disso, não sou eu que tenho de perceber!
> – Ouça, compreendo sua raiva, mas vou me virar para consertar isso.
> – Não, veja bem, você é que tinha de ter visto isso antes!
> – Não posso estar o tempo todo na obra. Garanto que passo ali todos os dias, e que vou agora mesmo resolver esse problema. A partir de amanhã tudo estará solucionado.
> – Acho bom, porque já estou pagando bem caro. Se além disso o trabalho não é bem-feito, então não vale a pena.
> – Você tem toda a razão de exigir que o trabalho seja bem-feito, mas não podemos evitar alguns erros de vez em quando, o importante é que tenha certeza de que eles serão corrigidos, eu me responsabilizo. Confie em mim.

Repetindo esse tipo de representação de papéis, Anita desenvolveu pouco a pouco um conjunto de competências sociais bem melhores do que antes. O número de ocasiões em que ela conseguia se afirmar foi aumentando gradativamente, enquanto a intensidade de sua ansiedade diminuía.

Essa fase também durou de quatro a cinco meses. Depois de quase um ano de tratamento, com uma sessão semanal, Anita conseguiu construir e dominar uma habilidade relacional adaptada a seu novo modo de vida. Durante a terapia, ela havia encontrado um novo companheiro e começara a preparar uma sociedade com outro arquiteto, que ela sempre admirara muito e considerara como um mestre.

Suas tendências depressivas, regularmente avaliadas por escalas adaptadas, tinham desaparecido, como muitas vezes acontece durante esse tipo de tratamento, mesmo que a depressão não represente o alvo direto das intervenções terapêuticas.

A consideração das dificuldades do indivíduo com transtorno de ansiedade social em se afirmar faz sistematicamente parte das estratégias terapêuticas (Lelord, 2000a). Esse trabalho pode também acontecer em grupo, com o mesmo sucesso (Barkowski et al., 2016). Reunimos então seis a doze participantes, com um ou dois terapeutas, e eles seguem sensivelmente o mesmo procedimento. Essas duas fórmulas têm suas vantagens. O grupo permite trabalhar numa atmosfera amistosa, os participantes se apoiando mutuamente e se encorajando, e até se encontrando para trabalharem juntos fora das sessões. Ele garante igualmente mais veracidade à representação de papéis, fornecendo uma maior escolha de parceiros possíveis para dar a réplica. Por fim, ele tem um lado desdramatizante, mostrando a cada um que ele não é o único a sofrer de ansiedade social... Por outro lado, o tratamento individual favorece certamente um trabalho mais personalizado e sobretudo uma abordagem mais precisa dos mecanismos cognitivos. Se alguns transtornos da personalidade estão associados ao problema de autoafirmação, um tratamento individual é indispensável (Guérin et al., 1994). Na prática, o treinamento das competências sociais está muitas vezes associado a um trabalho cognitivo como o que agora vamos descrever.

4
Pensar de outra forma

> *O que transtorna os homens não são as coisas, e sim as opiniões que têm sobre elas.*
> Epiteto

Vimos que a ansiedade social é acima de tudo uma ansiedade de avaliação, na qual se tende a perceber todas as situações sociais como avaliativas, mesmo aquelas que parecem banais aos olhos dos indivíduos não fóbicos (jogar conversa fora com um vizinho ou falar com o caixa de uma loja). Essa ansiedade de avaliação se acompanha igualmente de uma tendência a concentrar a atenção sobre si e suas manifestações de ansiedade (fisiológicas, comportamentais e cognitivas), no temor obsedante de que elas sejam visíveis ao outro. A ansiedade social apoia-se então sobre um duplo medo: medo dos outros e medo de si. As terapias cognitivas vão ter como objetivo ajudar os pacientes a modificar seus conteúdos de pensamento e sua visão angustiante do mundo (André, 1995a).

4.1 Como procede o terapeuta para ajudar o paciente?

Em primeiro lugar, o paciente é treinado a observar e levantar seus conteúdos de pensamento, as "cognições" (cf. quadro a seguir). Essas cognições, na maioria das vezes, se referem a três famílias de temores: primeiro a superavaliação da visibilidade dos sintomas (ruborizar, tremer, transpirar...) ou dos supostos defeitos (falta de cultura, de interesse pessoal...): "eles vão ver que..."; em seguida, a superavaliação da negatividade do julgamento do outro sobre esses sintomas: "eles vão pensar que..."; por fim, a superavaliação das consequências negativas desses julgamentos sociais: "eles vão me dizer...", "eles vão me fazer..."

Um exemplo de levantamento de auto-observação redigido por um paciente (43 anos, executivo) durante uma terapia cognitiva

Situação	Comportamento social	Cognição
Cruzar com minha vizinha na escadaria, sem poder responder à sua interpelação "lindo dia hoje, hein?"	Eu gaguejei, fui inaudível, quase nem a olhei	"Pareço um imbecil" "Reajo sempre três horas depois que as pessoas falam comigo"
Uma apresentação na minha empresa diante de meus superiores	Muito tenso apesar dos betabloqueadores, estava "*speed*" demais, tinha medo de que me fizessem perguntas, quase nem olhava para o público, estava de costas para a sala, com os olhos fixos nos dispositivos	"Não tenho segurança" "Todos observaram que eu não estava à vontade"
Convidado para uma festa, não falo muito, pois não conheço ninguém	Falei pouco, não fiz perguntas, respondi por monossílabos, com ar desconfortável	"Não sou interessante" "Não vão mais me convidar" "Todos notaram que eu estava tenso"

Em seguida, o terapeuta ajuda o paciente a discutir os conteúdos de pensamento, controlando sobretudo certos erros interpretativos, por exemplo, o julgamento emocional, que consiste em confundir sua percepção e a realidade observada: "Se eu me *sinto* incompetente é porque *sou* incompetente", "Se me *sinto* desconfortável, então os outros me *veem* desconfortável".

Por fim, as principais crenças ativadas durante situações ansiogênicas, e que explicam as distorções cognitivas (ver quadro a seguir), são abordadas e suavizadas. Essas crenças se referem a campos variados como a necessidade de um desempenho social perfeito, ou de um autocontrole emocional absoluto em situação social.

Vamos ilustrar tudo isso mais adiante com o relato de uma terapia.

As principais crenças encontradas na ansiedade social

Tipo de crença	Enunciado da crença	Consequências para o paciente
Submissão ao outro	"Não devo contrariar, incomodar, ou me valorizar, senão serei rejeitado."	"Evito dar minha opinião, pedir alguma coisa, recusar, criticar…"
Desempenho social	"Quando me encontro com outras pessoas, não devo cometer erros, nem falhar, senão isso se voltará imediata e gravemente contra mim."	"Sempre busco a perfeição naquilo que faço diante dos outros. Mas como é impossível, evito muitas situações, ou então fico insatisfeito da maneira imperfeita como as gerenciei, e me desvalorizo demais em seguida."
Hipervigilância em relação ao outro	"Devo ser excessivamente atento às atitudes dos outros, do contrário não vou perceber coisas importantes e graves."	"Sempre procuro nos olhos ou nas atitudes de meus interlocutores o que pode demonstrar um julgamento desfavorável em relação a mim ou uma intenção de ser contra mim."
Hipercontrole de si	"Não devo deixar transparecer meu desconforto ou minhas emoções."	"Quero a todo custo disfarçar minhas emoções, até as mínimas, por medo de que sejam notadas, o que não deixaria de me colocar numa posição de inferioridade absoluta."
Visibilidade das fraquezas pessoais ou das manifestações emocionais	"As manifestações de emotividade que sinto são facilmente percebidas." "Minha falta de cultura e de inteligência é fácil de perceber."	"A menor de minhas emoções é instantaneamente percebida pelo outro, sou transparente e desarmado. Todas as vezes tenho ar culpado ou vulnerável."
Vigilância e ameaça por parte do outro	"As pessoas vigiam as atitudes dos outros e julgam negativamente os fracos, rejeitando-os ou agredindo-os."	"As pessoas são impiedosas com pessoas como eu, e logo veem como dominá-las ou afastá-las."

4.2 As dúvidas de Valentin

Quando veio nos consultar, Valentin era residente em medicina. Com a idade de 24 anos, ele se preparava para sua primeira substituição e a ideia o angustiava a tal ponto que ele marcara uma hora conosco como sua "última oportunidade", segundo suas próprias palavras!

Estudante brilhante, pelo menos na parte escrita, Valentin sofria de uma fobia social focalizada num problema preciso: ser observado fazendo alguma coisa. Ela se estendia a inúmeras situações, da refeição no restaurante à apresentação em público, passando pela realização de um exame médico sob o olhar de seu chefe de serviço, ou muito simplesmente do próprio doente! Valentin apresentava, além disso, inúmeros traços de personalidade evitativa: ele era altamente sensível a qualquer crítica ou observação por parte do outro, construía com talento evitações complexas para fugir de certas circunstâncias sociais, fornecendo explicações absolutamente plausíveis. Durante muito tempo, havia considerado seu jeito de ser como quase normal. Seus próprios pais pareciam funcionar da mesma maneira, lançando sobre o mundo exterior um olhar extremamente crítico e procurando sobretudo construir sua vida em torno da célula familiar, fechada sobre ela mesma. Durante a infância, com exceção dos colegas de escola, que ele nunca via fora dos horários de aula, Valentin só convivia com os dois irmãos e os pais. Durante todo o estudo na faculdade, ele continuara a viver com a família, e esse era ainda o caso agora. Os jovens de sua idade o "decepcionavam", ele os achava "superficiais e instáveis". Sua vida sentimental seguia o mesmo caminho: "Cada coisa em seu tempo, primeiro me dedico a meus estudos, depois veremos". Ele nunca abordara uma jovem em sua vida, sem ter consciência de que, na verdade, era incapaz de fazê-lo... Seu jeito de ser era encorajado pelos pais, que o admiravam muito, e eles próprios levavam uma vida apagada e sem graça, sem contatos nem saídas.

Seus estudos de medicina transcorreram sem dificuldades até os primeiros estágios no hospital. Teve então de enfrentar situações para ele bastante difíceis: medir a pressão, auscultar um coração, aplicar uma injeção intramuscular... e tudo sob o olhar avaliador dos outros estudantes, das enfermeiras ou do chefe da clínica médica. Mas durante o primeiro estágio, ele conseguiu passar por essa situação só três ou quatro vezes, dando um jeito de ficar escondido atrás do grupo dos estudantes que seguiam a visita pelo corredor, nunca se apresentando como voluntário para efetuar os cuidados.

Depois, ele escolhera estágios nos serviços conhecidos por abandonar os estudantes à própria sorte, o que lhe convinha perfeitamente. Sua desculpa sendo então que isso lhe dava mais tempo para estudar para os exames; aliás, ele passava de forma brilhante, o que alimentava o mito familiar do futuro médico importante... Tanto que no fim dos estudos, e antes de começar a residência, Valentin quase nunca se aproximara dos doentes. Os primeiros estágios de residência foram difíceis, ele estava o tempo todo ansioso e não conseguia se sentir à vontade, nem com os colegas nem com os pacientes, ainda que na realidade efetuasse seu trabalho de maneira irrepreensível. Quando seu tio, médico generalista no outro lado da França, lhe propôs uma substituição de 15 dias durante o verão, ele não ousou recusar, de um lado, para não se desvalorizar, de outro, porque no fundo essa podia se revelar uma boa preparação para seu trabalho posterior, fora do hospital.

Foi a leitura de um de nossos artigos sobre fobia social, publicado numa revista de medicina, e no qual ele se reconheceu instantaneamente, que lhe deu a ideia de nos consultar. Sua terapia, como geralmente nos transtornos da personalidade como os da personalidade evitativa, foi longa e por vezes difícil, estendendo-se por quase dois anos, durante os quais os progressos foram, no entanto, regulares desde o início. Apresentaremos aqui apenas alguns aspectos, ilustrando o trabalho cognitivo efetuado na preparação da temida substituição.

4.3 Dialogar*

– Uma de suas inquietudes é se sentir pouco à vontade durante essa substituição, é isso?

– Sim, é isso.

– Em que tipo de situação, por exemplo, você se imagina desconfortável?

– Então, tenho medo de não saber responder a certas perguntas dos pacientes.

– Por exemplo?

– Por exemplo, se me perguntarem se conheço tal medicamento e eu nada souber sobre ele, ou se me questionarem sobre uma doença rara de um membro de sua família, doença da qual nunca ouvi falar...

– E o que aconteceria nesse caso?

– Ficaria com cara de bobo.

– Cara de bobo? Como?

– Bem, ruborizar, gaguejar, ter de confessar que não sei, ou inventar uma resposta qualquer para não ser ridículo...

– E o que você diria a si mesmo nessa hora?

– O que diria a mim mesmo? Que sou idiota, no fundo, que sou ridículo...

– Ridículo?

– Sim, aos olhos do paciente, eu serei ridículo.

– Por que isso, o que ele pensaria?

---

* Os diálogos aqui reproduzidos foram retirados de consultas que realmente aconteceram, mas foram encurtados e reorganizados: a impressão de coerência e de facilidade que pode oferecer é, portanto, enganosa, as coisas sendo muito mais lentas, confusas e repetitivas, pelo menos no início da terapia.

– *Que não sou muito competente, não estou pronto para ser substituto, que provavelmente não serei um bom médico (ele para, mas continua visivelmente sendo atravessado por cognições negativas).*

– *Mnnn... Você imagina outras coisas?*

– *Sim, que ele não vai mais me telefonar, que vai comentar com meu tio, que perderá a confiança em mim, que falará sobre isso com meus pais...*

– *E tudo isso é angustiante, suponho?*

– *Terrivelmente, só de conversar com você, estou desconfortável. Em geral, tento expulsar esse tipo de pensamentos de minha mente quando eles aparecem.*

– *Você tem razão, mas é preciso saber abordá-los de frente regularmente, para não ser dominado por eles. Recapitulemos: a situação que você teme é de não saber responder a uma pergunta de um paciente. E só se imaginar nessa situação desencadeia em você pensamentos do tipo: "sou idiota por não saber responder", "o paciente vai achar que não estou à altura", e outros pensamentos também angustiantes.*

– *É isso.*

Durante esse tipo de interações, o terapeuta incita o paciente a expressar claramente os pensamentos que a situação desperta nele. Ele destaca seu caráter hipotético e dedutivo, dizendo a cada vez: "A situação é que..., e o que você pensa é que...?"

4.4 Anotar seus pensamentos

Entre as sessões, o paciente é encorajado a continuar sua reflexão, preenchendo pequenas listas, como a apresentada a seguir, efetuada no decorrer da terapia, enquanto a substituição tinha começado.

A auto-observação dos pensamentos de Valentin

Situações	Desconforto	Pensamentos automáticos
Tremi medindo a pressão arterial de um paciente	8/10	"Estava com cara de idiota" "Ele com certeza notou" "Ele vai me achar um idiota" "Não vai confiar em mim, vai pensar que não sei medir a pressão"
Tive de procurar a posologia de um antibiótico comum no livro de referências, diante do paciente, pois tinha esquecido	5/10	"Eu deveria saber" "Isso não é normal" "Nunca um verdadeiro médico faria isso"
Ruborizei ao examinar os seios de uma jovem paciente que viera para obter uma receita de pílula	9/10	"Ela vai achar que sou um tarado" "Ela vai pensar que tenho problemas com as mulheres" "Ela vai falar sobre isso com seu marido"
Tive de chamar um colega porque não sabia como redigir um certificado administrativo particular para um antigo combatente	8/10	"Vou incomodá-lo" "Ele tem mais o que fazer" "Eu deveria me virar sozinho"

4.5 Modificar seus pensamentos

Esse trabalho acontece na sessão por meio do diálogo terapeuta-paciente. Por sua vez, o paciente é encorajado a desenvolver sistematicamente um discurso alternativo e a anotá-lo em suas listas, às quais ele adiciona neste caso duas colunas suplementares. Eis como foi completado o quadro anterior:

Reavaliação dos pensamentos de Valentin

Pensamentos alternativos	Reavaliação do desconforto
"Talvez ele nem tenha notado" "Ele sabe bem que não tenho muita experiência" "São números de pressão habituais, não há motivo para que duvide deles"	4/10
"Isso pode acontecer com qualquer um" "Há milhares de medicamentos, não se pode conhecer todos" "Os médicos antigos conhecem mais do que eu, mas é lógico, eles trabalham com isso há anos"	3/10
"É normal ficar intimidado nessas circunstâncias!" "Ela sabe bem que não faço isso pelo prazer" "Ela não aparentou desconforto, continuou sorrindo e relaxada depois do exame"	7/10
"É um amigo de meu tio, está disposto a me ajudar" "Falei com ele pelo telefone antes de ontem sobre a questão do plantão deste fim de semana, ele parecia muito simpático" "Esse tipo de certificado é raríssimo, sou obrigado a pedir ajuda" "Não vai levar muito tempo"	5/10

Retomemos um trecho de diálogo com Valentin, algumas sessões mais tarde:

– Bem, vamos agora trabalhar sobre uma das situações que você anotou nas listas de pensamentos automáticos, para compreender melhor por que você tem na mente cognições tão alarmantes nesse tipo de situações.

– Hummm...

– Então, na situação em que você treme ligeiramente ao medir a pressão arterial, você tem medo de que o paciente note e o ache estranho... Em outras situações, você teme que o considerem um tarado ou um incompetente...

– Sim, é sempre um pouco a mesma coisa, não consigo evitar.

– Tentemos seguir a lógica de seus pensamentos. Na situação em que você treme ao medir a pressão arterial, você teme que

o paciente note e deduza assim que você é "meio louco" e pouco talentoso para a medicina.

– Sim, é meio isso...

– Admitamos que isso seja verdade, que o paciente pense efetivamente isso, que conclusões você tira desse fato?

– Que pareci completamente ridículo.

– Admitamos que isso seja verdade, que você tenha parecido ridículo, quais as consequências?

– Então não serei mais respeitado por nenhum paciente, isso se espalharia...

– Continuemos nosso jogo de "se"... Se fosse verdade que os pacientes não o respeitam mais, o que aconteceria então?

– Inútil continuar com esse tipo de profissão se você não é respeitado pelos pacientes. Você que é médico, sabe bem disso...

– Bom, creio que chegamos ao problema. Finalmente, se continuarmos como fizemos, a lógica de seus pensamentos automáticos, chegamos a um raciocínio do tipo: "Se não tiver um completo autocontrole de todos os meus gestos de médico, em todas as situações profissionais, então não serei nunca respeitado por meus pacientes e, portanto, não poderei exercer a medicina em boas condições..." É meio isso?

– Sim, é absolutamente isso. É verdade que não paro de me cobrar, como se diz na linguagem esportiva. Isso vai longe demais, é claro: por um pequeno tremor ao medir a pressão arterial, estou quase renunciando à medicina... Mas, ainda assim, é necessário ter segurança em si, não?

– Sim, mas veremos juntos até onde podemos avançar nessa exigência...

Esse trecho de diálogo ilustra um dos métodos utilizados para destacar crenças excessivamente angustiantes: o método da flecha descendente, que persegue a lógica dos roteiros catastróficos escondidos por trás das cognições de ansiedade do indivíduo. Outros métodos são também empregados, alguns deles relacionados à auto-observação: pedimos ao paciente para retomar as listas de auto-observação e identificar quais são as famílias de cognições mais frequentes, estas derivando em geral da mesma crença.

No caso de Valentin, as crenças mais frequentes eram: não mostrar sinais de fraqueza para não parecer ridículo; conhecer tudo, do contrário isso seria a prova de sua incompetência etc.

Uma vez todas essas crenças destacadas, a terapia estabelece como objetivo modificá-las.

– Se essa regra da necessidade de um autocontrole absoluto está tão profundamente enraizada em você, talvez seja porque ela tem certas vantagens. Quais, na sua opinião?

– Não consigo ver muito bem; os inconvenientes são mais fáceis de perceber.

– Por exemplo?

– Bom, de sempre me cobrar, mesmo quando é totalmente inútil e inoportuno.

– Sim. Existem outros inconvenientes?

– Isso me leva a me ensimesmar, em vez de ver sob outra perspectiva, de ter humor; eu deveria conseguir dizer a mim mesmo: "Não se cobre tanto ao medir a pressão arterial dos outros!" Mas isso me ocorre sempre oito dias depois... E depois, esses pensamentos me bloqueiam num sentimento de vergonha, em vez de me fazerem relaxar e dialogar. No fundo, penso que isso me torna um médico pior, me vigio constantemente em vez de escutar os pacientes...

– Humm... existe então um bom número de desvantagens em obedecer a esse tipo de exigências pessoais, de regras rígidas. Mas não existem algumas vantagens que explicariam que você funcione ainda assim?

– Com certeza, se procurarmos bem. Acontece o mesmo com meu perfeccionismo: como me estresso muito antes, isso me leva a me preparar bem, a revisar minhas aulas, os medicamentos mais

frequentes, as posologias. Nunca chego sem estar preparado. É uma vantagem, mas é a única que vejo.

– Existem então mais inconvenientes do que vantagens. Portanto, é evidente o interesse em modificar esse tipo de exigências pessoais...

Nossas crenças não podem ser facilmente suprimidas, na medida em que estão profundamente enraizadas em nossa mente. Aliás, isso não seria desejável. Elas veiculam com efeito uma ideia de partida bem legítima em certas circunstâncias. É apenas sua aplicação rígida e generalizada que é fonte de dificuldades. Essas crenças são então muitas vezes apresentadas aos pacientes como contratos que eles teriam inconscientemente feito com eles mesmos num período de sua vida em que isso se mostrava necessário.

Para Valentin, isso remontava, segundo suas lembranças, a um período difícil de sua infância em que, depois de seus pais mudarem de casa, ele chegou após o começo do ano letivo numa escola no interior. Com a idade de 8 anos, ele havia passado um ano escolar muito doloroso, pois fora tão logo rejeitado pelas outras crianças por causa de seu sotaque parisiense, de sua aparência frágil e de seus óculos de lentes grossas. Ele se lembra de ter um dia chorado no pátio do recreio, que era para ele o lugar mais perigoso: as outras crianças zombaram ruidosamente dele, e as agressões verbais sobre esse tema continuaram durante todo o ano. Ele tinha então tirado dessa experiência a convicção de que os outros eram potencialmente maldosos e que era melhor ser bastante duro e não exteriorizar suas fraquezas.

A renegociação dessa crença pessoal, por meio de diversas interações com o terapeuta, permitiu chegar a uma formulação da crença nitidamente mais suavizada, que se apresentava da seguinte forma:

- Postulado de base: "É preferível esconder suas emoções diante dos interlocutores hostis ou desconhecidos".
- Modificação 1: "Mas é inútil proceder sistematicamente assim em todas as circunstâncias".
- Modificação 2: "A maioria das pessoas pode ser compreensiva com o sofrimento ou o desconforto".
- Modificação 3: "Em tais momentos, é então preferível dialogar e não se fechar".

O trabalho de modificação das crenças compreende também muitas vezes exercícios de desobediência à dita crença. No caso de Valentin, isso consistira em falar de suas dúvidas de substituto iniciante com uma paciente simpática, no fim da consulta durante um dia calmo, em que ele tinha tempo. A paciente lhe dissera então: "Você será com certeza um bom médico, pois é muito sensível, é uma qualidade indispensável para fazer bem o trabalho". Esse evento tinha sido, aliás, a base da modificação 3 acrescentada por Valentin à sua crença.

*

Por trás da aparente simplicidade das técnicas aqui brevemente desenvolvidas, se esconde na verdade toda uma arte da aliança terapêutica, sem a qual nenhuma terapia cognitiva é possível (Cottraux, 2006). Está claro que aqui apresentamos os momentos-chave da terapia. A aparente facilidade do desenvolvimento desta não deve ocultar os inúmeros entraves encontrados: é comum que a terapia patine em certos momentos, antes de avançar com mais força… Não desenvolvemos essas dificuldades, que são muito mais o problema do terapeuta do que o do paciente (Hofmann, Asmundson & Beck, 2013).

Na prática, as terapias cognitivas nunca são propostas sozinhas na ansiedade social, estão sempre associadas a exercícios comportamentais, seja no seio de uma terapia que misture as duas abordagens (Taylor, 1996), seja em abordagem sequencial:

fazemos preceder uma terapia comportamental por uma terapia cognitiva (Scholing & Emmelkamp, 1993).

No caso de esforços pessoais, os dados permanecem os mesmos: a reflexão sobre a visão que se tem de si e do mundo permanece um pré-requisito indispensável, mas será insuficiente para modificar por si só a ansiedade social se não for acompanhada de exercícios regulares para enfrentar seus medos sociais em campo, e não mais apenas em sua cabeça (Hofmann, 2000).

5
A ansiedade social no século XXI

> *Todos nós temos bastante força*
> *para suportar os males do outro.*
> La Rochefoucauld

Como vimos, os conhecimentos sobre a ansiedade social progrediram e se difundiram muito, hoje não estamos mais de forma alguma na situação que conhecíamos há 30 anos. Esse diagnóstico já existe com uma definição clara nos livros de medicina e de psicologia, é ensinado nas faculdades, e dispomos de tratamentos eficazes e recomendações oficiais para sua intervenção. Portanto, tudo está maravilhoso no mundo da ansiedade social? Infelizmente, não é algo que possa realmente ser dito. O número de pessoas realmente ajudadas nos parece pequeno demais (embora não seja realmente medido, e esse é aliás um dos problemas), e o número de profissionais que trabalham nessas questões é igualmente insuficiente. No entanto, as expectativas das pessoas envolvidas são muito consideráveis: a cada programa de rádio ou de televisão, a cada artigo de jornal ou de revista consagrados a esse tema, é sempre o mesmo afluxo de telefonemas ou de cartas por parte de pessoas que desejam ser aconselhadas, orientadas ou tratadas. Recebemos muitas cartas de indivíduos com fobia social leitores deste livro, agradecendo-nos ou nos pedindo ajuda. Algumas associações de pacientes surgiram, nas quais os indivíduos com transtorno de ansiedade social curados ou em vias de serem se propõem a trazer informação e apoio àqueles que ainda vivem esse transtorno na incompreensão ou na solidão (André, 1998).

Antes de terminar este livro, desejamos então evocar os obstáculos e os freios que persistem no caminho de uma melhor consideração dessas patologias e de seus tratamentos, e também nos perguntarmos sobre seu lugar em nosso mundo moderno e o que elas revelam de nossa psicologia, e até de nossa filosofia, comum.

5.1 Os obstáculos culturais

Não existem dados franceses recentes sobre os obstáculos aos tratamentos para a ansiedade social. Um estudo, antigo e realizado nos Estados Unidos, mostrava que os principais freios impedindo os indivíduos com fobia social de buscar ajuda de profissionais de saúde era o problema do custo dos tratamentos, a falta de informação sobre endereços aos quais se dirigir e o sentimento de vergonha associado ao temor de ser julgado negativamente (Olfson et al., 2000). Ainda nos Estados Unidos, apenas 35% das pessoas sofrendo de ansiedade social têm acesso a um tratamento (Ruscio et al., 2008).

Em nosso país, apesar da importância quantitativa e qualitativa do fenômeno, a ansiedade social permaneceu por muito tempo um tema de debates e polêmicas no meio psiquiátrico (Lloyd, 2006). Muitos médicos franceses desconfiam com frequência dos novos conceitos que parecem importados do exterior, principalmente dos Estados Unidos; ainda que neste caso a fobia social tenha sido inicialmente estudada na Europa e, sobretudo, na França. Por um lado, podemos ver nisso uma expressão do espírito contestatário e do orgulho nacional e, por outro, das tradições culturais psicanalíticas muito presentes em nosso país. Como Sigmund Freud jamais abordou realmente a questão da ansiedade social, os psicanalistas não a integraram à sua grade de leitura dos transtornos psíquicos, em particular no contexto das "neuroses fóbicas". Eles consideram muitas vezes que as classificações psiquiátricas atuais não são completamente pertinentes, pois não se apoiam em hipóteses explicativas, como pode fazer a psicanálise em relação às neuroses, por exemplo (teoria da fase oral ou genital, do complexo de Édipo, do recalque etc.). A ansiedade social, assim como se observa nos pacientes, não entrando facilmente nesse tipo de explicação, os profissionais de orientação psicanalítica não lhe dão muita atenção, pelo menos a maioria deles.

Além disso, a "psicologia do senso comum" chamada igualmente de "psicologia ingênua" é outro freio à evolução dos conceitos. Com efeito, todo mundo tem sua própria representação dos fenômenos psicológicos, apoiada em sua experiência pessoal. Ora, a timidez e o medo de palco são reações extremamente difundidas, e é lógico que os não especialistas os considerem como benignos, pois é verdade na maioria dos casos. Essa banalização acaba tornando muito mais complicado o reconhecimento de uma patologia que se assemelha em grande parte a tendências quase normais. E alguns profissionais até podem ocultar a importância desse diagnóstico, pois eles pensam não o encontrar: poucos pacientes afetados se consultam espontaneamente e a maioria não o menciona se o profissional não fizer perguntas específicas a esse respeito.

Assim, a crítica recorrente dirigida aos especialistas da ansiedade social era querer "psiquiatrizar" a timidez e "normalizar" os comportamentos (Lane, 2007). Pior, eles foram suspeitos de trabalhar em segredo para os laboratórios farmacêuticos a fim de inundar as populações com medicamentos, inventando uma "epidemia de fobia social" (Cottle, 1999). Na realidade, quando se conhece o nível de sofrimento e de incapacidade engendrado pelas fobias sociais, não se pode falar de simples timidez, e insistimos muito sobre os critérios que permitem diferenciá-las. Essa patologia altera gravemente a qualidade de vida e limita de maneira geralmente muito forte a liberdade de agir (Wong, Sarver & Beidel, 2012). Não é absolutamente o caso de fazer desaparecer as diferenças de temperamento entre as pessoas um pouco inibidas e tímidas e aquelas que não o são, nem de tornar todo mundo perfeitamente à vontade em todas as situações. Trata-se, ao contrário, de responder aos pedidos dos pacientes, o que é um princípio ético básico, tentando reduzir suas angústias cotidianas e lhes devolver meios de ação e, portanto, um melhor acesso à liberdade de viver como eles desejam. Esse objetivo é aquele que nós nos damos também, por exemplo, no caso das depressões. Aliás, os mesmos detratores também criticam muitas vezes essa concepção quando ela se aplica às depressões, o que parece hoje pouco defensável.

Com relação aos medicamentos, o reconhecimento oficial dos efeitos terapêuticos de certos antidepressivos na ansiedade social severa, no início dos anos de 2000, não foi simples. Além das discussões entre especialistas sobre o próprio conceito de fobia social, o temor das autoridades era ver uma explosão das prescrições, em razão da prevalência desse diagnóstico em certos estudos (até 15% nos Estados Unidos) e um risco de confusão com a timidez. Aliás, a ANSM [Agência nacional de segurança do medicamento e dos produtos de saúde] nos pediu na época para participar de um estudo visando contabilizar e descrever o conjunto das prescrições de um desses antidepressivos para tratar a fobia social na França num período determinado. Finalmente, esse estudo foi interrompido depois de alguns meses, pois as prescrições eram realmente raras e não apresentaram nenhuma derrapagem. Ainda hoje, a ansiedade social é provavelmente subdiagnosticada, e os médicos que dela se ocupam propõem sobretudo psicoterapias e pouco (pouquíssimo?) tratamento medicamentoso.

Ao contrário de outras, a ansiedade social não é por natureza uma patologia muito espetacular e visível no espaço público, ela é pouco percebida pelo entorno e pelos profissionais (Ross, 1993); em geral, só atrapalha a pessoa que dela sofre, e que por vezes sofre em silêncio durante toda a vida. Poucas coisas são feitas pelos poderes públicos e pelos profissionais para descobrir, tratar e conduzir pesquisas sobre essa problemática comum. Para ilustrar essa banalização dos sinais da ansiedade social, vamos resumir dois casos de pacientes, apresentando formas de ansiedade social ditas "benignas"... mas que para eles não eram verdadeiramente.

5.2 O medo de palco de José

Jovem engenheiro formado num estabelecimento de alto nível, José é, aos 27 anos, o que chamamos um bom rapaz sob todos os aspectos, discreto, mas sem timidez excessiva. Ele tem um contato sorridente e fácil, interessa-se de bom grado pelos seus interlocutores aos quais não hesita fazer várias perguntas, pois é naturalmente curioso. Cercado de uma rede extensa de amigos e de conhecidos, ele tem inúmeras atividades sociais. Não tem problemas particulares para se afirmar. "Meu único problema é o medo do palco", ele confessa. Um medo paralisante, que é surpreendente, dada a ausência de outras dificuldades.

Embora nos tenha logo dito o contrário, seu transtorno é na verdade relativamente antigo. Desde a escola fundamental, seus boletins mostravam que seus desempenhos na parte escrita faziam lamentar seu pouco engajamento na parte oral. Mas ele era, contudo, capaz de responder às questões e de ir à lousa, sem grande conforto, é verdade. Durante a preparação para entrar na faculdade de engenharia, todos os exames orais tinham sido mais penosos do que no colégio, mas José disse a si mesmo que isso passaria, e que com certeza era por causa da tensão geral acumulada durante os dois anos preparatórios. O médico de família, com o qual ele havia vagamente tocado no assunto, mas minimizando largamente os fatos, lhe prescrevera um tranquilizante, que desde então ele se habituara a consumir sempre antes de enfrentar qualquer situação que apresentasse um risco de falar diante de um grupo. Como seu trabalho comportava inúmeras reuniões de trabalho e várias apresentações diante das equipes de pesquisa ou dos escritórios de estudos, tornara-se um hábito há uns cinco ou seis anos tomar os tranquilizantes várias vezes por semana. Aliás, ele não estava satisfeito com isso: "Os tranquilizantes amortecem o choque, mas deixam o medo intacto; se eu aumento a dose, como nestes últimos tempos, sinto-me apenas um pouco mais tranquilo, mas não mais operacional, e nada alerta; no entanto, não me vejo parando", explicava.

No momento de seu primeiro emprego, quando acabou seus estudos de engenharia, ele se viu num meio muito competitivo, onde as reuniões e as falas em público eram sistematicamente o lugar de críticas ásperas e de perguntas desestabilizantes dirigidas aos oradores. Ele tinha então sofrido com insônias persistentes, suas noites eram parasitadas por uma ansiedade antecipatória significativa. Acabou pedindo demissão depois de seis meses, em grande parte por causa de suas angústias, embora sua carreira nessa empresa parecesse promissora. Seu medo de palco depois agravou-se de modo considerável, a tal ponto que, durante os meses seguintes, ele até teve uma pequena crise de ansiedade durante uma festa no clube de paraquedismo celebrando o diploma de monitor que acabara de obter, quando seus amigos lhe pediam um discurso...

Quando veio se consultar, ele trabalhava numa pequena empresa, onde sabia que não deveria permanecer por muito tempo se quisesse fazer carreira, mas da qual apreciava o ambiente familiar, as relações humanas descontraídas e calorosas, o fato de que tudo se arranjava em reuniões informais ou a portas fechadas num frente a frente.

Com exceção desse problema, nem a entrevista nem os testes psicológicos revelaram elementos patológicos. Seu medo de palco estava, no entanto, no limite da fobia social caracterizada, tanto as descrições que ele fazia eram impressionantes. Convinha então centrar o tratamento nessa dificuldade.

De um modo um pouco paradoxal, ele evitava há algum tempo tomar a palavra mesmo entre amigos, familiares ou no meio associativo. Fugia das situações nas quais devia dar sua opinião diante de um grupo de mais de seis pessoas. Como não se interessava em falar num meio mais amigável, não se preparava para enfrentar ocasiões um pouco mais estressantes, encontrando-se um pouco na situação de um esportista que não vai aos treinos, porque é cansativo, e que por isso não é competitivo nas partidas oficiais... Era portanto necessário interromper essas evitações, que agravavam e aumentavam pouco a pouco seu transtorno, e incitá-lo a se expor às situações temidas. Toda uma série de "exercícios" foi assim estabelecida: ele teve, por exemplo, de se dedicar a contar histórias aos sobrinhos, fazer pequenos discursos durante as refeições familiares, contar piadas ou anedotas aos amigos, mas também modificar sua maneira de conduzir as reuniões de trabalho com sua pequena equipe, se apresentar o mais frequentemente possível para fazer apresentações aos clientes da empresa sobre os últimos produtos desenvolvidos etc. José ultrapassou as primeiras etapas sob o olhar divertido, mas cúmplice, de seus próximos, aos quais ele confiara que fazia uma terapia. Ele até se inscreveu com bastante rapidez num curso de expressão teatral, do qual conseguiu participar quase que de maneira normal, o que acelerou com certeza seu progresso. O fato de não conhecer ninguém ali era para ele um grande alívio.

Por meio de inúmeras representações de papéis, alguns deles retomados de seu próprio material de vídeo, um trabalho específico foi igualmente realizado sobre as competências sociais específicas em comunicação.

O mais difícil, contudo, foi modificar seu modo de pensar. Com efeito, José chegou até a considerar que é bem possível se virar na vida sem precisar saber falar em público, ideia bem enraizada nele, uma vez que sua família sempre valorizou sua discrição. Ele também estava particularmente preocupado em buscar a perfeição, esquema de pensamento que traduzia o bom aluno que sempre fora.

O trabalho terapêutico, ou o *training*, como José o chamava em seu jargão, durou cerca de um ano e meio. A partir do quarto mês, falar em público não representava mais uma ideia ao mesmo tempo obsedante e angustiante, mas um objetivo acessível com o treinamento. No fim do primeiro ano, em certas ocasiões impressionantes, betabloqueadores foram associados aos exercícios. Ele os utilizou durante cerca de um ano, depois os diminuiu progressivamente em seis meses. Há três anos, José não os usa mais; ele fala em público sem muitas dificuldades. Se por vezes sente a ansiedade ressurgir nesse tipo de circunstâncias, consegue sistematicamente não entrar mais em pânico e tão logo se recupera.

5.3 O rosto vermelho de Célia

Célia tem 30 anos. Jornalista na imprensa feminina, acaba de assumir novas funções num grande título da profissão.

Pensava que isso talvez melhorasse meu problema de recomeçar do zero com pessoas novas, um trabalho novo, diz ela. Mas não, é exatamente como antes, talvez até pior: eu ruborizo a todo momento.

Célia sofre de ereutofobia.

Ela foi uma menina viva e caprichosa, tendo por muito tempo apresentado medos diversos, sobretudo do escuro e das injeções, mas que não eram verdadeiras fobias. Na adolescência, sofreu de uma acne bastante grave e passava longas horas diante do espelho do banheiro "contemplando os estragos" e tentando disfarçá-los por trás das mechas de cabelos loiros. De maneira surpreendente, ela se lembrava precisamente da primeira vez em que ruborizou, pelo menos da primeira vez em que teve uma consciência dolorosa e difícil dessa situação. Foi num sábado à noite, ela estava em seu quarto devaneando enquanto os pais tomavam um aperitivo com amigos que convidaram para o jantar, quando estes quiseram conhecê-la. Os pais a chamaram e a apresentaram, mas o pai teve a infelicidade de fazer uma brincadeira sobre a acne da filha e o longo tempo que ela passava diante do espelho. Ela imediatamente ficou vermelha e deixou precipitadamente a sala. Passou anos em terapia refletindo sobre esse episódio perturbador: o amigo dos pais era um homem sedutor; a humilhação tinha sido imensa. Mas a pista das relações entre o rubor e os desejos sexuais recalcados não a conduzira a lugar algum... Talvez ela não tenha se dedicado o suficiente ou não tenha encontrado o terapeuta certo... Seja como for, 15 anos depois, seu problema persistia.

Esses rubores aconteciam, é claro, nos piores momentos; eles não obedeciam a uma lógica absoluta, mas simplesmente às leis estatísticas. Ela sabia que certas circunstâncias multiplicavam por dez o risco das faces vermelhas, mas que às vezes nada aconteceria. Em outras ocasiões, ela se sentia ruborizar ao passo que nada de importante estava ocorrendo, era simplesmente mais raro. Algo que seu marido aliás já havia compreendido bem... mas que no início de sua aventura, ele pensava que a agradaria quando lhe disse: "Está vendo, desta vez você não corou", várias vezes ele teve de ir embora sob o olhar glacial de sua companheira, dando a entender que não desejava que ele abordasse esse assunto.

Ela não apresentava transtornos psicológicos associados, a não ser uma tendência a se mostrar um pouco agressiva em suas relações interpessoais quando se sentia criticada ou era objeto de observações zombeteiras ou irônicas. Aliás, seu jeito de ser em geral seguia esse tom: ela tinha uma maneira seca de explicar seus sintomas, como quem diz "já deu". Foi preciso tempo para que relaxasse.

Seu modo de vida era tudo o que há de mais normal: casada, um filho, amigos, saídas... "Tudo é normal, menos meu rubor", concluía. Com frequência, quando os pacientes falam assim, os terapeutas desconfiam um pouco, sabendo que muitas vezes se trata da árvore que esconde a floresta. Mas no caso de Célia o rubor parecia bastante isolado, e seu pedido de ajuda nesse sentido legítimo.

O objetivo da terapia era particularmente simples de definir: tratava-se, de fato, de incitá-la a aceitar corar diante de alguém e aceitar falar sobre isso. Essa abordagem se revelou, na verdade, extremamente difícil e foi a origem de algumas consultas tensas em que a paciente tinha o sentimento de que o terapeuta desejava seu mal... Célia estava muito reticente quanto a se expor a corar diante dos outros. Depois de um longo trabalho, ela se habituou primeiro a ruborizar diante dos familiares. Depois até começou a falar sobre isso com humor. Pouco a pouco, as coisas melhoraram também em relação aos colegas de trabalho, aos comerciantes etc. O rubor tornou-se cada vez mais raro e pouco intenso. Restava abordar o rubor com interlocutores mais "incômodos": superiores, certos homens "perturbadores" (isto é, que a agradavam), concorrentes, rivais etc. Mas o progresso foi suficiente. Célia compreendera a abordagem e podia continuar sozinha esse trabalho. Sobretudo, quando ruborizava, ela era capaz de continuar falando e agindo como se nada estivesse acontecendo.

Todo esse trabalho de exposição progressiva só foi possível estreitamente associado a um treinamento para uma melhor comunicação. Célia teve de aprender a expressar regularmente suas emoções, positivas ou negativas, a responder de maneira segura às críticas. Isso foi sem dúvida um momento decisivo na evolução de suas dificuldades. Ela detestava, por exemplo, ser cumprimentada, pois isso a fazia ruborizar. O trabalho focou o fato de dizer, nesses momentos, "o que você diz me toca muito", para que seu interlocutor associasse o rubor talvez observado a um sentimento de prazer. Da mesma forma, nos momentos de tensão, Célia aprendeu a renunciar ao mito do autocontrole absoluto, para aprender a dizer: "Estou com muita raiva por causa do que você acabou de dizer". Ela sempre evitara falar de seus sentimentos, isso sem dúvida em razão de seu passado familiar: o pai era extremamente pudico e dissimulador a esse respeito, até mesmo zombando sempre de tudo o que girasse em torno das emoções e da emotividade, ao passo que a mãe tinha, ao contrário, tendência a "exagerar um pouco", segundo Célia, utilizando a expressão das emoções para culpar ou manipular seus interlocutores ("Seu comportamento me decepciona muito, achei que estivesse acima disso", "O que você diz me fere, não é gentil falar com a mamãe dessa forma"). A capacidade de responder de maneira segura às críticas precisou de muitas representações de papéis nas sessões; a tendência de Célia era ou de nada responder ou de agredir de maneira mordaz seu interlocutor, muitas vezes de maneira desproporcional em relação ao alcance da crítica inicial. Nos dois casos, seu rubor se acentuava; ela o percebia como um sinal de fraqueza que o outro poderia explorar para responder ou insistir ainda mais. A capacidade de responder de forma calma, reformulando a crítica, expressando pausadamente seu descontentamento e pedindo esclarecimentos ou sugestões lhe permitiu considerar pouco a pouco as trocas críticas sob um ângulo mais construtivo, e não mais apenas como um braço de ferro, no qual deveria haver um vencedor e um vencido.

Célia tinha, é claro, como todos os ereutófobos, uma visão muito negativa de seu rubor. Ela tendia a pensar que este era altamente percebível e era incapaz de continuar a interagir corretamente assim que ele aparecia. Além disso, ela o julgava de maneira muito desvalorizante.

No fim do tratamento, Célia conseguiu, ao contrário, formular assim sua posição em relação ao rubor: "O fato de ruborizar continua me incomodando e me desagradando, mas não considero mais isso humilhante, não temo mais estar em posição de inferioridade por causa disso, e consigo não pensar nele e me concentrar no que estou dizendo ou fazendo..." O objetivo, modesto é verdade, foi amplamente ultrapassado: Célia se sentia "melhor em sua pele" e conseguia desenvolver com seu entorno relações menos tensas e menos agressivas. Ela dormia melhor e não sofria mais das colites que suportava há anos, coisas que não mencionara no começo das entrevistas. Quando o terapeuta comentou sobre isso, ela respondeu sorrindo: "Não queria que você me considerasse uma resmungona..."

5.4 A psicoterapia a serviço do desempenho individual?

Medo de palco, timidez, inibição, evitações, ruborizações: esses transtornos "benignos" que estragam a vida não pesam somente nas relações pessoais. Também acabam atrapalhando o trabalho e podem até prejudicar uma carreira que poderia ser brilhante. Entre as pessoas importantes que marcaram sua época, quer se trate de artistas, cientistas ou de políticos, raras foram as que permaneceram isoladas (Post, 1994). Todas construíram sua vida em torno de ricas e numerosas interações sociais, ainda que estas nem sempre tenham sido fáceis. O mito do gênio solitário e incompreendido vem da exceção ou do estereótipo social, mas não corresponde a nenhuma realidade tangível. O que é verdade para as pessoas importantes também o é com certeza para nós, pessoas comuns: sem bons vínculos com os outros, como esperar se tornar si mesmo? Muitos de nossos pacientes nos contaram como foram levados, por exemplo, a renunciar a certas promoções por causa da ansiedade social: eles não poderiam então assumir as exigências de seu novo estatuto profissional, como dirigir uma equipe, liderar reuniões, falar em conferências... No mundo do trabalho, onde os níveis de estresse são particularmente altos, os indivíduos com transtorno de ansiedade social sofrem ainda mais do que os outros (Légeron, 2015). Pois, embora as fontes de estresse no trabalho (também chamadas de fatores de riscos psicossociais) sejam variadas, as relações com os outros aparecem com frequência como uma das causas mais frequentes (Nasse & Légeron, 2008). Perante as incivilidades ou as situações de assédio, os indivíduos com transtorno de ansiedade social estão menos equipados para se defender. Por outro lado, as competências exigidas no mundo do trabalho, e que são cada vez mais avaliadas durante a contratação, por exemplo, são aquelas ligadas à relação social. Para além das competências clássicas (as ligadas ao domínio de sua atividade e aos aspectos técnicos de sua profissão), as *soft skills* se revelam um critério importante de recrutamento e de avaliação dos trabalhadores: as capacidades de escuta, de empatia, de colaboração com o outro são assim valorizadas e nem sempre são dominadas pelos indivíduos com transtorno de ansiedade social.

O testemunho de Ismael:

Profissionalmente, escolhi a informática. Eu explicava que era uma atividade em pleno desenvolvimento e que encontraria sempre um trabalho nessa área. Mas uma das razões profundas era que, manuseando computadores, eu limitava ao mínimo os contatos com os outros empregados da empresa. Mas depois de alguns anos, as reuniões de serviço se multiplicaram, nas quais não era muito apreciado ficar em silêncio. Era preciso falar! A novidade foi que, nas avaliações anuais em que minhas competências em informática eram, aliás, reconhecidas como excelentes, começaram a me criticar por não ser 'coletivo' o suficiente, não me inserir muito bem na equipe. Meu trabalho, que até então me satisfazia, foi se tornando para mim cada vez mais estressante, com essa pressão para que eu desenvolvesse mais contatos com os outros.

Não é apenas um bem-estar que é preciso então trazer, é também e sobretudo uma melhoria dos desempenhos em comunicar e liderar. O trabalho psicoterapêutico com José focava tais aspectos.

Mas também chegamos a atender, por exemplo, dirigentes de alto nível, no contexto do que chamamos "conselho individual": trata-se de uma série de 10 a 20 sessões de 2 ou 3 horas, durante as quais todos os aspectos comportamentais e psicológicos girando em torno de suas estratégias e atitudes relacionais são abordados. Saindo de um contexto de cuidados médicos, tais abordagens se inscrevem então muito mais em procedimentos de desenvolvimento pessoal. Poderia se pensar que, como chegaram ao topo do poder, esses dirigentes dominam perfeitamente sua ansiedade social, uma vez que devem ser capazes de cumprir todos os aspectos públicos e relacionais de sua profissão. Mas nem sempre é assim, muitos deles, aparentemente à vontade, vivem esses momentos sentindo-se sob permanente estado de tensão e atenção; a pressão que pesa sobre eles, a obrigação de resultado, a corrida ao sucesso que fazem, na maior parte das vezes os tornam pessoas que necessitam de ajuda a esse respeito... ainda que o procedimento nunca seja fácil para eles.

Tais intervenções carregam múltiplos problemas, técnicos e éticos. Técnicos sobretudo, pois as sessões de conselho individual precisam recorrer a ferramentas específicas, por exemplo o vídeo, cuja utilização permite uma identificação muito fina e aprofundada de fenômenos relacionais discretos, que passariam despercebidos "a olho nu". Éticos em seguida, uma vez que o limite com a psicoterapia não é simples de definir. Durante esse tipo de intervenções de conselho individual, nós só abordamos objetivos estratégicos bem definidos, escolhendo deliberadamente não intervir de maneira aprofundada em elementos do passado ou da vida privada daqueles que são assim mais clientes do que pacientes. Outras escolas, como a abordagem desenvolvida pelo grande hipnoterapeuta Milton Erikson (1984) ou pelos terapeutas sistêmicos (Haley, 1987), formularam as mesmas tomadas de posição: parece então bem possível abordar um problema somente sob um ângulo bem definido e delimitado, e observar em seguida as melhoras nos outros aspectos do funcionamento psicológico global. Em relação à ansiedade social, quando ajudamos alguém a se comunicar melhor e interagir com os outros, modificamos profundamente o olhar que essa pessoa lança sobre si mesma, a maneira como percebe as relações humanas, a visão que tem de seu futuro etc. O essencial é, pois, mais o ponto de apoio que pode servir para colocar em ação uma mudança do que a origem do problema.

5.5 Tratar a ansiedade social: um projeto de sociedade?

As pessoas que sofrem de transtornos psíquicos experimentam muitas vezes vulnerabilidades que, na verdade, estão presentes, ou em germe, em todos os seres humanos. Os consultórios dos psiquiatras são observatórios de nossos modos de funcionamento e de nossas fragilidades, individuais e coletivas, com um efeito lupa em certas pessoas, infelizmente. O vínculo social e a afeição em particular formam a base de nosso desenvolvimento, e se entrelaçam, quando tudo ocorre de maneira harmoniosa (Shankland & André, 2020). Mas vimos que a ansiedade social é também consubstancial ao desenvolvimento de nossa sociedade humana, a atenção ao olhar eventualmente reprovador do outro sendo uma condição importante da coesão dos grupos e do respeito entre todos os indivíduos. A psicodiversidade desse traço de temperamento, somada às vezes à adversidade da vida e a um contexto educativo favorável, pode resultar numa ansiedade social nitidamente mais acentuada em alguns de nós, que podemos estimar entre 5% e 10%, de acordo com os critérios escolhidos. É, portanto, fundamental, para nossa sociedade que se quer fraterna e solidária, fazer todo o possível para limitar o sofrimento dessas pessoas. Por um lado, propondo uma ajuda terapêutica a todos que dela precisam e, por outro, questionando-se sobre a maneira de reduzir o surgimento desses transtornos e de torná-los mais confortáveis. Talvez estejamos falando aqui de uma utopia ingênua, a de uma sociedade mais benevolente, menos excludente e menos rude, mais atenta aos temores do outro. Por que não acreditar nisso, pelo menos um pouco, uma vez que todos nós temos tanto a ganhar com isso?

Concretamente, o pilar principal dessa (pequena) revolução seria, é claro, uma intervenção educativa desde a mais tenra infância: aprender desde a escola a identificar suas emoções e as dos outros, a respeitar seus silêncios ou seus desconfortos (as famosas gozações, sem real maldade, mas tão traumatizantes, com as ruborizações, p. ex.), favorecer a empatia, encorajar a expressão oral etc. Desafios importantes, com certeza, mas nem tão quiméricos assim, pois certos programas de prevenção dos transtornos de ansiedade foram aplicados em vários países com bons resultados, como o Friends, na Austrália, reconhecido pela Organização Mundial de Saúde (Turgeon & Gosselin, 2015). Trata-se de intervenções especializadas direcionadas a crianças e adolescentes nas escolas, compreendendo uma dezena de sessões de informações e de conversas sobre essas questões, conduzidas por psicólogos ou professores. Pesquisadores avaliaram os efeitos desse programa em 963 crianças de três escolas de ensino fundamental, mostrando uma diminuição significativa dos sinais de ansiedade e de depressão depois das sessões, um aumento da autoestima e das estratégias de *coping* (saber enfrentar), bem como uma redução das dificuldades com colegas e dos problemas de comportamento. Podemos imaginar que um programa voltado especificamente para a ansiedade social poderia trazer resultados ainda mais interessantes nessa área, com efeitos de redução dos riscos de fobia escolar, de fracassos nas provas ou de sofrimento posterior.

Conclusão
"Imagine que você está totalmente nu..."

Num Congresso Mundial de Psiquiatria realizado no Rio de Janeiro, uma mulher se dirige a um auditório composto de especialistas. Era a presidente da Associação Americana dos Transtornos de Ansiedade, a maior organização para pacientes com transtorno de ansiedade social:

Imagine que ao entrar nesta sala você percebesse de repente que está totalmente nu... Imagine tudo o que você sentiria então... Com certeza, incômodo, vergonha. O que você faria? Procuraria fugir, escapar do olhar das pessoas? E se, pouco depois, você tivesse de encontrar novamente as pessoas que o viram daquele jeito, quais seriam seus sentimentos?

Tudo isso é o que vivem, claro que com maior ou menor intensidade, as pessoas ansiosas e com fobia social, mas em situações de uma banalidade extrema, como tomar a palavra diante de um grupo de amigos, ou comprar algo na padaria...

A representante dessa poderosa associação de "consumidores de tratamentos" nos dizia que recebe todos os anos vários milhares de cartas de pessoas, nas quais uma grande parte descreve todas as incapacidades e todos os sofrimentos ligados à sua ansiedade e à sua fobia social e seu desalento de não encontrar ajuda. Quando sabemos hoje os estragos consideráveis que a fobia social pode causar numa vida (Wittchen et al., 2000), quando sabemos também que sua frequência talvez esteja aumentando (Heimberg et al., 2000), não podemos mais simplesmente dizer aos indivíduos com fobia social para "esperar que vai passar"...

Nossa ambição, neste livro, foi de retirar um pouco o véu da ignorância que envolve o medo dos outros, através de todas as suas máscaras. Tomar consciência de seu transtorno, compreender seus mecanismos íntimos, significa não ser mais totalmente uma vítima deles. Conhecer as estratégias terapêuticas eficazes utilizadas pelos especialistas é começar a dominá-lo melhor. Engajar-se na resolução de sua ansiedade e de suas dificuldades relacionais é, por fim, abrir-se a uma existência mais gratificante.

O ser humano se constrói por meio das interações com os outros. Esse "alimento relacional" nos é indispensável. A importância do que chamamos de *suporte social* está bem estabelecida em relação à prevenção de praticamente todas as formas de dificuldades psicológicas e de transtornos mentais. Um indivíduo que está cercado de uma rede relacional de boa qualidade está mais bem protegido do que aquele que não dispõe de uma. O que vale não só para as doenças psiquiátricas, mas também, certamente, para muitas patologias somáticas. Por isso, a abordagem sistemática dos problemas de ansiedade social pode permitir um verdadeiro avanço do bem-estar. Assim como o médico pergunta, quando o encontramos, sobre a qualidade de nosso sono ou de nosso apetite, por que ele não perguntaria sobre a qualidade e a facilidade de nossos contatos com os outros? Claro que não podemos esperar tudo dessa dimensão relacional: não basta estar bem com o outro para estar bem consigo mesmo. Contudo, ela é necessária, embora não suficiente, ao equilíbrio de qualquer ser humano.

Por um tempo demasiado longo a psicologia esteve centrada no sujeito isolado. Interessamo-nos pelo inconsciente, pelo passado, pelas fantasias, pelos recalques, pelos desejos... Agora é hora de considerar também a interface do indivíduo com seu entorno, em particular social. Essa salutar reorientação encontra sua plena justificativa nos problemas de medos sociais.

Montesquieu nos lembrava, em suas *Cartas persas*, que o humano era, essencialmente, um "animal social": mas ainda é preciso que sua ansiedade lhe permita sê-lo...

Anexos

Anexos

1
Avalie seu medo dos outros

Na página seguinte você encontrará uma lista de situações que cada um de nós pode encontrar.

Indique nas casas correspondentes, atribuindo uma pontuação de 0 a 3, quais são **atualmente** (e não um ano atrás ou mesmo um mês):

- na primeira coluna, a intensidade do desconforto sentido na situação indicada;
- na segunda coluna, a tendência a evitar essa situação.

Tratando-se de uma situação com a qual você nunca foi confrontado, imagine simplesmente qual seria, na sua opinião, seu desconforto e sua evitação.

Não há, claro, resposta "certa" ou "errada". **Seja sincero** consigo mesmo.

Não perca tempo demais para responder, sua primeira impressão com certeza será a mais exata...

O questionário que você irá preencher não tem a pretensão de fornecer um "diagnóstico" infalível de seus problemas de ansiedade social. Apenas um especialista (médico ou psicólogo) poderá fazê-lo corretamente.

Contudo, se você responder sinceramente e se seguir as instruções dadas abaixo, pode obter algumas indicações úteis sobre seu medo dos outros.

	Essa situação me provoca	Evito essa situação
	0 = nenhum desconforto 1 = um leve desconforto 2 = uma forte ansiedade 3 = um verdadeiro pânico	0 = nunca 1 = raramente 2 = com frequência 3 = sistematicamente
1) Falar diante de um grupo de pessoas (para fazer um discurso, uma apresentação etc.)		
2) Compartilhar seus sentimentos íntimos durante uma conversa com alguém importante para você		
3) Intervir para dar seu ponto de vista durante uma discussão		
4) Pedir a quem está falando alto, no cinema, no teatro ou num concerto, que se cale		
5) Ser observado por alguém quando está fazendo um trabalho (digitar, pequenos consertos, cozinhar etc.)		
6) Ir a uma festa na qual você não conhece quase ninguém		
7) Telefonar para uma grande administradora para obter informações (prefeitura, seguridade social etc.)		
8) Dizer não a uma pessoa que lhe pede um favor		
9) Encontrar alguém importante ou com um alto cargo (patrão, personalidade etc.)		
10) Começar uma conversa com pessoas que você não conhece		
11) Escrever, comer, beber ou andar diante das pessoas		
12) Devolver ao comerciante uma compra que não lhe convém		
13) Fazer uma prova oral, um teste de aptidão ou uma entrevista de emprego		
14) Falar de banalidades ("da chuva ou do lindo dia") com vizinhos ou comerciantes		

Seu grau de medo

Para conhecer o grau de seu medo dos outros, some todas as notas inseridas nas 28 casas das duas colunas. Você obtém uma pontuação total entre 0 e 84.

Sua pontuação total é inferior a 10

Você parece nunca sentir o mínimo desconforto diante dos outros. Você foi realmente sincero consigo mesmo? Talvez seja um mutante na espécie humana!

Sua pontuação total está entre 10 e 29

Você sente de vez em quando uma leve ansiedade diante dos outros. Essa reação é normal, mas pode estragar alguns de seus contatos sociais, sobretudo se respondeu várias vezes com as notas 2 ou 3.

Sua pontuação total está entre 30 e 50

Você parece temer inúmeros confrontos com os outros e parece sofrer com isso. E se considerasse resolver seu problema de ansiedade social?

Sua pontuação total é superior a 50

Você sente muita ansiedade em seus contatos com os outros e sua vida é profundamente afetada. Você poderia falar com um médico ou um psicólogo.

Suas reações de medo

Se você sente um real medo dos outros, isto é, se sua pontuação total é de pelo menos 10, agora você pode analisar a maneira como reage a esse medo.

Primeiro, calcule sua pontuação "ansiedade" somando as 14 notas da primeira coluna. Essa pontuação fica entre 0 e 42.

Em seguida, calcule sua pontuação "evitação" somando as 14 notas da segunda coluna. Essa pontuação está entre 0 e 42. Por fim, calcule a diferença entre essas duas pontuações.

Sua pontuação "ansiedade" é claramente inferior à pontuação "evitação" (mais de 5 pontos)
Seu medo dos outros o leva a evitar certos contatos. O que é bem compreensível, mas você não se dá as melhores oportunidades de ver esse medo diminuir. Tente enfrentar mais situações.

Sua pontuação "ansiedade" é mais ou menos equivalente à "evitação" (cerca de 5 pontos)
Você tenta enfrentar as situações de contato com os outros, ainda que nem sempre se sinta à vontade. Mas atenção, pois às vezes você desiste. É uma pena, porque de certa forma corre o risco de alimentar seu medo.

Sua pontuação "ansiedade" é claramente superior à "evitação" (mais de 5 pontos)
Apesar do medo que certos contatos com os outros lhe inspiram, você tenta muitas vezes enfrentar a situação. Parabéns, é nesse sentido que deve continuar. Contudo, se sua ansiedade não diminuir com o tempo, talvez seja porque as evitações "sutis" persistem, ou porque alguns de seus temores sociais não foram esclarecidos: obtenha a opinião de um terapeuta especializado em ansiedade social.

Seu tipo de medo

Se você tem um real medo dos outros, isto é, se sua pontuação total é de pelo menos 10, você pode conhecer melhor o que, nos contatos com os outros, lhe causa realmente medo. Olhe as notas que obteve, situação por situação.

Suas notas mais altas (ansiedade ou evitação) se referem sobretudo às situações 1, 3, 7, 9 e 13.

O que você teme principalmente é **ser avaliado pelos outros**. Ou seja, que eles tenham um julgamento negativo sobre você ou sobre o que acabou de fazer.

Suas notas mais altas (ansiedade ou evitação) se referem sobretudo às situações 2, 6, 10 e 14.

O que o torna sobretudo ansioso é **se entregar aos outros**. Ou seja, que eles possam conhecer melhor seus sentimentos íntimos, sua personalidade profunda.

Suas notas mais altas (ansiedade ou evitação) se referem sobretudo às situações 4, 8 e 12.

O que o deixa mais desconfortável é **se impor diante dos outros**. Ou seja, fazer valer seus direitos, defender suas opiniões.

Suas notas mais altas (ansiedade ou evitação) se referem sobretudo às situações 5 e 11.

O que o deixa particularmente desconfortável é **o olhar dos outros**. Ou seja, que eles o observem com maior ou menor atenção.

2
A primeira consulta

Depois de ter lido este livro, talvez você pense que tem uma forma de ansiedade social. Então é interessante avançar mais nessa avaliação, aprofundando certas questões, como faria um terapeuta durante a primeira consulta. Além dos elementos quantitativos avaliados com o questionário anterior, nós propomos aqui uma "radiografia" de sua ansiedade social, abordando diferentes aspectos qualitativos, fatores associados ou que predispõem, ou ainda as consequências potenciais do transtorno. Isso poderá conduzi-lo a certas reflexões úteis para avançar, e talvez para preparar uma primeira consulta com um médico ou um psicólogo.

Conforme suas necessidades, você pode se limitar a responder cada questão com sim ou não, ou com uma resposta muito breve, ou então desenvolver um pouco mais por escrito numa folha para ajudá-lo em suas reflexões.

- Você era uma criança e/ou um adolescente tímido?
- Tinha muitos amigos na escola?
- Tem lembranças de situações muito angustiantes diante de outras pessoas?
- Tinha medo de ir à escola em determinados períodos e faltou às aulas por essa razão?
- Temia ser interrogado ou ir "à lousa"?
- Tinha muito lazer fora da escola, com outras crianças?
- Você conseguia se afastar ou se separar facilmente de seus pais?

- Sofreu gozações, assédios, maus-tratos por parte das crianças ou dos adultos?
- Seus pais eram pessoas ansiosas, introvertidas ou tímidas?
- Seus pais eram muito protetores (ou até demais)?
- Seus pais eram muito rígidos e exigentes?
- Seus irmãos e irmãs eram ansiosos, introvertidos ou tímidos?
- Sua família recebia visitas com frequência?
- Você diria que é tímido hoje?
- Você tem muitos amigos ou conhecidos?
- Você gostaria de ter mais amigos ou conhecidos?
- Você tem boa autoestima?
- Com que tipos de pessoas você se sente mais desconfortável?
- Você se sente desconfortável de olhar outras pessoas nos olhos?
- Você tem algum complexo físico? Qual?
- Você imagina coisas terríveis acontecendo com você em situações sociais e acha que elas podem realmente acontecer?
- Você costuma ter lembranças dolorosas e precisas de situações que teme?
- Você às vezes se sente muito ansioso por pelo menos vários dias *antes* de determinada situação social?
- Às vezes, você se sente muito perturbado por pelo menos vários dias *depois* de determinada situação social?
- Sua ansiedade social interfere muito em sua vida cotidiana?
- Sua ansiedade social o impede de fazer certas coisas que gostaria de fazer?
- Você costuma consumir muita bebida alcoólica, tomar muitos medicamentos ou drogas para se sentir mais à vontade com os outros ou para se recuperar dessas situações?

- Com que idade sua ansiedade social começou e como ela se desenvolveu desde então (estável, flutuante, cada vez mais forte, melhoras)?
- Sua ansiedade social teve um impacto significativo em sua vida e em suas escolhas (estudos, trabalho, vida afetiva etc.)?
- Sua ansiedade social levou a outros problemas psicológicos ou de saúde (depressão, sintomas psicossomáticos etc.)?
- Você saberia dizer quais são as causas ou as origens de sua ansiedade social?
- Que tipo de solução você desejaria para tratar sua ansiedade social?

3
Avalie sua ereutofobia
(medo de ruborizar em público)

Se você acha que sofre de ereutofobia, o questionário a seguir, que criamos e validamos para uso na prática clínica (Pelissolo, Lobjoie & Montefiore, 2010), o ajudará a avaliar sua intensidade (Pelissolo & Roy, 2009).

*As perguntas são sobre o que você sentiu ou vivenciou somente na **última semana**.*

Assinale a casa correspondente à resposta que melhor descreve o que você experimentou.

1. Com que frequência você sentiu **o início do rubor**?	Nunca durante a última semana ☐ 0	Raramente (menos de uma vez por dia) ☐ 1	Cerca de uma vez por dia ☐ 2	Várias vezes por dia ☐ 3	Mais de 10 vezes por dia ☐ 4
2. Com que frequência você teve **crises de ruborizações longas e difíceis**?	Nunca durante a última semana ☐ 0	Raramente (menos de uma vez por dia) ☐ 1	Cerca de uma vez por dia ☐ 2	Várias vezes por dia ☐ 3	Mais de 10 vezes por dia ☐ 4
3. Com que frequência você se sentiu **perturbado ou ansioso com a ideia de ruborizar**?	Nunca durante a última semana ☐ 0	Raramente (nem todos os dias) ☐ 1	Todos os dias, mas menos da metade do dia ☐ 2	Todos os dias, mais da metade do dia ☐ 3	Todos os dias, o dia inteiro ou quase continuamente ☐ 4
4. Qual é, globalmente, a **intensidade das crises de ruborização** que você experimentou?	Muito leve (ou nenhuma crise) ☐ 0	Leve ☐ 1	Intensidade média ☐ 2	Intensa ☐ 3	Extremamente intensa ☐ 4
5. Quão **impotente ou espantado** você se sente atualmente com seu problema de ruborização?	Nem espantado nem impotente, ou sem nenhum problema ☐ 0	Levemente espantado ou impotente ☐ 1	Medianamente espantado ou impotente ☐ 2	Muito espantado ou impotente ☐ 3	Extremamente espantado ou impotente ☐ 4
6. No momento, qual é o nível do **impacto global do seu problema de ruborização** na sua vida diária (trabalho ou possibilidade de trabalho, vida social, vida familiar etc.)?	Nenhum impacto ou nenhum problema ☐ 0	Impacto leve ☐ 1	Impacto médio ☐ 2	Impacto importante ☐ 3	Impacto extremo ☐ 4

Calcule sua pontuação somando os pontos correspondentes às seis respostas.

- **Se a pontuação é inferior a 6**, sua ereutofobia é leve ou ausente.
- **Entre 6 e 12**, você sofre de uma ereutofobia moderada que pode provavelmente se atenuar e desaparecer facilmente se seguir os conselhos dados aqui ou num outro livro específico (Pelissolo & Roy, 2009).
- **Entre 13 e 24**, sua ereutofobia é intensa, com provável sofrimento cotidiano significativo. Você pode perfeitamente progredir seguindo os mesmos conselhos, mas uma consulta com um médico ou um psicólogo poderia, além disso, ser muito útil para determinar os melhores tratamentos a serem adotados.

4
Critérios diagnósticos da fobia social
(segundo o DSM-5)

A) Medo ou ansiedade intensos de uma ou várias situações sociais durante as quais a pessoa está exposta à eventual observação atenta do outro. Alguns exemplos de situações incluem interações sociais (p.ex., ter uma conversa, encontrar pessoas não familiares), ser observado (p.ex., comendo ou bebendo) e algumas situações de desempenho (p.ex., fazer um discurso). *Nota: Nas crianças, a ansiedade deve aparecer na presença de outras crianças, e não unicamente nas interações com os adultos.*

B) A pessoa teme agir de forma a mostrar sintomas de ansiedade de uma maneira que será julgada negativamente (i.e., será humilhante ou embaraçante, resultará numa rejeição pelos outros ou numa ofensa).

C) As situações sociais provocam quase sempre medo ou ansiedade.

Nota: Nas crianças, o medo ou a ansiedade podem se expressar nas situações sociais pelos choros, acessos de raiva ou reações que paralisam; a criança briga, se retrai ou não diz mais nada.

D) As situações sociais são evitadas ou vividas com medo ou ansiedade intensos.

E) O medo ou a ansiedade são desproporcionais em relação à ameaça real da situação social e ao contexto sociocultural.

F) O medo, a ansiedade ou a evitação são persistentes, durando habitualmente seis meses ou mais.

G) O medo, a ansiedade ou a evitação provocam uma aflição ou uma alteração clinicamente significativa do funcionamento social, profissional ou em outros campos importantes.

H) O medo, a ansiedade ou a evitação não são imputáveis aos efeitos fisiológicos de uma substância (p. ex., substância de abuso, medicamento) nem a outra afecção médica.

I) O medo, a ansiedade ou a evitação não são mais bem explicados pelos sintomas de outro transtorno mental, como transtorno de pânico, uma obsessão de uma dismorfia corporal, transtorno do espectro autista.

J) Se outra afecção médica (p. ex., doença de Parkinson, obesidade, desfiguração secundária a queimadura ou lesão) estiver presente, o medo, a ansiedade ou a evitação estão claramente não relacionados a essa afecção ou são excessivos. Deixar claro se se trata de uma forma "desempenho apenas": o medo está limitado às situações de desempenho ou de expressão em público.

5
Critérios diagnósticos da personalidade evitativa
(segundo o DSM-5)

Modo geral de inibição social, de sentimentos de não estar à altura e de hipersensibilidade ao julgamento negativo do outro, que aparece no início da idade adulta e está presente em contextos diversos, como demonstram pelo menos quatro das manifestações abaixo:

1. O indivíduo evita as atividades sociais profissionais que implicam contatos importantes com os outros por temor de ser criticado, desaprovado ou rejeitado.

2. Reticência em se implicar com os outros a menos de estar certo de ser amado.

3. É reservado nas relações íntimas por temor de ser exposto à vergonha ou ao ridículo.

4. Teme ser criticado ou rejeitado nas situações sociais.

5. É inibido nas situações interpessoais novas por causa de um sentimento de não estar à altura.

6. Percebe-se como socialmente incompetente, sem atrativo ou inferior aos outros.

7. É particularmente reticente em correr riscos pessoais ou em se engajar em novas atividades por temor de vivenciar embaraços.

Se, depois de ler este livro, você quiser informar seus conhecidos sobre a fobia social ou sobre os esforços necessários para superá-la, preparamos dois resumos para essa finalidade: eles levam apenas alguns minutos para serem lidos. Lembre-se de reler estas páginas regularmente para acompanhar seus esforços pessoais de mudança.

6
O que você deve saber para compreender a fobia social

Você (ou um de seus conhecidos) sofre de fobia social.

A fobia social é uma doença psicológica que os médicos e os pesquisadores conhecem cada vez melhor, e para a qual existem hoje tratamentos eficazes.

Para enfrentar melhor a fobia social e suas repercussões em sua vida, é importante que você conheça as informações contidas nestas páginas.

Leia e releia atentamente este texto. Em seguida, fale novamente com o médico, ou o terapeuta, e não hesite em fazer todas as perguntas que lhe vieram à mente ao longo dessa leitura.

O que é a ansiedade social?

Talvez você já tenha tentado falar de suas dificuldades com os conhecidos. E talvez lhe tenham respondido que vez ou outra eles também sentiam timidez ou medo de palco em certas situações sociais. No entanto, você tinha o sentimento de que suas dificuldades eram mais fortes e de natureza diferente.

Na verdade, a maioria das pessoas já sentiu **ansiedade social**: é simplesmente o temor de ser julgado pelos outros. Esse temor se encontra, por exemplo, no **medo de palco** (medo de falar diante de um público ou de uma pessoa impressionante) ou na **timidez** (reserva excessiva durante os primeiros contatos com desconhecidos).

A ansiedade social não impede de viver normalmente e não é considerada uma doença. Por outro lado, sua forma mais grave e mais intensa, a fobia social, representa uma verdadeira doença psicológica.

O que é normal e o que não é

Ansiedade social normal	Ansiedade social patológica = fobia social
Sua ansiedade social não o obriga a fugir das situações sociais.	Você é obrigado a evitar um bom número de situações sociais.
Depois de certo número de encontros com as pessoas ou as situações, sua ansiedade é menos forte.	Pode acontecer de nunca se sentir seguro, mesmo com pessoas ou situações que você encontra com frequência.
Você sente sobretudo desconforto e embaraço.	Você muitas vezes sente um verdadeiro pânico e uma grande vergonha.
Você tem amigos e relações, mesmo se leva algum tempo para se ligar.	Você tem poucos amigos e relações.

O que é a fobia social?

A fobia social se compõe de três tipos de manifestações:

• **Emoções dolorosas**, com, de um lado, crises de angústia antes e durante as situações sociais e, de outro, um sentimento de vergonha depois delas. A **angústia** é muitas vezes difícil de controlar, e dá à pessoa a vontade de não enfrentar as situações. A **vergonha** está ligada à impressão de que fomos ridículos ou desinteressantes, e ela leva a pessoa a se ensimesmar, em vez de procurar conforto ou informação com os conhecidos.

• **Modos de pensamento negativos**. A pessoa com fobia social tem um **medo permanente de ser julgado pelos outros**, com a impressão de que as pessoas vão observá-la e destacar suas fraquezas, talvez até agredi-la verbalmente. A fobia social

provoca também uma **baixa autoestima**: a pessoa se sente inferior às outras e sempre julga negativamente o que fez.
- **Comportamentos de evitação**. A fobia social leva a pessoa a **evitar as situações sociais** em que ela se sente vulnerável demais: ela recusa certos convites, não vai às reuniões etc. Se não pode evitar, ela adota comportamentos de proteção, destinados a **não atrair a atenção sobre ela**: não falar ou falar muito pouco, não olhar nos olhos, não dar sua opinião etc.

Essas evitações, esses pensamentos, essas emoções se reforçam mutuamente e representam uma verdadeira armadilha para a pessoa com fobia social: quanto mais ela evita, mais tem vergonha de si mesma e continua tendo medo, o que aumenta também suas ideias negativas sobre si, o que a leva a evitar ainda mais etc. Por isso, em geral, a fobia social não desaparece por si só e pode, ao contrário, durar por toda a vida.

A fobia social afeta muitas pessoas?

Trabalhos recentes demonstraram que 2% a 4% da população, no mínimo, sofrem de fobia social. O que representa mais de 1 a 2 milhões de pessoas na França. A fobia social é um dos transtornos psicológicos mais frequentes. Mas é também um dos mais discretos: como os indivíduos com fobia social tentam escondê-la, eles têm muitas vezes a impressão de serem um caso isolado.

As consequências cotidianas da fobia social

Os estudos dos especialistas mostram que a fobia social traz uma **pesada incapacidade**: mais solidão, dificuldades profissionais, e também outras doenças, como a depressão ou a tendência excessiva ao consumo de bebidas alcoólicas. O **sofrimento cotidiano** dessas pessoas é significativo, ainda mais que muitas vezes elas não são percebidas como tímidas por seu entorno, e sim como distantes, frias, pouco simpáticas. Essa impressão errônea vem de sua tendência a se proteger e a colocar uma distância entre elas e os outros.

As diferentes formas de fobia social

Existem diferentes formas de fobias sociais. Por vezes, a pessoa tem sobretudo **medo do aparecimento de um sinal físico** de ansiedade: medo de ruborizar, de transpirar, de tremer... Outras vezes, é uma **situação precisa** que elas vão temer: escrever diante dos outros, ou tomar a palavra se há mais de três ou quatro pessoas. Existem igualmente formas "generalizadas" de fobia social: elas têm então **medo de qualquer forma de contato com o outro**, até o simples fato de ser olhado provoca então angústia.

As situações cotidianas difíceis na fobia social

Família de situações	Exemplos concretos	Desconforto na vida cotidiana
Situação em que é preciso ter um bom desempenho	Fazer uma apresentação ou ler um texto diante de um grupo, fazer uma prova oral, uma entrevista de emprego...	Não podem tomar a palavra nas reuniões profissionais ou de pais de alunos, ler textos durante cerimônias familiares ou religiosas...
Situação em que é preciso falar ou trocar algumas palavras	Falar da chuva ou do tempo bom com vizinhos, comerciantes, colegas de trabalho...	Evitam cruzar com seus vizinhos, ou ir aos pequenos comércios, não participam da hora do cafezinho no trabalho...
Situação em que é preciso se expor ou entrar em discussões aprofundadas	Atar uma relação duradoura com alguém, falar de si mesmo, responder a perguntas pessoais...	Evitam os convites, fogem das relações amigáveis ou sentimentais...
Situação em que é preciso se afirmar	Dar sua opinião, dizer que não está de acordo, responder a críticas ou observações...	Nunca emitem seu ponto de vista nas discussões, não sabem exigir algo ou enfrentar os vendedores...
Situação em que se é observado	Comer, beber, escrever, se são olhadas; entrar num lugar onde já há muitas pessoas (transporte público, sala de espera)...	Não vão mais ao restaurante, não saem para beber, não podem mais preencher um cheque ou um formulário. Devem chegar primeiro na sala de reuniões...

De onde vem a fobia social?

Hoje, ainda faltam certezas para afirmar o que causa a fobia social. Em certos casos, pensamos que existem desde o nascimento **tendências à ansiedade diante de tudo o que é novo e desconhecido**. Mas sabemos também que o fato de ter sido criado numa **família** em que pouco se falava com as outras pessoas e em que poucos convidados eram recebidos pode agravar tendências à timidez. Assim como certos **eventos** traumatizantes (ter sido objeto de zombarias ou de rejeição) ocorridos na adolescência podem desempenhar um papel na ocorrência de uma fobia social.

É possível vencê-la?

Existem hoje **soluções eficazes** para enfrentar a fobia social. Certos medicamentos podem ser prescritos pelo médico e ajudá-lo a retomar o controle de seus medos, por vezes com a ajuda de uma psicoterapia.

Os **medicamentos** mais eficazes na fobia social não são os tranquilizantes, mas certos antidepressivos chamados "serotoninérgicos" (porque agem sobre a serotonina, um neurotransmissor implicado nos estados de ansiedade e de depressão). Esses medicamentos são eficazes ainda que você não esteja deprimido: eles têm uma ação direta sobre a fobia. Desde que tomados regularmente e durante um tempo necessário, esse tratamento pode diminuir a intensidade de sua fobia social e permitir que pouco a pouco você reconstrua sua vida.

Existem também **psicoterapias** eficazes para a fobia social: as terapias comportamentais e cognitivas. Essas psicoterapias ensinam a confrontar melhor as situações que causam medo e a domesticar a angústia associada. Elas ensinam também a criticar os pensamentos negativos sobre si e o medo excessivo do julgamento dos outros. De todo modo, a psicoterapia é um trabalho conduzido em comum: o terapeuta apoia o paciente, o aconselha, o guia, o encoraja, lhe dá informações; em retorno, o paciente se compromete a seguir da melhor forma as instruções do terapeuta e a praticar os exercícios que este lhe pede para efetuar entre as sessões.

Para concluir

A fobia social é um transtorno de ansiedade frequente. Ela provoca com frequência sofrimento e incapacidade social significativos. Hoje existem tratamentos eficazes, sob a forma de medicamentos e de psicoterapias adaptadas. Mas os esforços da pessoa com fobia social permanecem indispensáveis. Se você seguir os conselhos do médico, ou do terapeuta, certamente irá superar a maioria de suas dificuldades.

7
Lutar contra a fobia social no cotidiano: o que você deve saber

Você sofre de fobia social? É raro que a fobia social desapareça por si só. Uma atitude ativa é necessária para que ela recue. Sabemos hoje quais são os esforços que devem ser feitos para vencer e superar esse tipo de doença psicológica. Eis alguns conselhos, que completarão aqueles oferecidos pelo médico ou pelo terapeuta. Não hesite em retornar ao assunto com ele.

Não aceitar mais a fobia social

Quando a fobia social é identificada, em geral faz vários anos que a pessoa sofre com ela. E muitas vezes adquiriu o hábito de se resignar e aceitar as evitações, a vergonha, o medo, como se se tratasse de uma maldição ou de uma deficiência de sua personalidade, de sua vontade, de sua emotividade sobre a qual não há nada a fazer. Pode até ser que certas pessoas com fobia social pensem que o problema não vem delas, mas dos outros (que seriam agressivos demais, egoístas, irônicos etc.). Por vezes, a pessoa com fobia social não percebe mais suas evitações, de tanto que se acostumou.

De todo modo, elas tendem a se resignar e a aceitar a doença. Essa atitude deve ser combatida; para se livrar da fobia social, é preciso considerá-la como um hóspede indesejável, que teria se instalado em sua casa sem ter sido convidado.

Desenvolva o reflexo de não aceitar mais obedecer às "ordens" que a fobia social lhe dá: evitar situações porque sente ansiedade, fugir dos outros porque sente vergonha...

Tudo isso deve ser feito progressivamente, inútil querer resolver tudo de uma só vez.

Pensar de outra forma
Os erros psicológicos devidos à fobia social

As pessoas que sofrem de fobia social cometem muitas vezes erros em sua maneira de analisar o que lhes acontece. Elas têm muitas vezes o sentimento de que:

- seu mal-estar interno é totalmente visível;
- seus interlocutores vão julgá-las negativamente por causa de sua emotividade ou de seus limites;
- um eventual julgamento negativo sobre elas é uma catástrofe irrecuperável.

Na verdade:

- O mal-estar sentido nem sempre é visível. Nossos batimentos cardíacos não são ouvidos, e uma eventual ruborização ou um tremor só são observados quando nos concentramos neles em vez de continuar a conversa.
- Ainda que o interlocutor se aperceba de um leve mal-estar na pessoa com fobia social, ele é capaz de modular seu julgamento e se dizer: "Essa pessoa é emotiva, mas simpática, competente etc." Não somos necessariamente rejeitados porque nos mostramos emotivos ou transtornados.
- Por fim, ainda que o interlocutor faça um julgamento negativo (essa situação é mais rara do que as pessoas com fobia social pensam), não é preciso considerar isso como uma catástrofe irrecuperável. Não podemos ser sempre amados nem estimados por todos!

As exigências excessivas devidas à fobia social

As pessoas que sofrem de fobia social são em geral severas demais e exigentes com elas mesmas. Muito mais do que as pessoas que não têm fobia social, que aceitam não serem perfeitas, não poderem agradar a todos etc. Encontramos, por causa da fobia social, crenças excessivas, como:

- "Tenho sempre de dizer algo original, caso contrário vão me considerar como alguém desinteressante";
- "Não devo jamais deixar que vejam que não estou à vontade, senão serei rejeitado";
- A maioria das pessoas só pensa em humilhar os frágeis quando encontram um".

Tomar consciência do caráter excessivo dessas convicções e lutar contra elas é um aspecto particularmente importante em sua luta contra a fobia social. Para retomar nossos exemplos, é preciso "adocicar" suas crenças:

- "Devo aceitar que às vezes há silêncios na conversa, ou que falamos banalidades, isso acontece com todos";
- "Ainda que vejam que sou emotivo, podem até me apreciar";
- "As pessoas agressivas felizmente não são a maioria".

Enfrentar as emoções: o medo e a vergonha

Enfrentar seu medo

Na maioria das vezes, o medo se manifesta antes e durante as situações sociais.

Antes: sentem ansiedade antecipatória, imaginam de antemão que tudo vai dar errado, projetam um verdadeiro filme de terror baseado num "roteiro de catástrofe".

Durante: assim que começam a sentir medo, concentram-se excessivamente nesse medo, com questões do tipo "estão vendo?", "e se a angústia não parar de aumentar?" A partir desse momento, a pessoa com fobia social não está mais atenta à situação e sim à sua angústia, ao que ela sente e ao que os outros talvez pensem. Na verdade, os outros não notaram nada, pelo menos no início; depois de certo tempo, às vezes eles acabam percebendo que a pessoa está um pouco ausente, preocupada, desconfortável... Ela está simplesmente mergulhando sozinha em sua ansiedade social.

- *O que fazer?*

É difícil não sentir ansiedade social; mesmo as pessoas que não têm fobia social também a sentem regularmente. Por outro lado, é absolutamente possível aprender a agir apesar da ansiedade, com essa ansiedade. Desde que não a foque e se concentre na situação que está acontecendo, pouco a pouco a ansiedade se tornará simplesmente um ruído de fundo desagradável, depois acabará desaparecendo.

Lutar contra a vergonha

A vergonha é uma emoção particularmente dolorosa e frequente na fobia social. Ela se manifesta na maioria das vezes durante as situações sociais e depois delas.

Durante: o sentimento é de que tudo o que é dito, feito, mostrado é ridículo e nos inferioriza. Para tentar que as pessoas que não têm fobia social compreendam essa vergonha, é preciso lhes perguntar como se sentiriam se se encontrassem completamente nuas numa festa ou numa entrevista com alguém.

Depois: elas ruminam seus erros e suas supostas bobagens ("não deveria ter feito isso, dito isso, me comportado dessa forma, todos viram, e devem ter pensado mal, me desprezado...").

- *O que fazer?*

Como a angústia, a vergonha é difícil de suprimir no início. É preciso sobretudo lutar para limitar seu alcance e suas consequências.

Limitar seu alcance, isto é, não aceitar "generalizar" demais: não é porque estávamos desconfortáveis numa festa que "*tudo está perdido*", que "*todos* nos desprezam" e que "*toda* a nossa pessoa é patética e desprezível". É útil se criticar de maneira construtiva ("na próxima vez, vou tentar falar mais, com mais gente etc."), e não se "massacrar". Como você falaria com um de seus melhores amigos se ele se encontrasse nessa situação? Sem dúvida, tentando não dramatizar, destacando também suas qualidades e ajudando-o a se preparar melhor para a próxima vez. E se fizesse o mesmo por você?

Cuidado também com as consequências da vergonha: o reflexo de uma pessoa com vergonha de si mesma é se isolar, se esconder. Ora, para uma pessoa com fobia social, isso vai agravar o problema, uma vez que ela vai se separar ainda mais dos outros (por exemplo, há aquelas que não querem mais rever as pessoas diante das quais ruborizaram) e sobretudo se isolar em suas convicções: se não se esforçar para aceitar os pontos de vista diferentes, continuará persuadida de que foi lamentável em situações que os outros a consideraram normal, ou levemente desconfortável.

Parar de fugir

As evitações

Fugir das situações que nos deixam desconfortáveis pode parecer lógico: evitamos assim o sofrimento. No entanto, sabemos hoje que cada evitação agrava ou mantém a fobia social. Quanto mais fujo das situações, mais mantenho minha vulnerabilidade diante delas.

Existem dois tipos de evitações:

• as evitações de situações (não ir a uma festa, evitar almoçar com colegas...);

- as evitações "sutis" ou discretas (quando não pudemos evitar as situações, evitar a todo custo mostrar vulnerabilidade, por exemplo, não olhar nos olhos, não tomar a palavra, não pegar um objeto se temos medo de tremer...).

Enfrentar as situações sociais

Evitar que se agrave ou se cronicize. Confrontar-se permite pouco a pouco vencer a fobia social. Mas ainda é preciso respeitar certas regras quando se quer fazer o que os terapeutas chamam de "exercícios de exposição":

- Expor-se por tempo suficiente às situações angustiantes; isto é, sempre que possível, por pelo menos 30 a 40 minutos. Com efeito, uma confrontação curta demais não permite que a ansiedade diminua.
- Expor-se regularmente. Uma vez só não basta, é preciso que as confrontações sejam repetidas várias vezes para que a ansiedade recue de forma nítida e duradoura.
- Expor-se progressivamente. Para as pessoas com fobia social, é muito doloroso, difícil e exaustivo se confrontar com seus medos. Por isso, recomendamos que comecem com exercícios bastante simples e aumentem aos poucos a dificuldade.

Como se expor na prática

Ao se confrontar com situações sociais que são angustiantes para você, pense em certas regras:
- não se concentre em sua ansiedade, mas na situação;
- lembre-se de que, embora você sinta um desconforto muito intenso, os outros não estão em sua pele, e muitas vezes eles nem notarão sua ansiedade;

- depois dos exercícios, não se julgue; felicite-se por ter ousado ou tentado, e reflita sobre o que pode ser melhorado na próxima vez.

Para concluir

É claro que todos os conselhos dados aqui não serão fáceis de aplicar em seu caso. Será preciso então solicitar a ajuda do médico ou de um psicoterapeuta. Vários pacientes no mundo já se beneficiaram dessas técnicas, e elas também poderão ajudá-lo.

Pense também em apenas tomar resoluções para modificar sua vida cotidiana. Se decidiu mudar, concretize-as: telefone (ou escreva por *e-mail*, se for difícil demais) aos amigos com os quais não entra em contato há tempos, volte a convidar os amigos para sua casa, faça o esforço de trocar duas ou três palavras (não mais que isso no começo) com comerciantes e vizinhos, ande de cabeça erguida em vez de fugir dos olhares... É essa soma de pequenos combates cotidianos (ainda que nem sempre você os vença) que vai ajudá-lo a reduzir a fobia social.

Boa sorte!

Agradecimentos

Agradecemos a Caroline Rolland e a Jean-Luc Fidel por seus preciosos conselhos editoriais.

Agradeço também a Odile Jacob, pelo constante interesse demonstrado pelo nosso trabalho.

Toda nossa gratidão aos professores Henri Lôo e Jean-Pierre Olié, pelo apoio constante e amigável à nossa prática psicoterapêutica no serviço hospitalar universitário do Hospital Sainte-Anne, bem como ao professor Jean-Pierre Lépine pelo seu ensino e suas contribuições para a pesquisa sobre a ansiedade social.

Referências

Abric, J.-C. (2019). *Psychologie de la communication*. Dunod.

Alpert, J. E. et al. (1997). Social phobia, avoidant personality and atypical depression: Co-occurrence and clinical implications. *Psychological Medicine, 27*(3), 627-633.

American Psychiatric Association. (2014). *Manual diagnóstico e estatístico de transtornos mentais: DSM-5* (5. ed.). Artmed.

Amiel, H.-F. (1897). *Journal intime* (vol. 1). Georg et Cie.

André, C. (1995a). *Les Thérapies cognitives*. Bernet-Danilo.

André, C. (1995b). Une dépression qui n'en finit pas. *Abstract Neuro-Psy*, 130.

André, C. (1996). Le premier entretien avec un patient phobique social. *Journal de Thérapie Comportementale et Cognitive, 6*, 35-36.

André, C. (1997). *La Timidité*. PUF.

André, C. (1998). Anxieux, mais groupes! *Journal de Thérapie Comportementale et Cognitive, 8*, 41-42.

André, C. (2017). *Méditez avec nous: 21 méditants experts vous conseillent et vous guident*. Odile Jacob.

André, C. (2018). *Imparfaits, libres et heureux: Pratiques de l'estime de soi*. Odile Jacob.

André, C., & Légeron, P. (1993). Therapies cognitives de l'anxiete sociale et de la phobie sociale. *Psychologie Française, 38*(3-4), 231-240.

André, C., Lelord, F., & Légeron, P. (1997). *Chers patients: Petit traité de communication à l'usage des médecins*. Editions du Quotidien du Médecin.

Aouizerate, B., Martin-Guehl, C., & Tignol, J. (2004). Neurobiologie et pharmacotherapie de la phobie sociale. *Encephale*, *30*(4), 301-313.

Asher, M., & Aderka, I. M. (2018). Gender differences in social anxiety disorder. *Journal of Clinical Psychology*, *74*(10), 1730-1741.

Asher, M., Asnaani, A., & Aderka, I. M. (2017). Gender differences in social anxiety disorder: A review. *Clinical Psychological Review*, *56*, 1-12.

Azaïs, F. et al. (1999). Approche cognitive et emotionnelle de l'assertivite. *L'Encéphale*, *25*, 353-357.

Azoulay, R., & Gilboa-Schechtman, E. (2022). The scarring impact of status loss in social anxiety: An evolutionary perspective. *The Journal of Anxiety Disorder*, *90*, 102600.

Baba, A., Kloiber, S., & Zai, G. (2022). Genetics of social anxiety disorder: A systematic review. *Psychiatric Genetics*, *32*(2), 37-66.

Balje, A. et al. (2016). Group schema therapy versus group cognitive behavioral therapy for social anxiety disorder with comorbid avoidant personality disorder: Study protocol for a randomized controlled trial. *Trials*, *17*(1), 487.

Bantin, T. et al. (2016). What does the facial dot-probe task tell us about attentional processes in social anxiety? A systematic review. *Journal of Behavior Therapy and Experimental Psychiatry*, *50*, 40-51.

Barkowski, S. et al. (2016). Efficacy of group psychotherapy for social anxiety disorder: A meta-analysis of randomized-controlled trials. *Journal of Anxiety Disorders*, *39*, 44-64.

Beck, A. T. (2017). *La Thérapie cognitive et les troubles émotionnels*. De Boeck Sup.

Beck, A. T., & Emery, G. (1985). *Anxiety disorders and phobias*. Basic Books.

Beesdo, K. et al. (2007). Incidence of social anxiety disorder and the consistent risk for secondary depression in the first three decades of life. *Archives of General Psychiatry*, *64*(8), 903-912.

Beesdo-Baum, K. et al. (2012). The natural course of social anxiety disorder among adolescents and young adults. *Acta Psychiatrica Scandinavica*, *126*(6), 411-425.

Bejerot, S., Eriksson, J. M., & Mortberg, E. (2014). Social anxiety in adult autism spectrum disorder. *Psychiatry Research*, *220*(1-2), 705-707.

Blöte, A. W. et al. (2009). The relation between public speaking anxiety and social anxiety: A review. *Journal of Anxiety Disorder*, *23*, 305-313.

Boisvert, J.-M., & Beaudry, M. (1979). *S'affirmer et communiquer*. Editions de l'Homme.

Brown, E. J. et al. (1995). Social phobia subtype and avoidant personality disorder: Effect on severity of social phobia, impairment, and outcome of cognitive behavioral treatment. *Behavior Therapy*, *26*, 467-486.

Bruce, T. J., & Barlow, D. H. (1990). The nature and role of performance anxiety in sexual dysfonction. In H. Leitenberg (ed.), *Social and evaluation anxiety* (pp. 357-384). Plenum Press.

Cain, S. (2019). *O poder dos quietos: Como os tímidos e introvertidos podem mudar um mundo que não para de falar*. Sextante.

Caletti, E. et al. (2022). The role of the acceptance and commitment therapy in the treatment of social anxiety: An updated scoping review. *Journal of Affective Disorders*, *310*, 174-182.

Cariou-Rognant, A.-M., Chaperon, A.-F., & Duchesne, N. (2014). *L'Affirmation de soi par le jeu de rôle en thérapie comportementale et cognitive*. Dunod.

Carlton, C. N. et al. (2020). Mindfulness-based interventions for adolescent social anxiety: A unique convergence of factors. *Frontiers in Psychology*, *11*, 1783.

Casper, J. L. (1846). *Denkwürdigkeiten zur medicinischen Statistik und Staatsartzneikunde*. Verlag von Duncker und Humblot.

Caspi, A. et al. (1988). Moving away from the world: Life course patterns of shy children. *Developmental Psychology*, *24*, 824-831.

Catalino, L. I., Furr, R. M., & Bellis, F. A. (2012). A multilevel analysis of the self-presentation theory of social anxiety: Contextualized, dispositional, and interactive perspectives. *Journal of Research in Personality*, *46*, 361-373.

Chambless, D. L., Fydrich, T., & Rodebaugh, T. L. (2008). Generalized social phobia and avoidant personality disorder: Meaningful distinction or useless duplication? *Depression and Anxiety*, *25*(1), 8-19.

Chan, D. W. (1993). Components of assertiveness: Their relationships with assertive rights and depressed mood among Chinese collegue students in Hong Kong. *Behavior Research and Therapy*, *31*, 529-538.

Cheek, J. M., & Melchior, L. A. (1990). Shyness, self-esteem and self-consciousness. In H. Leitenberg (ed.), *Social and evaluation anxiety* (p. 74-82). Plenum Press.

Cheek, J. M., & Watson, A. K. (1989). The definition of shyness. *Journal of Social Behavior and Personality*, *4*, 85-95.

Clauss, J. A., & Blackford, J. U. (2012). Behavioral inhibition and risk for developing social anxiety disorder: A meta-analytic study. *Journal of the American Academy of Child and Adolescent Psychiatry*, *51*(10), 1.066-1.075.

Cooper, P. J., & Eke, M. (1999). Chidhood shyness and maternal social phobia: A community study. *British Journal of Psychiatry*, *174*, 439-443.

Cottle, M. (1999, ago. 2). Selling shyness: How doctors and drug companies created the "social phobia" epidemic. *The New Republic*, 24-29.

Cottraux, J. (2006). *Les Thérapies cognitives*. Retz.

Cottraux, J. et al. (2000). Cognitive behavior therapy versus supportive therapy in social phobia: A randomized controlled trial. *Psychotherapy and Psychosomatics*, *69*, 137-146.

Cox, B. J. et al. (1994). Social desirability and self-report of alcohol abuse in anxiety disorder patients. *Behaviour Research and Therapy*, *32*, 175-178.

Cox, B. J. et al. (2009). The relationship between generalized social phobia and avoidant personality disorder in a national mental health survey. *Depression and Anxiety*, *26*(4), 354-362.

Dantzer, R. (1989). *L'Illusion psychosomatique*. Odile Jacob.

Davidson, J. R. et al. (1994). The boundary of social phobia: Exploring the threshold. *Archives of General Psychiatry*, *51*, 975-983.

Davies, F. et al. (1995). The relationship between types of anxiety and depression. *Journal of Nervous and Mental Diseases*, *183*, 31-35.

De Witt, D. J. et al. (1999). Antecedents of the risk of recovery from DSM-III-R social phobia. *Psychological Medicine*, *29*, 569-582.

Deacon, B., & Abramowitz, J. (2006). Anxiety sensitivity and its dimensions across the anxiety disorders. *Journal of Anxiety Disorders*, *20*(7), 837-857.

Desproges, P. (1988). *Textes de scène*. Seuil.

Dijk, C., De Jong, P. J., & Peters, M. L. (2009). The remedial value of blushing in the context of transgressions and mishaps. *Emotion*, *9*(2), 287-291.

Drummond, P. D. (2020). Treatment options for fear of blushing. *Current Psychiatry Report*, *22*(6), 28.

Dugas, L. (1898). *La Timidité*. Alcan.

Duneton, C. (1990). *La Puce à l'oreille: Anthologie des expressions populaires avec leur origine*. Balland.

Eckman, P. S., & Shean, G. D. (1997). Habituation of cognitive and physiological arousal and social anxiety. *Behaviour Research and Therapy*, *35*, 1.113-1.121.

Edelman, R. E., & Chambless, D. L. (1995). Adherence during sessions and homework in cognitive-behavioral group treatment of social phobia. *Behaviour Research and Therapy*, *33*, 573-577.

Eley, T. C. et al. (2008). A multivariate genetic analysis of specific phobia, separation anxiety and social phobia in early childhood. *Journal of Abnormal Child Psychology*, *36*(6), 839-848.

Elliott, G. (1984). Dimension of self-concept. *Journal of Youth and Adolescence*, *13*, 285-307.

Ellis, A., & Harper, R. A. (2007). *La Thérapie émotivo-rationnelle*. Ambre.

Erdozain, A. M., & Peñagarikano, O. (2020). Oxytocin as treatment for social cognition, not there yet. *Frontiers in Psychiatry*, *10*, 930.

Erickson, M. (1984). *Ma voix t'accompagnera*. Hommes et Groupes.

Erliksson, O. J., Lindner, P., & Mortberg, E. (2020). Measuring associations between social anxiety and use of different types of social media using the Swedish Social Anxiety Scale for Social Media Users: A psychometric evaluation and cross-sectional study. *Scandinavian Journal of Psychology*, *61*(6), 819-826.

Fanget, F. (2011). *Affirmez-vous! Pour mieux vivre avec les autres*. Odile Jacob.

Fanget, F., & Rouchouse, B. (2007). *L'Affirmation de soi: Une méthode de thérapie*. Odile Jacob.

Faravelli, C. et al. (2000). Epidemiology of social phobia: A clinical approach. *European Psychiatry*, *15*(1), 17-24.

Farmer, A. S., & Kashdan, T. B. (2014). Affective and self-esteem instability in the daily lives of people with generalized social anxiety disorder. *Clinical Psychological Science*, *2*(2), 187-201.

Fehm, L. et al. (2005). Size and burden of social phobia in Europe. *European Neuropsychopharmacoly*, *1*(4), 453-462.

Fernholz, I. et al. (2019). Performance anxiety in professional musicians: A systematic review on prevalence, risk factors and clinical treatment effects. *Psychological Medicine*, *49*, 2.287-2.306.

Fogarty, C., Hevey, D., & McCarthy, O. (2019). Effectiveness of cognitive behavioural group therapy for social anxiety disorder: Long-term benefits and aftercare. *Behavioural and Cognitive Psychotherapy*, *47*(5), 501-513.

Friedman, P. G. (1980). *Shyness and reticence in students*. National Education Association.

Fyer, A. J. et al. (1993). A direct interview family study of social phobia. *Archives of General Psychiatry*, *50*, 286-293.

Garcia, C. et al. (1984). Behavioral inhibition in young children. *Child Development*, *55*, 1.005-1.019.

Garcia, K. M., Carlton, C. N., & Richey, J. A. (2021). Parenting characteristics among adults with social anxiety and their influence on social anxiety development in children: A brief integrative review. *Frontiers in Psychiatry*, *12*.

Garnier, M., & Delamare, V. (1974). *Dictionnaire des termes techniques de médecine*. Maloine.

Gazelle, H. (2022). Two models of the development of social withdrawal and social anxiety in childhood and adolescence: Progress and blind spots. *Children*, *9*(5), 734.

Girish, G. et al. (2017). Role of surgical thoracic sympathetic interruption in treatment of facial blushing: A systematic review. *Postgraduate Medicine, 129*, 267-275.

Gough, H. G., & Thorne, A. Positive, negative and balanced shyness: Self-definitions and reactions of others. In W. Jones, J. Cheek & S. Briggs (ed.), *Shyness: Perspectives on research and treatment* (p. 205-225). Plenum Press.

Gould, R. A. et al. (1997). Cognitive-behavioral and pharmacological treatment for social phobia: A meta-analysis. *Clinical Psychology and Scientific Practice, 4*, 291-306.

Guérin, J. et al. (1994). L'affirmation de soi en groupe dans les phobies sociales et les troubles de la personnalite. *Journal de Thérapie Comportementale et Cognitive, 4*(4), 108-115.

Guo, S. et al. (2021). The efficacy of internet-based cognitive behavioural therapy for social anxiety disorder: A systematic review and meta-analysis. *Clinical Psychology and Psychotherapy, 28*(3), 656-668.

Hackmann, A. et al. (1998). Seeing yourself through other's eyes: A study of spontaneously occurring images in social phobia. *Behavioural and Cognitive Psychotherapy, 26*, 3-12.

Haley, J. (1987). *Tacticiens du pouvoir*. ESF.

Hamasaki, Y. et al. (2022). Preliminary study of the social withdrawal (Hikikomori) spectrum in French adolescents: Focusing on the differences in pathology and related factors compared with Japanese adolescents. *BMC Psychiatry, 22*(477), 1-10.

Hambrick, J. P. et al. (2003). Cognitive-behavioral therapy for social anxiety disorder: Supporting evidence and future directions. *CNS Spectrum, 8*(5), 373-381.

Hanin, Y. L. (1986). State-trait research on sport in the USSR. In C. D. Spielberger & C. Diaz-Guerrero (ed.), *Cross-cultural anxiety* (vol. 3, p. 45-64). Hemisphere Publishing.

Harris, R. (2022). *Passez à l'ACT: Pratique de la thérapie d'acceptation et d'engagement*. De Boeck Supérieur.

Hartenberg, P. (1910). *Les Timides et la timidité*. Alcan.

Heimberg, R. G. et al. (2000). Trends in the prevalence of social phobia in the United States: A synthetic cohort analysis of change over four decades. *European Psychiatry, 15*, 29-37.

Himle, J. A. et al. (1999). Effect of alcohol on social phobic anxiety. *American Journa of Psychiatry, 156*, 1.237-1.243.

Hofmann, S. G. (2000). Treatment of social phobia: Potential mediators and moderators. *Clinical Psychology, 7*, 3-16.

Hofmann, S. G. (2007). Cognitive factors that maintain social anxiety disorder: A comprehensive model and its treatment implications. *Cognitive Behaviour Therapy, 36*(4), 193-209.

Hofmann, S. G. (2008). Cognitive processes during fear acquisition and extinction in animals and humans: Implications for exposure therapy of anxiety disorders. *Clinical Psychological Review, 28*(2), 199-210.

Hofmann, S. G., Anu Asnaani, M. A., & Hinton, D. E. (2010). Cultural aspects in social anxiety and social anxiety disorder. *Depression and Anxiety, 27*(12), 1.117-1.127.

Hofmann, S. G., Asmundson, G. J., & Beck, A. T. (2013). The science of cognitive therapy. *Behavioural Therapy, 44*(2), 199-212.

Holt, C. et al. (1992). Situational domains of social phobia. *Journal of Anxiety Disorders, 6*, 63-77.

Hope, D. A. (1993). Exposure and social phobia: Assessment and treatment considerations. *Behavior Therapist, 16*, 7-12.

Hope, D. A., & Heimberg, R. H. (1993). Social phobia and social anxiety. In D. Barlow (ed.), *Clinical handbook of psychological disorders: A step-by-step treatment manual* (pp. 99-136). Guilford Press.

Horigome, T. et al. (2020). Virtual reality exposure therapy for social anxiety disorder: A systematic review and meta-analysis. *Psychological Medicine, 50*(15), 2.487-2.497.

James, I. M. (1984). Aspects pratiques concernant l'utilisation des beta-bloquants dans les états d'anxiete: L'anxiete de situation. *Psychologie Médicale, 16*, 2.555-2.564.

Janet, P. (1909). *Les Névroses*. Flammarion.

Jansen, M. et al. (1994). Personality disorders and features in social phobia and panic disorder. *Journal of Abnormal Psychology*, *103*, 391-395.

Jiotsa, B. et al. (2021). Social media use and body image disorders: Association between frequency of comparing one's own physical appearance to that of people being followed on social media and body dissatisfaction and drive for thinness. *International Journal of Environmental Research and Public Health*, *18*(6), 2.880.

Jolibert, B. (1997). *L'Éducation d'une émotion*. L'Harmattan.

Jones, W. A. et al. (1990). Loneliness and social anxiety. In H. Leitenberg (ed.), *Social and evaluation anxiety* (p. 247-266). Plenum Press.

Jugon, J.-C. (1998). *Phobies sociales au Japon*. ESF.

Kagan, J. (1989). Temperamental contributions to social behavior. *American Psychologist*, *44*(4), 668-674.

Kagan, J. (1999). *La Part de l'inné*. Bayard.

Kagan, J. (2022). Temperamental and theoretical contributions to clinical psychology. *Annual Review of Clinical Psychology*, *18*, 1-18.

Kagan, J., & Snidman, N. (1991). Temperamental factors in human development. *American Psychologist*, *46*, 856-862.

Kagan, J. et al. (1978). *Infancy: Its place in human development*. Harvard University Press.

Kashdan, T. B., Elhai, J. D., & Breen, W. E. (2008). Social anxiety and disinhibition: An analysis of curiosity and social rank appraisals, approach-avoidance conflicts, and disruptive risk-taking behavior. *Journal of Anxiety Disorders*, *22*(6), 925-939.

Kelly, M. M. et al. (2013). A comparison study of body dysmorphic disorder versus social phobia. *Psychiatry Research*, *205*(1-2), 109-116.

Kendler, K. S. et al. (1992). The genetic epidemiology of phobias in women. *Archives of General Psychiatry*, *49*, 273-281.

Kerautem, V. de. (2022, abr. 20). Timidite: Comment ameliorer ses prises de parole au travail. *Le Parisien*. https://www.leparisien.fr/vie-de-bureau/timidite-comment-ameliorerses-prises-de-parole-au-travail-19-04-2022-FADV722IPBCENDATJF7EXJDS5M.php?ts=1652526800155.

Kerr, M. et al. (1994). Stability of inhibition in a Swedish longitudinal sample. *Child Development*, 65, 138-146.

Kessler, R. C. et al. (1999). Lifetime co-morbidities between social phobia and mood disorders in the US National Comorbidity Survey. *Psychological Medicine*, 29, 555-567.

Kessler, R. C. et al. (2005). Lifetime prevalence and age-of-onset distributions of DSM-IV disorders in the National Comorbidity Survey Replication. *Archives of General Psychiatry*, 62(6), 593-602.

Klinger, E. et al. (2004). Virtual reality exposure in the treatment of social phobia. *Studies in Health Technology and Informatics*, 99, 91-119.

Knappe, S. et al. (2009). The role of parental psychopathology and family environment for social phobia in the first three decades of life. *Depression and Anxiety*, 26(4), 363-370.

Koyuncu, A. et al. (2019). Comorbidity in social anxiety disorder: Diagnostic and therapeutic challenges. *Drugs Context*, 8, 212-573.

Kuckertz, J. M. et al. (2019). Attentional bias modification for social anxiety disorder: What do patients think and why does it matter? *Behavioural and Cognitive Psychotherapy*, 47(1), 16-38.

La Bruyère, J. de (1688). Caractères, "VII, 83, VI". In *Moralistes du XVIIe siècle* (p. 783). Robert Laffont.

Laingui, M. (1991). *Le Concept de phobie sociale* [Trabalho para obtenção do CES de Psiquiatria]. Universidade Paris V René Descartes.

Lampe, L., & Malhi, G. S. (2018). Avoidant personality disorder: Current insights. *Psychological Research and Behavior Management*, 8(11), 55-66.

Lane, C. (2007). *Shyness: How normal behavior became a sickness*. Yale University Press.

Lazarus, R. S. (1999). *Stress and emotion: A new synthesis*. Springer.

Le Breton, M. (2021, jun. 1º). Comme Naomi Osaka, les introvertis reagissent differemment au monde exterieur. *Huffington Post*. https://www.huffingtonpost.fr/entry/roland-garros-naomi-osaka-les-introvertis-reagissent-differemment-au-monde-exterieur_fr_60b5e18ee-

4b0c5658f97d1a4#:~:text=La%20joueuse%20de%20tennis%20japonaise,sociale%22%20et%20d'introversion.&text=La%20joueuse%20de%20tennis%20japonaise%20Naomi,Paris%2C%20le%2030%20mai%202021.

Lee, L.-H. et al. (2021). All one needs to know about metaverse: A complete survey on technological singularity, virtual ecosystem, and research agenda. *Journal of Latex Class Files, 14*(8), 1-66.

Lee, S. (1987). *Social phobia in Korea*. The East Asian Academy of Cultural Psychiatry.

Légeron, P. (2015). *Le Stress au travail: Un enjeu de santé*. Odile Jacob.

Légeron, P., & André, C. (1995). Thérapies comportementales et cognitives de la dépression. In J.-P. Olie, M.-F. Poirier & H. Loo (ed.), *Les Maladies dépressives* (p. 424-433). Flammarion.

Légeron, P., & Graziani, P. (2021, dez. 11). *Peut-on digitaliser les TCC?* [Mesa redonda]. 49º Congresso da AFTCC, Paris.

Légeron, P. et al. (2003). Therapie par realite virtuelle dans la phobie sociale. *Journal de Thérapie Comportementale et Cognitive, 13*(3), 113-127.

Leitenberg, H. (ed.). (1990). *Social and evaluation anxiety*. Plenum Press.

Lelord, F. (2000a). *Les Contes d'un psychiatre ordinaire*. Odile Jacob.

Lelord, F. (2000b). *Liberté pour les insensés: Le roman de Philippe Pinel*. Odile Jacob.

Lelord, F., & André, C. (2021). *Les Nouvelles Personnalités difficiles: Comment les comprendre, les accepter, les gérer*. Odile Jacob.

Lépine J.-P., & Pelissolo, A. (1998). Social phobia and alcoholism: A complex relationship. *Journal of Affective Disorders, 50*, S23-S28.

Lépine, J.-P., & Pelissolo, A. (1999). Epidemiology and comorbidity of social anxiety disorder. In H. G. M. Westenberg & J. A. Den Boer (ed.), *Social anxiety disorders* (p. 29-45). Syn-Thesis.

Lépine, J.-P., & Pelissolo, A. (2000). Why take social anxiety disorder seriously? *Depression and Anxiety, 11*, 87-92.

Levin, A. P. et al. (1993). Responses of generalized and discrete social phobics during public speaking. *Journal of Anxiety Disorders, 7*, 207-221.

Lewis-Morrarty, E. et al. (2015). Infant attachment security and early childhood behavioral inhibition interact to predict adolescent social anxiety symptoms. *Child Development, 86*(2), 598-613.

Liebowitz, M. R. et al. (2000). Social phobia or social anxiety disorder: What's in a name? *American Journal of Psychiatry, 57*, 191-192.

Lipsitz, J. D. et al. (1999). Open trial of interpersonal psychotherapy for the treatment of social phobia. *American Journal of Psychiatry, 156*, 1814-1816.

Lloyd, S. (2006). The clinical clash over social phobia: The Americanization of French experiences? *BioSocieties, 1*(2), 229-249.

Low, N. C., Cui, L., & Merikangas, K. R. (2008). Specificity of familial transmission of anxiety and comorbid disorders. *Journal of Psychiatric Research, 42*(7), 596-604.

Malbos, E., & Oppenheimer, R. (2020). *Psychothérapie et réalité virtuelle: Anxiété, TOC, phobies et addictions*. Odile Jacob.

Maner, J. K., & Kenrick, D. T. (2010). When adaptations go awry: Functional and dysfunctional aspects of social anxiety. *Social Issues and Policy Review, 4*(1), 111-142.

Marco Aurélio (1953). *Pensées*. A.I. Trannoy.

Marks, I. (1985). *Traitement et prise en charge des malades névrotiques*. Gaetan Morin.

Martin, C., Maurice-Tison, S., & Tignol, J. (1998). Les troubles anxieux en medecine générale: Enquete aupres du reseau sentinelle Aquitaine. *L'Encéphale, 24*, 120-124.

Martinez-Monteagudo, M. C. et al. (2020). Cyberbullying and social anxiety: A latent class analysis among Spanish adolescentes. *International Journal of Environmental Research and Public Health, 17*(2), 406.

Matthews, G., Deary, I. J., & Whiteman, M. C. (2003). *Personality traits*. Cambridge University Press.

Mayo-Wilson, E. et al. (2014). Psychological and pharmacological interventions for social anxiety disorder in adults: A systematic review and network meta-analysis. *The Lancet Psychiatry, 1*(5), 368-376.

McCroskey, J. C., & Beatty, M. J. (1986). Oral communication apprehension. In W. Jones, J. Cheek & S. Briggs (ed.), *Shyness: Perspectives on research and treatment* (p. 279-293). Plenum Press.

McMillan, K. A., Asmundson, G. J. G., & Sareen, J. (2017). Comorbid PTSD and social anxiety disorder: Associations with quality of life and suicide attempts. *Journal of Nervous and Mental Disease, 205*(9), 732-737.

Monestes, J.-L. (2010). *Changer grâce à Darwin: La théorie de votre évolution*. Odile Jacob.

Morris, D. (1977). *Manwatching*. Abrams Inc.

Moukheiber, A. (2019). *Votre cerveau vous joue des tours*. Allary.

Musa, C. Z., & Lépine, J.-P. (2000). Cognitive aspects of social phobia: A review of theories and experimental research. *European Psychiatry, 15*, 59-66.

Nagata, T., Suzuki, F., & Teo, A. R. (2015). Generalized social anxiety disorder: A still-neglected anxiety disorder 3 decades since Liebowitz's review. *Psychiatry and Clinical Neurosciences, 69*(12), 724-740.

Nasse, P., & Légeron, P. (2008). *Rapport sur la détermination, la mesure et le suivi des risques psychosociaux au travail*. La Documentation française.

National Institute of Mental Health. (2022). *Social anxiety disorder: More than just shyness*. NIH Publication.

Neumann, I. D., & Slattery, D. A. (2016). Oxytocin in general anxiety and social fear: A translational approach. *Biological Psychiatry, 79*(3), 213-221.

Nordh, M. et al. (2021). Therapist-guided Internet-delivered cognitive behavioral therapy vs Internet-delivered supportive therapy for children and adolescents with social anxiety disorder: A randomized clinical trial. *JAMA Psychiatry, 78*(7), 705-713.

Nutt, D. J., Bell, C. J., & Malizia, A. L. (1998). Brain mechanisms of social anxiety disorder. *Journal of Clinical Psychiatry, 59*(supl. 17), 4-9.

O'Grady, M. A. et al. (2011). Putting the relationship between social anxiety and alcohol use into context: A daily diary investigation of drinking in response to embarrassing events. *Journal of Social and Clinical Psychology*, *30*(6), 599-615.

Olfson, M. et al. (2000). Barriers to the treatment of social anxiety. *American Journal of Psychiatry*, *157*, 521-527.

Ota, H. et al. (1989). La phobie sociale: Quelques remarques cliniques japonaises et occidentales. *Annales de Psychiatrie*, *4*, 222-224.

Pelissolo, A. (2005). *Bien se soigner avec les médicaments psy*. Odile Jacob.

Pelissolo, A. (2016a). Anxieté sociale et phobie sociale. *EMC Psychiatrie*, *13*(4), 1-6.

Pelissolo, A. (2016b). Comment classer les troubles psychiques? In J.-F. Marmion (ed.), *Troubles mentaux et psychothérapies* (Collection "Petite bibliotheque", p. 24-27). Editions Sciences humaines.

Pelissolo, A. (2021). Personnalites evitantes. In J.-D. Guelfi & F. Rouillon (ed.), *Manuel de psychiatrie* (3. ed., p. 357-360). Masson.

Pelissolo, A., Abou Kassm, S., & Delhay, L. (2019). Therapeutic strategies for social anxiety disorder: Where are we now? *Expert Review of Neurotherapeutics*, *19*(12), 1.179-1.189.

Pelissolo, À., Lobjoie, C., & Montefiore, D. (2010). Validation du questionnaire d'éreutophobie de la Salpetrière. *Canadian Journal of Psychiatry*, *55*(9), 610-614.

Pelissolo, A., & Roy, S. (2009). *Ne plus rougir et accepter le regard de l'autre*. Odile Jacob.

Pelissolo, A. et al. (2000). Social phobia in the community: Relationship between diagnostic treshold and prevalence. *European Psychiatry*, *15*, 25-28.

Pelissolo, A. et al. (2012). Is there a place for fear of blushing in social anxiety spectrum? *Depression and Anxiety*, *29*, 62-70.

Pelle-Douel, C. (2010, mar. 5). La meditation a soigne ma phobie sociale. *Psychologies*. https://www.psychologies.com/Culture/Spiritualites/Meditation/Articles-et-Dossiers/Mediter-guerit-le-corps/La-meditation-a-soigne-ma-phobie-sociale

Pera, A. (2020). The psychology of addictive smartphone behavior in young adults: Problematic use, social anxiety, and depressive stress. *Frontiers in Psychiatry*, 11.

Périnel, Q. (2017, abr. 21). Les personnalites introverties font de meilleurs patrons. *Le Figaro*. https://www.lefigaro.fr/entrepreneur/2017/04/21/09007-20170421ARTFIG00017-lespersonnalites- introverties-font-de-meilleurs-patrons.php

Phillips, K. A. et al. (2010). Body dysmorphic disorder: Some key issues for DSM-5. *Depression and Anxiety*, *27*(6), 573-591.

Piaget, J. (1964). *Six études de psychologie*. Gonthier.

Pilkonis, P. A. (1977). The behavioral consequences of shyness. *Journal of Personality*, *45*, 596-611.

Pilkonis, P. A. et al. (1980). Social anxiety and psychiatric diagnosis. *Journal of Nervous and Mental Diseases*, *168*, 13-18.

Post, F. (1994). Creativity and psychopathology: A study of 291 world--famous men. *British Journal of Psychiatry*, *165*, 22-34.

Pull, C. B. (2012). Current status of knowledge on public-speaking anxiety. *Current Opinion on Psychiatry*, *25*, 32-38.

Rao, P. A. et al. (2007). Social anxiety disorder in childhood and adolescence: Descriptive psychopathology. *Behaviour Research and Therapy*, *45*, 1.181-1.191.

Rey, A. (ed.). (1992). *Dictionnaire historique de la langue française*. Robert.

Riedel, R. (2022). On the stress potential of videoconferencing: Definition and root causes of Zoom fatigue. *Electronic Markets*, *32*, 153-177.

Romano, M., Tran, E., & Moscovitch, D. A. (2020). Social anxiety is associated with impaired memory for imagined social events with positive outcomes. *Cognition and Emotion*, *34*(4), 700-712.

Rooksby, M., Furuhashi, T., & McLeod, H. J. (2020). Hikikomori: A hidden mental health need following the Covid-19 pandemic. *World Psychiatry*, *19*(3), 399-400.

Rosenbaum, J. F. et al. (1993). Behavioral inhibition in childhood: A risk factor for anxiety disorders. *Harvard Review of Psychiatry, 1*, 2-16.

Ross, J. (1993). Social phobia: The consumer's perspective. *Journal of Clinical Psychiatry, 54*(12), 5-9.

Roy, M. A., Demers, M. F., & Achim, A. M. (2018). Social anxiety disorder in schizophrenia: A neglected, yet potentially important comorbidity. *Journal of Psychiatry and Neuroscience, 43*(4), 287-288.

Rukmini, S. et al. (2021). Identifying mediators of cognitive behaviour therapy and exposure therapy for social anxiety disorder (SAD) using repeated measures. *Journal of Affective Disorders Report, 6*, 100194.

Ruscio, A. M. et al. (2008). Social fears and social phobia in the USA: Results from the National Comorbidity Survey Replication. *Psychological Medicine, 38*, 15-28.

Sagaltici, E., & Demirci, O. O. (2019). Eye movement desensitization and reprocessing (EMDR) treatment in social anxiety disorder: A case report. *Psychiatria Danubia, 31*(3), 358-359.

Saint-Mars, D. de, & Bloch, S. (2004). *Max est timide*. Calligram.

Scaini, S., Belotti, R., & Ogliari, A. (2014). Genetic and environmental contributions to social anxiety across different ages: A meta-analytic approach to twin data. *Journal of Anxiety Disorders, 28*(7), 650-656.

Schneier, F. R. et al. (1994). Functional impairment in social phobia. *Journal of Clinical Psychiatry, 55*, 322-331.

Schneier, F. R. et al. (2009). Dopamine transporters, D2 receptors, and dopamine release in generalized social anxiety disorder. *Depression and Anxiety, 26*(5), 411-418.

Schoenberger, N. E. et al. (1997). Hypnotic enhancement of a cognitive behavioral treatment for public speaking anxiety. *Behavior Therapy, 28*, 127-140.

Scholing, A., & Emmelkamp, P. (1990). Social phobia: Nature and treatment. In H. Leitenberg (ed.), *Social and evaluation anxiety* (p. 269-324). Plenum Press.

Scholing, A., & Emmelkamp, P. (1993). Exposure with and without cognitive therapy for generalized social phobia: Effects of individual and group therapy. *Behaviour Research and Therapy, 7*, 667-681.

Seligman, M. E. (2016). Phobias and preparedness: Republished article. *Behavior Therapy, 47*(5), 577-584.

Sempé (1982). *Marcellin Caillou*. Gallimard.

Servant, D. (1996). *Plus serein: Le stress et l'équilibre intérieur, un abécédaire*. Odile Jacob.

Sewell, J. (2008). School refusal. *Australian Family Physician, 37*(6), 406-408.

Shankland, R., & André, C. (2020). *Ces liens qui nous font vivre*. Odile Jacob.

Shear, M. K., & Beidel, D. C. (1998). Psychotherapy in the overall management strategy for social anxiety disorder. *Journal of Clinical Psychiatry, 59*(supl.), 39-44.

Sheperd, R., & Edelman, R. (2005). Reasons for Internet use and social anxiety. *Personality and Individual Differences, 39*(5), 949-958.

Smith, R. E., & Smoll, F. L. (1990). Sport performance anxiety. In H. Leitenberg (ed.), *Social and evaluation anxiety* (p. 417-454). Plenum Press.

Sonntag, H. et al. (2000). Are social fears and DSM-IV social anxiety disorder associated with smoking and nicotine dependence in adolescents and young adults? *European Psychiatry, 15*, 67-74.

Sowislo, J. F., & Orth, U. (2013). Does low self-esteem predict depression and anxiety? A metaanalysis of longitudinal studies. *Psychological Bulletin, 139*, 213-240.

Spence, S. H., & Rapee, R. M. (2016). The etiology of social anxiety disorder: An evidence-based model. *Behavior Research and Therapy, 86*, 50-67.

Spokas, M. E., Rodebaugh, T. L., & Heimberg, R. G. (2007). Cognitive biases in social phobia. *Psychiatry, 6*(5), 204-210.

Stein, D. J. (2009). Social anxiety disorder in the West and in the East. *Annals of Clinical Psychiatry, 21*(2), 109-117.

Stein, D. J. et al. (2017). The cross-national epidemiology of social anxiety disorder: Data from the World Mental Health Survey Initiative. *BMC Medicine, 15*, 143.

Stein, M. B. (1996). How shy is too shy? *The Lancet, 347*, 1.131-1.132.

Stein, M. B. et al. (1994). Setting diagnostic tresholds for social phobia: Considerations from a community survey of social anxiety. *American Journal of Psychiatry, 151*, 408-412.

Stevenson-Hinde, J., & Hinde, R. A. (1986). Changes in association between characteristics and interactions. In R. Plomin & J. Dunn (ed.), *The study of temperament: Changes, continuities and challenges* (p. 115-129). Erlbaum.

Stopa, L., & Clark, D. M. (2000). Social phobia and interpretation of social events. *Behaviour Research and Therapy, 38*, 273-283.

Suomi, S. J. (1987). Genetic and maternal contributions to individual differences in rhesus monkey behavioral development. In S. A. Krasnegor, E. M. Blass & M. A. Hofer (ed.), *Perinatal development: A psychological perspective* (p. 397-419). NY Academic Press.

Sutter, J. (1990). *L'Anticipation* (2. ed. rev. e corr.). PUF.

Tafarodi, R. W., & Milne, A. B. (2002). Decomposing global self-esteem. *Journal of Personality, 70*, 443-483.

Taylor, J. (1987). Predicting athletic performance with self-confidence and somatic and cognitive anxiety as a function of motor and physiological requirements in six sports. *Journal of Personality, 55*, 139-153.

Taylor, S. (1996). Meta-analysis of cognitive-behavioral treatments for social phobia. *Journal of Behavior Therapy and Experimental Psychiatry, 27*, 1-9.

Tignol, J. (2006). *Les Défauts physiques imaginaires: Comprendre et soigner la dysmorphophobie*. Odile Jacob.

Tsui, T. Y. L., Lahat, A., & Schmidt, L. A. (2017). Linking temperamental shyness and social anxiety in childhood and adolescence: Moderating influences of sex and age. *Child Psychiatry and Human Development, 48*(5), 778-785.

Tsuji, Y., & Shimada, S. (2018). Socially anxious tendencies affect impressions of others' positive and negative emotional gazes. *Frontiers in Psychology, 9*, 2.111.

Turgeon, L., & Gosselin, M. J. (2015). Les programmes préventifs en milieu scolaire auprès des enfants et des adolescents présentant de l'anxiété. *Éducation et Francophonie, 43*(2), 30-49.

Turner, S. M. et al. (1990). Social phobia: Relationship to shyness. *Behaviour Research and Therapy, 28*, 497-505.

Turner, S. M. et al. (1995). Two-years follow-up of social phobics treated with social effectiveness therapy. *Behaviour Research and Therapy, 33*, 553-555.

Van Rillaer, J. (2019). *La Gestion de soi: Ce qu'il faut faire pour vivre mieux*. Mardaga.

Vassilopoulos, S. (2004). Anticipatory processing in social anxiety. *Behavioural and Cognitive Psychotherapy, 32*, 303-311.

Veljaca, K. A., & Rapee, R. M. (1998). Detection of negative and positive audience behaviours by socially anxious subjects. *Behaviour Research and Therapy, 36*, 311-321.

Velurajah, R. et al. (2022). Erectile dysfunction in patients with anxiety disorders: A systematic review. *International Journal of Impotence Research, 34*, 177-186.

Vilain, P. (2010). *Confession d'un timide*. Grasset.

Warnock-Parkes, E. et al. (2020). Treating social anxiety disorder remotely with cognitive therapy. *Cognitive Behaviour Therapist, 13*, e30.

Watzlawick, P. (1984). *Faites vous-même votre malheur*. Seuil.

Weinbrecht, A. et al. (2016). Avoidant personality disorder: A current review. *Current Psychiatry Report, 18*(3), 29.

Wells, A., & Clark, D. M. (1997). Social phobia: A cognitive approach. In G. C. L. Davey (ed.), *Phobias: A handbook of theory, research and treatment* (p. 16-18). Chichester, John Wiley and Sons.

Wells, A., Clark, D. M., & Ahmad, S. (1998). How do I look with my mind eye: Perspective taking in social phobic imagery. *Behaviour Research and Therapy, 36*, 631-634.

Wells, A., & Papageorgiou, C. (1999). The observer perspective: Biased imagery in social phobia, agoraphobia and blood/injury phobia. *Behaviour Research and Therapy, 37*, 653-658.

Wells, A. et al. (2016). Social phobia: The role of in-situation safety behaviors in maintaining anxiety and negative beliefs. *Behavior Therapy, 47*(5), 669-674.

Widiger, T. A., & Crego, C. (2019). The Five Factor Model of personality structure: An update. *World Psychiatry, 18*(3), 271-272.

Williams, T. et al. (2017). Pharmacotherapy for social anxiety disorder (SAnD). *Cochrane Database Systematic Review, 10*(10), CD001206.

Wittchen, H. U. et al. (1999). Social fears and social phobia in a community sample of adolescents and young adults: Prevalence, risks factors and co-morbidity. *Psychological Medicine, 29*, 309-323.

Wittchen, H. U. et al. (2000). Disability and quality of life in pure and comorbid social phobia: Findings from a controlled study. *European Psychiatry, 15*, 46-58.

Wong, N., Sarver, D. E., & Beidel, D. C. (2012). Quality of life impairments among adults with social phobia: The impact of subtype. *Journal of Anxiety Disorder, 26*(1), 50-57.

Woody, S. R. et al. (1997). Self-focused attention in the treatment of social phobia. *Behaviour Research and Therapy, 35*, 117-129.

Zika, M. A., & Becker, L. (2021). Physical activity as a treatment for social anxiety in clinical and non-clinical populations: A systematic review and three meta-analyses for different study designs. *Frontiers in Human Neurosciences, 15*.

Zimbardo, P. (1977). *Shyness*. Reading, Addison-Wesley.

Zimmermann, G. et al. (2004). Prevalence of social phobia in a clinical sample of drug dependent patients. *Journal of Affective Disorders, 83*, 83-87.

Conecte-se conosco:

f facebook.com/editoravozes

⌾ @editoravozes

𝕏 @editora_vozes

▶ youtube.com/editoravozes

☏ +55 24 2233-9033

www.vozes.com.br

Conheça nossas lojas:

www.livrariavozes.com.br

Belo Horizonte – Brasília – Campinas – Cuiabá – Curitiba
Fortaleza – Juiz de Fora – Petrópolis – Recife – São Paulo

EDITORA VOZES LTDA.
Rua Frei Luís, 100 – Centro – Cep 25689-900 – Petrópolis, RJ
Tel.: (24) 2233-9000 – E-mail: vendas@vozes.com.br